생각하며, 행동하며

―한·미교육연구원장 차종환박사 인생론―

동양서적

생각하며
행동하며

머리말

몇편의 수상집을 통해 나의 내면을 모두 세상 사람들에게 노출했기에 더 이상 할 말이 없는 것으로 알았는데 그후 이곳 저곳에 실린 원고와 새로운 글을 모아 한권의 책으로 내놓게 되니 또 한번 누드 쇼를 하는 감이 들어 부끄럽다.

글중에 마치 내가 애국자, 철학자, 사상가나 된 듯 착각을 하고 말을 함부로 겁 없이 했으니 위선자로 악역을 한 셈이다.

교수직을 조국의 교단으로 부터 자의가 아닌 타의에 의해 박탈 당한지 꼭 30년만에 해직 교수에서 명예가 회복되고 퇴직금도 받아냈다.

이것이 나에게는 큰 시련이었으나 다른 세계의 맛을 볼 수 있는 기회도 되었고 이런 글들을 쓸 수 있는 행운도 잡았다.

낙엽지는 인생의 겨울철이 들기 전에 늘 곱게 늙어가야겠다고 생각하며 선배들의 글을 읽으면서 옳은 내용에는 동조하고 그렇지 않은 글에는 반박하는 글들을 모아 보았다.

꿈과 희망을 갖고 미래지향적인 사고방식을 갖고자 호소했다. 우리는 꿈과 희망을 먹고 사는 인생이다. 꿈과 희망은 인생의 활력소요, 생명의 태양이기 때문이다.

절망은 좌절이요, 불행이요, 죽음이다.

우리는 꿈과 희망을 바라보는 밝은 면 긍정적인 면을 보는 시야를 가져야 한다.

소극적인 태도 보다는 적극적인 태도를 갖자. 비관적인 태도 보다는 낙관적인 태도가 좋다.

체념보다는 하면 된다는 신념을 갖자.

마음가짐이 중요하다. 마음이 천국을 만들고 지옥을 만든다.

꿈이 있는 곳에 길이 있고 길이 있는 곳에 빛이 있고 빛이 있는 곳에 희망이 있고 희망이 있는 곳에 행복이 있다. 행복은 만인의 소망이다.

본서에는 "내가 행하는 대로 말하지 않고 내가 말하는 대로 하라"고 행함으로

모범을 보이지 못하고 말로만 따르도록 하는 과오를 수없이 범했다.

따라서 내가 말한 것을 지금이라도 스스로 실천해 보기 위해서 쓴 글이 있다.

이런 글 을 신앙 가정 청춘과 늙음 같은 인생의 경륜등에서 다루었다.

그리고 한미 양국의 교육, 문화, 전통을 비교한 단편적인 글이 있다.

또 고향, 자화상, 붉은 악마, 생물, 명산에 관한 글도 있고 최근에 많은 조명을 받고 있는 웃음 요법도 첨가 했다.

2011 3

차 종환

-차종환 박사 인생론-
생각하며, 행동하며

목차

제1장 신앙과 양심 / 11

양심이 생동하는 사회 / 11
감사 / 15
정통과 이단 / 18
지상 최대의 힘 / 21
기도 / 25
보이지 않지만 믿어야 / 31
참 신앙인 / 34
여행에서 얻은 신앙 / 36

제2장 인생의 경륜 / 40

죽을 수 밖에 없는 인생 / 40
인생의 경륜 / 43
손자 손녀 / 45
적재 적소 / 47
육아와 양로에 대한 희생과 의무 / 49
돈과 인생 / 51
사람의 값 / 55
가진자의 재고 / 60

제3장 가는 길 / 63

칭찬과 험담의 결과 / 63
바른 길 / 67
생각하며 행동하며 / 69
시간 기근 현상 / 71
선물 / 75
술의 매력 / 79
술의 문제 / 82

제4장 붉은 악마와 자화상 / 87

남북이 잊은 사람들 / 87
붉은 악마 / 89
악마 코드 / 91
새해 자화상 / 93
한국인의 자화상 / 96
머리카락 타령 / 99
음치와 새러드 볼 / 101
조상들의 지혜 / 104

제5장 교육은 사색의 여로 / 107

부모의 소망 / 107
자녀 교육 / 110
부모의 소망과 교육의 방향 / 115
교육은 사색의 여로 / 119
필요한 잔소리 / 123
자존심 / 125
고운 마음씨와 말씨 / 129
멋 있는 남자 / 131

독서와 저서 / 133

제6장 고향과 친구 / 135

민족의 기질과 지역의 속성 / 135
고향의식과 정치 / 138
귀소 본능 / 141
조국은 그리운 곳 / 143
고향 그리고 친구 / 146
고향이 좋아 / 149
호남 사람 / 151
반도 말단 강진 / 154

제7장 곱게 늙으려면 / 157

늙은 40대와 젊은 70대 / 157
세대차이에 대하여 / 160
노인을 보는 시각 / 163
노인들의 인생 / 165
곱게 늙으려면 / 167
지하철 좌석 / 169
건망증 / 172
새해 나이 / 175
세대간의 갈등 해소 / 177
한미 경로 사상 / 180

제8장 청춘의 삶과 부부 갈등 / 182

새 것만 좋은 것은 아니다 / 182
젊은이여 꿈을 / 185
젊은 사람들의 자세 / 188

청춘의 삶 / 190
젊은 세대에게 부탁한다 / 194
부부 결합과 유전 / 197
남편들의 변화를 바라며 / 202
부부 싸움 / 204
동족 의식으로 새로 태어남 / 206

제9장 웃음 요법 / 209

젊어지는 비법 / 209
웃음과 울음 / 211
성씨의 이상한 해설 / 213
웃음 요법 / 216
유머와 위트 및 넌센스 / 219
경직과 유머 / 222
웃으면 혈액순환이 잘 된다 / 225
웃음과 건강 / 228
웃는 방법과 효과 / 232

제10장 생물과 명산 / 235

호박꽃도 꽃인가 / 235
이상한 식물 이름 / 238
소나무와 참나무 / 242
동물학대와 보호 / 245
아! 백두산 / 248
백두산 천지 / 252
백두산 주변 / 256
백두산의 식물 생태 / 260
장백산 답사 / 263
아! 금강산 / 269

지리산 생태 조사 / 272

제11장 동·서양의 생활 문화 비교 / 274

올바른 미국 이해 / 274
동·서 문화의 이모 저모 / 279
여유 있는 문화와 여유없는 문화 / 283
동조성 문화와 창조성 문화 / 286
결과주의와 과정주의 / 288
학력學歷(간판사회)과 학력學力(실력사회) / 290
진정한 체면의식 / 293
반대의 한·미 생활 문화 / 297
생사에 관한 용어 / 301
다양성 속에서 조화를 / 303
연공 서열과 신상 필벌 / 307

제12장 가정은 지상의 천국 / 309

현대의 어머니 / 309
순종만 하시던 어머니 / 312
가정은 지상의 천국 / 318
부모의 기도 / 323
성의 탈을 벗겨라 / 325
여성 해방 / 328

저자 소개 / 331

제 1장 신앙과 양심

양심이 생동하는 사회

　말이 씨가 된다는 말이 있다. 바보 온달을 남편으로 맞이한 평강공주는 말이 씨가 될까 두려워 당신은 바보라는 말을 절대로 하지 않고 언제나 친절하고 따뜻한 목소리로 당신은 훌륭한 장군이 될 것이라고 격려하여 유명한 장군으로 만든 것이다. 말의 반복이 최면을 만들 수 있다. 가정에서 부부가 서로 존경하고 제일이라고 생각할 때 그들 부부의 화목은 일등으로 되고 일등으로 보이게 된다.
　부부가 서로 비판하고 비난할 때 사회에서도 그들을 똑같은 사람이 만났다고 경시해 버린다. 즉 상대방을 존경하는 것이 나를 존경하는 것이다. 상대방을 존경 하기 위해서는 상대의 단점을 덮어두고 장점을 보아야 한다. 사람마다 약점과 장점이 있다. 그림자가 있다는 것은 태양이 있다는 점과 같다. 그림자를 볼 것인가 태양을 볼 것인가는 스스로 결정해야 한다. 태양을 보아야 한다. 평강공주는 온달의 그림자 같은 바보스러운 면을 본 것이 아니라 태양 같은 성실한 면을 본 것이다. 부부간에 상대의 어두운 면을 보는 것 보다는 밝은 면을 보는 것이 행복한 가정생활을 위한 값진 행동이다. 세상 사람들이 흔히 말하는 약점을 소유한 사람은 엄청난 능력이 뒤에 숨어 있는 경우도 있다. 키가 작은 사람 중 나폴레옹은

150cm의 신장이었으나 세계를 주름 잡았다. 한글학자 이 희승 박사, 송 해, 만화가 고 우영 등은 미국에서 기성복을 찾는다면 아동복 부에서나 찾을 것이다.

그러나 모두 큰 재능의 소유자로 명성이 높다. 따라서 행복이란 보이지 않는 곳에 있을 수 있다. 이것을 찾아내서 개발해야한다. 소심한 자의 약점 뒤에는 안전 제일이라는 장점이 있다. 구두쇠라는 약점 이면엔 절약 제일이라는 장점이 있다.

행복을 위해 숨은 곳의 장점에 앵글을 맞추어 평가해야 한다.

소풍가서 보물 찾기를 할때 보물이란 찾기 쉬운 곳에 두지 않는다. 찾기 어려운 곳에서 찾아낸 보물은 값이 있다. 보물을 못 찾는 사람은 눈이 신통치 않기 때문이다. 보물을 찾을 수 있는 눈을 가져야 한다. 사람은 자기 능력의 18%도 발휘하지 못하고 죽는다고 아인슈타인은 말했다. 우리는 행복을 찾는 능력, 건강을 유지하는 능력, 성공으로 나아가는 능력을 더욱 찾아 나서야 한다. 부부란 상호 상대를 제일 가는 배필이라고 언급할 때 제일 가는 배필이 되는 것이다. 기도는 말하는 대로 이루어지도록 하기 위해 하는 것이다. 열심히 하면 기도가 응답되듯이 부부도 서로 믿고 제일 가는 배필로 인정하며 만들려고 노력할 때 정말 제일 가는 배필이 된다. 우리는 밝은 면을 보는 눈을 갖자. 단점을 덮어두고 장점을 보는 시야를 갖자. 비판보다는 칭찬을 더욱 열심히 하자. 칭찬은 무엇보다도 우리에게 가장 값지고 좋은 식사다. 한마디의 슬기롭고 바른 말을 듣는 것이 만명의 병력을 얻는 것보다 낫다는 말이 있다.

영국의 시인 베일리의 말이다. "높은 것만을 칭찬하지 말라. 평야도 언덕과 마찬가지로 영구적이다." 이는 장점만을 칭찬할 것이아니라 평범한 것에도 진리가 있고 장점이 있음을 감안하여 칭찬의 대상을 찾아 찬양하자는 뜻이 내포된 것으로 볼 수 있다.

양심은 외적 압박에 굴하지 않고 사악을 물리치는 용기요, 스스로 볼 때 부끄럼이 없는 마음이다. 양심은 우리에게 누군가가 보고 있을 지 모른다고 타일러 주는 내부의 소리라고 미국의 풍자시인 멩켄은 말했다.

양심은 비굴함이 없는 자신이요, 하늘을 우러러 죄스러움이 없는 자아다. 폭력에 아부하는 비열, 가식, 낡은 관습으로 새질서를 억압하려는 관료주의, 이것들에 짓눌려 우리의 양심은 마비되어 온 지

너무 오래다. 왜정시대에는 허리에 찬 왜놈의 칼날에, 자유당 말기에 는 깡패 주먹에, 5.16이후에는 군화 때문에 새로운 윤리가 기를 펴지 못했다. 잃어버린 민권을 되찾고 양심이 푸른 하늘을 우러러 보고 한점 부끄럼이 없을 때 우리 후손들을 볼 면목을 찾을 수 있을 것이다. 이대로는 다음 세대를 볼 면목이 없다.

우리는 누구나 두 개의 눈을 가지고 있다. 하나는 외계를 바라보며 사물을 분별하는 눈이요, 다른 하나는 세상의 선과 악을 내 자신이 스스로 묻고 답하는 양심 즉 내부의 눈이다. 세상 사물을 보고 옳게 판단할 줄 아는 사람을 안목이 넓은 사람이라 부르고 범사에 깊은 사색과 선과 악을 분명히 가르는 사람을 인격과 덕망을 갖춘 사람이라 한다. 우리 시대는 안목이 넓고 인격과 덕망이 높은 사람을 원한다. 세상을 살아가는 것이 문제가 아니라 올바로 사는 것이 문제다.

인생을 아름답게 살려면 한점 가책이 없는 양심을 가지고 살아야 한다. 양심에 어긋나는 일을 한다는 것은 안전하지도 못하고 신중하지도 못한 것이다.

인생을 참답게 사는 방법으로 예수는 사랑을 베풀도록 했고 석가는 자비를, 공자는 인을 외쳤고 칸트는 도덕률을 언급했다. 양심의 깊은 눈으로 세상을 바라보면 선을 만날 것이고 비리의 마음으로 인간사를 투시하면 죄악을 발견할 것이다.

양심이 메마른 사회는 부정부패와 비리가 들끓고 사회나 국가가 혼탁해지고 발전이 없고 희망이 없다. 양심이 살아서 움직이는 사회를 이 시대에 우리가 건설해야 한다. 재정립해야 한다. 불의를 고발하려는 인류의 양심 솔제니친은 그의 고국에서 추방 당했다. 이는 양심의 타살이다. 사회를 움직이는 힘은 법도 아니요 돈도 아니다. 오로지 신이 준 양심만이 있을 뿐이다. 양심이 있는 곳에서 사회는 정도를 걷게 된다. 양심이 혼탁해지면 진로가 어둡고 희미해진다. 양심이란 그 사회가 자체의 유지를 위해서 발전시켜온 규율의 개인적 보호자다. 우리는 대기오염 수질오염을 염려할 것이 아니라 양심의 오염, 가치관의 상실을 염려할 일이다.

현대는 안타깝게도 더러운 이름의 무덤 앞에 거대한 대리석 비석이 서는 것을 볼 수 있는데 이는 분명히 현대의 부조리가 사회 곳곳에 누적되어 있어서 이를 제거하는데 상당한 시간이 소요 되리라 본다. 그러나 이런 부조리는 제거해야 한다.

  민족주의를 내세우며 정권연장에 급급한 정치가들, 복지사회를 주장하면서 뇌물을 앞서거니 뒤서거니 주고 받으며 빈익빈 부익부를 스스로 조장하는 경제인들, 먼저 나라와 의를 구하는 일에는 벙어리가 되어 뒷전에서 서성거리는 종교인들, 이들은 모두가 양심의 고갈로 부조화, 부패, 불균형의 스승이요 사회와 국가를 망치는 악당들이다. 양심은 정의의 나무에만 열리는 열매다. 정치도, 사업도, 교육도 양심의 건설 없이는 성취될 수 없다. 메마른 이 시대의 풍토 위에 정의의 숲을 건설하기 위한 양심의 소리가 높이 울려야 하고 멀리멀리 퍼져 나가야 한다.

  양심만이 사회를 올바르게 몰고가는 생명의 힘이요 활력소다. 양심은 우리에게 누군가 보고 있을지 모른다고 타일러 주는 내부의 소리다. 이 소리를 들을 줄 알아야 존경을 받을 수 있다.

감 사

 감사는 행복의 문을 여는 열쇠요 마음의 기억이며 예의의 가장 아름다운 형태이며 또한 훌륭한 교양의 열매다. 감사하는 마음을 가질 때 우리는 행복한 인생을 살 수 있다. 후기 성도 힝클리 장로는 감사하는 삶을 살면 오만, 자만심, 이기심 대신 축복된 삶을 살 수 있다고 했다. 불평 불만으로 우리의 마음이 가득 찰 때 행복의 여신이 사라지고 불평의 여신이 찾아든다. 늘 감사하는 마음을 갖는 사람은 세상에서 감사할 만한 일을 더욱 많이 발견할 수 있다고 스미스 장로는 말했다. 행복은 감사의 마음에서 피는 꽃이요 불행은 불평 불만의 나무에서 돋는 독버섯이다. 우리는 모든 일에 고마와하는 마음을 가지도록 힘 써야 한다. 사도 바울은 우리에게 '범사에 감사하라'는 진리를 가르쳤다. 감사심의 훈련은 인생의 중요한 훈련의 하나다. 너무 풍족한 생활을 하면 감사하는 마음을 잊어 버리기가 쉽다. 우리는 고생을 해야 한다. 고생 끝에 목적을 달성해야 고마와하는 마음을 느낄 수 있다. 추위에 떨어본 사람이 태양의 고마움을 느낀다. 굶주림에 시달린 사람이 밥 한 그릇의 고마움을 안다. 갈증의 고통을 겪은 사람이 시원한 물 한그릇에 감사하는 마음을 갖는다. 명심보감에 있는 말이다. 몸에 한가닥 실오라기라도 감았거든 항상 베 짜는 여인의 수고를 생각하고 하루 세끼의 밥을 먹거든 항상 농부의 노고를 생각하라고 했다. 신은 우리의 마음속에 감사라는 감정을 심어 주었다. 우리는 이 감정을 키우고 확대시키고 심화시켜야 한다. 고마워해야 할 때 고마워하지 않는 사람은 인간으로서의 자격이 부족한 사람이다. 감사해야 할 일에 감사할 줄 모르는 사람은 사람으로서의 자격이 떨어진다. 감사하는 마음은 인간을 인간답게 하는 근본의 하나다. 몬슨 장로의 말이다. 긍정적인 생각은 자신은 물론 타인도 행복하게 만든다고 했으며 또한 감사는 가장 큰 미덕이요 다른 미덕의 어버이라고 했다. 우리는 어려서부터 감사하는 마음을 길러야 한다. 큰 일은 물론 작은 일에도 고마워할 줄 아는 심정을 가져야 한다. 감사심의 훈련은 인간교육의 중요한 항목이다. 빛깔을 바로 분간하는 능력이 없는 사람을 색맹이라고 한다. 감사해야 할 때 감사하는 마음을 못갖는 것은 일종의 도덕적 색맹이다.

나는 병원의 환자를 볼 때마다 나의 건강에 감사한다. 앞 못보는 장님을 볼 때 나의 눈에 감사한다. 팔다리가 없이 세상에 태어난 닉부이치치(Nick Vuijicic)는 팔이 없기 때문에 허그를 받을 사람이 세상 사람들을 허그하며 전 세계를 누비고 돌아다니는 전도사다.

그는 팔이 없기 때문에 손을 씻지 않아도 되고 다리가 없기 때문에 발바닥에 가시가 찔릴 위험이 없다고 감사하며 스스로 축복받았다고 간증한다. 그는 그의 삶을 사랑하며 강한 신앙을 가지고 최선을 다하고 나머지는 하나님께 간구한다.

그는 꿈을 포기하는 행위는 창조주를 상자 안에 가둬버리는 것과 같다고 한다.

그는 절망을 희망으로 실패를 기회로, 한계를 비전으로 만든 이 시대의 헤렌켈러다.

자녀가 없어서 슬퍼하는 부모를 볼 때 나에게 자녀가 있는 것을 감사하게 생각한다. 나는 아침에 일어나서 오늘도 건강한 몸으로 일할 수 있는 것을 감사한다. 나에게 쓸만한 집이 있고, 나를 아껴주는 친구가 있고, 나의 글을 애독해 주는 독자가 있는 것을 늘 고맙게 생각한다. 인생은 결코 외로운 것도 아니요, 불행한 것도 아니다. 감사하는 마음을 항상 마음 속에 지닌다면 인생은 언제나 즐거울 것이요, 살 재미와 보람이 있는 것이다. 후기 성도교회의 회장 몬슨 장로의 말이다. 감사하는 마음을 표현하지 않는 것은 고마운 사람에게 주려고 포장해 놓고 선물를 주지 않는 것과 같다.

늘 불평불만을 잘하는 사람이 있다. 모든 것을 부정적으로 본다. 왜 나는 부자집에서 못 태어났나? 왜 우리 부모는 고위직에 있지 못하며 무식한가. 이렇게 생각하는 한심한 젊은 사람들이 있다. 어떤 사람들은 노력은 하지 않고 성적이 엉망임을 부모의 탓으로 돌리는 학생들도 있다.

발명왕 에디슨은 천재란 1%의 영감과 99%의 노력이라고 했다. 노력은 하지 않고 재능이 부족함을 부모의 탓으로 생각하는 어리석은 자는 반성해야 한다. 그리스 철학자 에픽테투스는 "현명한 사람은 갖지 못한 것을 슬퍼 하지 않고 가진 것을 기뻐한다"고 했다. 범사에 감사드리자. 감사는 가장 가까운 사람에게서 찾아야 한다. 헤어지면 감사할 길이 없다. 그래서 있을 때 잘해야 한다는 말이 있다. 인생살이에 어려움이 닥칠 때 받은 축복을 잃기 쉽다. 그러나 냉정하게 생각해 보면 지금까지 받은 축복이 많음을 알게 된다. 이것을 감사드려야 한다.

정통과 이단

정통과 이단 교회라는 용어 해석이 항상 변하고 있어 정의가 어렵고 애매모호 하다. 유대교는 역사상 유일신 하나님을 믿은 최초의 종교로 안식일을 잘 지켰다.

예수는 유대교인으로 태어났으나 유대교 지도자들로 부터 이단으로 몰리고 최후에는 사형선고까지 받았다. 유대교 지도자들은 사사건건 예수의 행위를 이단으로 규정했다. 안식일에 병자를 축복하여 병자를 고친 점을 문제시 했고 밀을 훑어 먹었다고 비난했다. 동시에 예수의 이적을 마술 부린 자라고 비판했다.

유대교의 이단이었던 예수에 의해 생긴 그리스도 교회(카톨릭 교회)가 11세기에 이르러 희랍 정통 교회의 대주교를 파문했고 희랍 정통 교회를 이단으로 단정했다. 15세기에 카도릭 교회는 프랑스 성쳐녀 쟌 다르크를 이단으로 몰아 화형에 처했으나 그후 교황청은 쟌 다르크를 이단으로 처형한 것은 오판이었다고 정정했다. 16세기 카도릭은 종교 개혁자인 루터와 칼빈을 신의가 없는 자요, 항거나 하는 경건치 못한 자로 보고, 또한 1525년 루터가 캐더린 수녀와 결혼한 사실을 보고 음란한 자로 매도하여 이단자로 배격했다.

17세기 지동설을 주장한 갈릴레오를 카도릭은 이단으로 단정했으나 20세기에 와서 이를 회복시켜 주었다.

한국 교회에서도 일제시 신사 참배를 거부하여 옥고를 치른 측에서는 자기들이 정통파라고 하면서 신사참배를 한 측을 공격하고 이단으로 매도했다.

예수교 장로회는 합동파, 통합파, 또는 충현 교회측, 영락 교회측으로 분리되고 이들은 기독교 장로회를 이단으로 보았다. 1930년대에는 장로교가 감리교와 성결교를 이단으로 취급했다. 최근에 장로교회, 감리 교회 및 성결 교회가 순복음 교회를 이단으로 본 일도 있다.

미국 LA에서도 급속도로 성장하는 은혜 교회를 이단으로 다룬 적이 있다.

카톨릭 교회는 개신교를 이단으로 보았고 개신교는 신흥 종교를 이단으로 보았다.

이렇게 정통과 이단의 시비는 유동적이고 가동적이었다. 물론 이단이란 이교와는 다르다. 같은 기독교간에 이단 시비가 있고, 종교가 다른 유교나 불교와는 이단이 아니라 이교인 것이다. 기독교에서 정통과 이단의 판정은 성경 해석 차이에서 오는 경우가 많다. 성경을 전면적으로 보는 경우와 부분적으로 보고 해석하는 경우 등 상이한 견해가 나타난다. 또한 객관적으로 해석하느냐 주관적으로 해석하느냐의 차이에서 오는 상이점도 있다. 성경 자체도 앞뒤 모순이 없는 것은 아니다. "원수를 사랑하라"는 구절이 있는가 하면 "내가 세상에 화평을 주러 온 줄 로 생각지 말라"라는 구절도 있다. 뒷구절은 싸움을 주려고 오는 듯 보인다.

또한 실행이 곤란한 구절도 있다. "오른눈이 범죄하면 그 눈을 뽑아 버리라"

그리고 "오른손이 범죄하면 그 손을 베어 버리라" 등의 구절은 실행하기 어려운 구절이다. 교회는 복음을 현실화 할 때 세상과 타협하지 않을 수 없다.

예수도 법을 존중했다. 가이사의 것은 가이사에게 하나님의 것은 하나님께 바치도록 말한 바 있다. 사회의 전통과 법률과 문화를 무시한 복음은 존재하기 어렵다. 모든 종교나 교파는 한 사람으로 부터 싹이 트고 있다.

불교는 석가모니에 의해, 유교는 공자에 의해, 카톨릭은 베드로, 루터교는 루터, 장로교는 칼빈, 감리교는 웨슬리, 성공회는 헨리 8

세에 의해 만들어진 교회다.

　이단이었던 신흥 종교도 세력이 확장되면 정통이 된 역사가 있다.

　정통이란 서로 사랑하고 하나님 나라 건설을 위해 노력하고 올바른 생활을 하려는 개인이나 단체가 여기에 속한다고 볼 수 있다.

　지상에서 두개 이상의 교파가 있는 한 정통과 이단은 존재하기 마련이다.

　연대 서남동 교수, 프린스턴 대학 케이저 박사 등의 말을 빌리면 "교회의 권력투쟁에서 살아 남은 자들이 정통"으로 인정 받고 있다.

　모든 교파가 하나님을 창조주로 보고 예수님은 구세주고 성경을 하나님 말씀으로 보면 동일 범주에 속한 것으로 본다. 내 신앙이 옳다고 생각하면 남의 신앙도 존중해야 하리라고 본다.

지상 최대의 힘

　세상이 점점 야박해지고 있다. 협동이나 봉사정신이 미약해지고 있다. 너무나 지나친 계산만을 하고 있다. 잘 아는 사람이 아니면 고게를 숙이려고 하지 않는다. 요즘말로 목에 힘을 주는 사람이 많다. 별 거물도 아니면서 거물인 척하는 사람이 많다. 이런 인간은 무엇인가 결함이 있는 존재다.
　현대의 10대들 사고 방식을 보자. 부모에 대한 자세다. '부탁도 하지않았는데 나를 낳아 주었다. 고맙기는 하나 별로다'. 이렇게 10대들은 혼자 자란 듯 부모에 대한 은혜를 망각하고 있는 사람이 있다. 현대의 10대들은 너무나 이기주의자이다. 현대의 젊은이들은 자기만을 위해 사는 사람이다. 월급을 받아도 젊은이들은 자기의 생활이 있기 때문에 부모들께 용돈을 드릴 자세가 아니다. 여유가 없다는 평계다. 돈을 쉽게 쓰는 신혼부부가 있다. 돈을 좀 아껴쓰라고 충고하면 '내 돈을 무엇에 어떻게 쓰든지 내 마음이지요, 홈친 돈도 아닌데…'.
　같은 맥락의 예다. 신혼 며느리가 신랑과 싸우고 백화점에 가서 돈을 실컷 쓰며 스트레스를 풀었다. 이것을 안 시어머니가 돈을 아껴 쓰라고 충고했다. 며느리는 기다렸다는 듯이 '이 돈은 친정 어머니가 준 돈인데 마음대로 쓰면 어때요' 한다.

이것이 현대 여성의 자세다. 참 얄팍한 합리성이다. 인간의 이론이란 정말 자기중심적이어서 자기가 편한데로 만든 이론이 많은 것 같다. 그래서 합리적 인간이라고 생각하는 사람의 이론에는 자기에게만 통용되는 이론이 많은 것 같다.

합리적인 인간의 이론에는 이기주의 사고 방식이 지배적이다. 자기는 상대방을 위해 아무 것도 해주지 않으면서 상대방이 자기에게 무언가 해주기를 바라고 있다. 바로 이것이 얌체족이다.

눈을 돌려 성경을 보자. "무슨 일이든지 남이 해주기를 바라는 일은 남에게도 그대로 해주라." "받는 사람 보다 주는 사람이 복이 있다."

이렇게 우리에게 불리한 듯한 말들이 있다. 우리에게는 이런 불리한 말씀, 이것이 진리다. 이 진리를 따라서 살 때 영원한 생명에 도달하고 얄팍한 자기 이론에 따라서 살 때 영원한 생명에 도달하고 자기 이론에 따라서 살 때 생명은 멸망에 이른다. 이런 것은 이상하리 만큼 진리다. 합리적이고 이기적인 자기 이론을 멀리하고 진리를 추종할 때 빛이 있고 행운이 있기 마련이다.

"이기주의는 교회 법규에서 가장 금지 당한 죄"라고 셰익스피어는 말했다.

그러기에 "이기주의는 사랑보다 더 많은 방탕아를 만들고 지옥을 이룬다"고 했으며 파스칼은 "이기주의는 가증스럽다"고 했다. 이기주의는 자기만을 알기 때문에 좋으면 삼키고 쓰면 내뱉는다. 아인슈타인의 말이다. "나의 상대성 원리가 성공적으로 입증되면 독일은 나를 독일인이라고 주장할 것이고 프랑스는 나를 세계의 시민이라고 선언할 것이다. 내 학설이 진리가 아님이 판명되면 프랑스는 나를 독일인이라고 말할 것이고 독일은 나를 유태인이라고 주장할 것이다."

너나 할 것없이 모두가 바쁘다. 일에 쪼들리어 세상사는 맛을 느끼지 못해 인생살이를 그만 하직하고 싶어도 하직할 바닷가나 강가를 찾지 못해 투신자살을 못하고 있다는 넉살을 부리는 친구도 있다. 바빠서 자살할 장소까지 가지 못하는 시대에 살고 있는 것이 현실인 듯 보인다. 입시경쟁이 시작되면서 도시락 두 세개씩 싸들고 나와 보충 수업까지 끝낸 후 밤늦게까지 도서실에서 공부하다 파김치가 되어 집으로 향하던 고교시절은 새벽별 보고 나가서 저녁

별 보고 돌아오는 별보기 운동시절 이었다. 이 시절을 지나 끔찍한 교통전쟁을 치러내며 탈진상태가 되어 정신없이 출퇴근하는 직장생활에 이르기까지 지난날을 회상해 보면 거대한 물살에 떠밀려 참된 자아를 정립할 사이도 없이 여기까지 흘러온게 아닌가 하는 회의가 찾아들기도 한다. 그것도 부족해서 미국에까지 밀려 왔다. 옛날의 농촌생활은 그래도 농번기가 지나면 숨 돌리고 낭만을 즐길 시간이 있었다. 도시생활은 그것마져 빼앗기고 타국생활은 언어와 풍속, 바쁜 시간에 스트레스가 가중되고 있다. 현대의 도시생활은 밀집된 인구 속에서 살아남기 위해 발버둥치고 있는 것이다. 거기다가 가중되고 있는 매연과 공해의 농도 개인과 집단 이기주의 풍조에서 갈수록 어려워지는 인간관계하며 천정부지로 치솟는 물가까지 부채질하고 있다. 그래서 그런지 하루를 마감하고 잠을 청할 때면 혼이 빠진 사람처럼 멍청해지는 것 같은 기분이다. 맥없이 '오늘도 하루가 지났구나'하며 꿈의 세계로 간다.

살기 위해 일하고 모임도 참석해야 하고 원고 청탁도 받고 책도 읽어야 한다.

이러니 안 바쁠리 없다. 하루가 25시라도 부족할 지경이다. 아무리 비빠도 힘의 원천이 되는 사색의 시간은 가져야 한다. 무조건 하고 나서 생각하기 보다는 생각하고 나서 행하는 것이어야 실수가 적고 행한 결과를 기대할만 하다.

현대인들은 시간에 쫓기다 보니 독서할 시간이 없다. 이로 인해 세상을 살아가는 지혜가 결핍된다. 독서를 통해 정신적인 부를 축적해야 한다. 생계유지를 위해 아침부터 밤 늦게까지 날뛰다 보니 사랑하고 사랑 받을 시간마저 상실하고 있다.

메마른 물질만능주의 생활에서 좀더 정서생활을 하는 사람이 되어야겠다. 생활이 너무 메마르다보니 유머 감각이 사라지고 무드가 매몰되고 만다. 이로 인해 웃음꽃이 사라지고 있다. 영혼의 음악인 웃음을 웃는 생활이 필요한 시대다.

웃음으로 스트레스를 제거해 보자.

자기만 생각하는 이기주의 만능으로 생을 마치기에는 너무 가치 없는 생이다.

짧은 생을 자기만을 생각하는 생이 아니라 남에게도 주는 생을 가져야 한다.

아무리 시간이 없고 바쁘더라도 하나님께 매달리는 생을 가져 보자. 이것이 기도 생활이요, 신앙 생활이다. 여기에서 힘을 얻고 행복을 찾아 보자.이상과 같은 내용을 담은 작자 미상의 시 한수를 여기에 소개코저 한다.

생각하는 시간을 따로떼어 두십시오. 그것은 힘의 원천이기 때문입니다.

읽는 시간을 따로 떼어 두십시오. 그것은 지혜의 샘이기 때문입니다.

사랑하고 사랑 받는 시간을 따로 떼어 두십시오. 그것은 신이 부여한 특권이기 때문입니다.

웃는 시간을 따로 떼어 두십시오. 그것은 영혼의 음악이기 때문입니다.

주는 시간을 따로 떼어 두십시오. 그것은 이기적이기엔 우리의 하루가 너무 짧기 때문입니다.

기도하는 시간을 따로 떼어 두십시오. 그것은 지상 최대의 힘이기 때문입니다.

기 도

 종교 개혁자 마틴 루터는 기도에 대해서 이렇게 말했다.
 "옷을 짓는 것이 양복점의 일이며, 구두를 만드는 것이 구둣방의 일 인 것처럼 기도하는 것이 그리스도인의 일이다."
 예수님께서는 "가장 큰 일은 하나님을 믿는 것이고 하나님을 믿는다는 것은기도하는 것"이라고 했다.
 기도는 하고싶을 때도 하고 하기 싫을 때도 해야한다.기도에는 형식이 별도로 있는 것이 아니다. 허나 먼저 하나님을 부른다. 기도의 시간은 자유다. 하루 기도의 횟수도 자유다. 기도의 내용은 자기 자신을 위한 기도도 해야하지만 다른 사람을 위해서도 기도해야 한다. 구체적인 기도를 필요로 할 때도 있다.
 인간은 누구나 괴로울 때 하나님께 매달리기 쉽다. 가정이 어려울 때 하나님께 기도한다. 유물주의자 레닌은 일이 잘 되지 않을 때 하나님께 기도 하지 않을 수가 없었다고 자기 자서전에 쓰고 있다. 우리는 항상 기도해야 한다.
 기도의 응답을 받은 예는 너무나 많다. 언제 기도의 응답이 있었는 지는 우리 인간은 알 수 없다. 세상에는 착한 사람이 변을 당하는 경우가 많다.
 자고로 괴로움에 대해 여러가지 격언이나 명언이 많다. 예를 들어 보자.
"고난에 의해 교육을 받지 못한 사람은 언제까지나 어린아이와 같다"(N 토마제오). "만일 당신이 남의 고통을 짊어지면 주님은 당신의 고통을 짊어 주실 것이다"
"삶이란 평원을 걷는 것만이 아니다(러시아 격언). "시련이 없는 생활 그것이 최대의 시련이다"(메이슨). 하나님은 자기를 믿는 사람을 왜 시련을 받도록 하시는 지 알 수 없다. 이것이 하나님의 뜻이다. 물론 고난이 없는 것이 좋다고 본다. 누구나 건강하고 사랑하는 사람으로 부터 배반 당하는 일도 없고 돈에 궁색하지도 않고 평화롭게 살아갈 수 있으면 다행스러운 일이다. 그러나 거기에는 하나님만이 아는 깊은 뜻이 있으리라 본다. 고난은 어쩌면 하나님께서 주시는 귀한 선물 일지도 모른다. 바라건대 우리의 기도는 모든 것이 우리의 소원대로 되는 것이 아니라 하나님의 뜻대로 되도록 기도할 수 있을 때에야 말로 아무리 괴로울 때에도 감사할 수 있는 신앙을 갖게 되는 것이다.

하나님의 뜻 이루소서
-성 어거스틴-

오 사랑하는 주님이시어!
무엇이나 주님을 기쁘게 하고 주님이 받으실 만하고 주님이 원하시며 바라도록 우리에게 은혜를 베풀어 주시옵소서
주님의 뜻 우리의 뜻이 되게 하시옵고 우리의 뜻은 오직 당신의 뜻만 따르게 하시고 그것에 일치되도록 하옵소서
우리로 하여금 항상 주님의 뜻만을 원하게 하시고 주님이 우리 뜻에 일치되도록 원하게는 말게 하옵소서
주님의 뜻 이외에는 결코 원하지 말게 하시고 주님의 뜻 이외의 것 원하옵거든 아예 아무 것도 원치 않게 하옵소서
주님이시어` 이 세상에 속한 모든 것에서 우리를 죽게 하시고 주님을 위해서는 멸시를 받는 것이나 아무 이름도 없는 것이 되기를 사랑하게 하옵소서
오 주여!
무엇보다 주님 안에서 안식을 누리게 하옵소서
예수 이름으로 아멘

평화의 기도
- 성 프란체스코 -

주여
나를 당신의 도구로 써 주소서
미움이 있는 곳에 사랑을
다툼이 있는 곳에 용서를
분열이 있는 곳에 일치를
의혹이 있는 곳에 신앙을
그릇됨이 있는 곳에 진리를
절망이 있는 곳에 희망을
어두움에 빛을
슬픔이 있는 곳에 기쁨을 가져오는 자 되게 하소서
위로 받기 보다는 위로하고
이해 받기 보다는 이해하며
사랑 받기보다는 사랑하게 하여 주소서
우리는 줌으로써 받고
용서함으로써 용서를 받으며
자기를 버리고 죽음으로써 영생을 얻기 때문입니다.

사랑의 열매(고전 13:4~13)

사랑은 오래참고
사랑은 온유하며
사랑은 투기하는 자가 되지 아니하며
사랑은 자랑하지 아니하며
사랑은 교만하지 아니하며
사랑은 무례히 행치 아니하며
사랑은 성내지 아니하며
사랑은 악한 것을 생각지 아니하며
사랑은 불의를 기뻐하지 아니하며
사랑은 진리와 함께 기뻐하고

사랑은 모든 것을 참으며
사랑은 모든 것을 바라며
사랑은 모든 것을 견디느니라
그런데 믿음, 소망, 사랑
이 세가지는 항상 있을 것인데
그 중에 제일은 사랑이라.

부부의 기도

- 성지 -

사랑을 줄 줄 알고 사랑 받을 줄 아는 부부 되게 하소서
작은 것을 얻어도 소중하게 여기며
큰 것을 가지고도 아끼지 아니하고
좋은 것이 있을 때 서로가 양보하고
허물이 보일 때는 덮어주게 하소서
어려울 때 곁에서 힘이 되게 하시고
벅찰 때는 서로가 나눠지게 하시며
용기를 잃었을 때 두 손 잡게 하소서

어머니의 기도

- D. 맥아더 -

　아이들을 이해하고 아이들이 하는 일을 참을성 있게 듣고 묻는 말에 일일이 친절하게 대답하도록 도와주소서.
　면박을 주는 일이 없도록 도와주소서.
　아이들의 말을 가로 막거나 핀잔을 주는 일이 없도록 도와주소서.
　아이들이 나에게 공손하기를 바라는 것 같이 나도 아이들에게 잘못하였다는 것을 깨달았을 때는 나의 잘못을 말하고 아이들의 용서를 구하는 용기를 주소서.
　공연히 아이들의 감정을 상하게 하지 않기를 비오며 아이들의 과실에 대해 비웃거나 창피를 주거나 울리는 일이 없도록 하여 주소서.

나의 말과 행동으로써 정직은 행복을 가져온다는 것을 때로 증명하도록 인도하여 주소서.
나의 마음 속의 비겁함을 없애 주시며 잔소리를 하지 않게 하여 주소서
그리고 나의 기분이 언짢을 때 나의 혀를 삼가게 하여 주소서
아이들의 사소한 잘못에 눈을 감고 착한 일만 보도록 도와주소서.
아이들의 착한 일에 대해서 서슴치 않고 진심으로 칭찬을 하게 하여 주소서.
아이들의 나이대로 아이들을 대하고
어른들의 판단이나 관습을 강요하지 말게 하여 주시옵소서.
아이들이 스스로 자기 일을 돌아보게 스스로 생각하고 선택하고 결정하는 기회를 빼앗지 않게 하옵소서.
자기만족을 위하여 아이들에게 벌을 주는 일이 없도록 하여 주시옵소서.
정당한 소원을 다 들어주되 아이들에게 해롭다고 생각되는 것은 언제나 허락하지 않는 용기를 주옵소서.
나를 공정하고 올바르게 동정심 많고 사귐성이 있게 만드시어 아이들의 진정한 공경을 받도록 만들어 주소서.
아이들이 사랑을 받고 아이들의 본이 될만한 사람되게 하여 주옵소서.

아버지의 기도
- D. 맥아더 -

주여, 내 아이를
약해질 때 자신을 아는 강한 힘을
두려움 앞에서는 용기를
옳고 그름으로 인한 패배에는 긍지를 가지며
승리하였을 때 겸허하고 온유한 자로 키우게 하소서.

내 아이가 자신의 의견만을 고집하지 않고
하나님을 알고, 자신을 아는 것을
가장 보배로운 가치로 삼고 살도록 키우게 하소서.

비오니
내 아이를 평탄한 길로만 이끌지 마시고
고난과 역경의 삶으로 인도하소서
주여
거센 폭풍우에도 견딜 줄 알게 하시며
패배한 이에게는
사랑으로 대할 줄 알게 하소서.

맑은 마음
드높은 목적으로 살며
남을 지배하려 들기 전에
자신을 지배하며
미래를 향해 발돋움 하면서도
과거를 잊지 않는 아이로 키우게 하소서.

내 아이가
이 모든 것을 이루게 된 후에도
주여, 나 당신께 청하오니
그가 풍부한 유머를 지니고
진지하게 인생을 살게 하시되
지나침이 없게 하소서.

그에게 겸손을 주시어
참 위대함은 단순함이요
참 지혜는 마음의 개방이며
참된 힘은 온유함임을 늘 기억하며 살게 하소서.

이렇게 된다면
먼 훗날
나는 그의 아비로서 '헛되이 살지 않았노라'고
당신께 조용히 말씀드릴 수 있을 것입니다.
아멘

보이지 않지만 믿어야

나는 젊은 시절에 무신론자라고 자처했고 하나님 같은 것은 믿지 않는다고 했다. 나의 눈으로 보거나 귀로 들을 수 없는 하나님을 믿다니 비과학적이라고 했다.
즉 과학은 믿을 수 있으나 하나님은 믿기 어렵다는 견해다.
여기에 잘못이 있음을 알았다. 우리 인간의 귀는 어느 한도를 넘는 것은 듣지 못한다. 예를 들면 천둥소리 이상의 너무 큰 소리는 들을 수 없다는 사실을 알게 되었다. 지구가 회전하는 소리도 듣지 못한다. 너무 작은 소리, 너무 낮은 소리도 듣지 못한다. 허나 개는 우리가 듣지 못하는 소리도 듣는다. 아마 개의 입장에서 보면 큰 소리를 듣지 못하는 인간을 나와 같은 개만도 못한 인간, 즉 바보들로 볼 수 있을 것이다. 사람은 19킬로 사이클에서 20킬로 사이클까지 음파를 듣고 식별할 수 있는데, 개는 25킬로 사이클 까지, 돌고래는 120킬로 사이클 까지를 듣고 식별할 수 있다고 한다.
이런 인간의 청각의 한계는 후각이나 시각의 경우도 비슷하다.
우리의 눈은 미세한 것, 너무 가까운 것, 너무나 먼 곳을 볼 수 없다.
그리고 누구나 아는 바와 같이 프로펠러나 선풍기의 날개처럼 너무 빨리 움직이는 물체도 분명히 거기 있으나 볼 수 없다.

아마 무지하게 빠른 속도로 빠르게 움직이는 물체도 분명히 거기에 있으나 볼 수 없다. 아마 무시무시하게 큰 소리로 우리에게 말을 걸고 무서운 속도로 빠르게 움직이는 무엇인가가 눈앞에 있다고 해도 우리는 아마 그 존재를 모를 것이다.

이러한 인간 능력의 한계는 오관은 물론이고 두뇌의 움직임에도 당연히 있을 것 이다. 그렇다면 나의 귀로 듣고 눈으로 보지 못한 것을 믿을 수 없다는 것은 참으로 우습고 비과학적이라 할 수 있다.

우리의 눈이 모든 것을 완전히 볼 수 있다면 모든 미세한 것까지도 볼 수 있어야 한다.허나 우리의 주변에 우글거리는 박테리아는 볼 수 없다. 볼 수 있다 하더라도 무수한 세균 때문에 노이로제에 걸리고 말 것이다.

인간이 갖는 능력에 한계가 있다는 것은 인간이 생활하는데 필요한 만큼의 한계라고 말할 수 있다. 이렇게 인간이란 시력이나 청력이나 모든 능력에 있어서 제한된 존재이다. 따라서 자기 눈으로 보고 귀로 듣는 이외의 것은 인정할 수 없다는 것은 그 자체가 넌센스다.

또 우리는 하나님을 인식할 수 없는 불완전한 존재다. 그러나 하나님은 인식해야 할 존재가 아니라 믿어야할 존재다.

믿는다는 것은 아직 보이지 않는 대상에 대해서 사용하는 말이다. 하나님이 눈에 보인다 안 보인다가 문제가 되는 것이 아니고 하나님이 있다고 믿는 것이다.

이것이 믿음이다.

사람이 결혼 상대를 선택할 때 상대를 성실한 사람으로 믿고 결혼을 결심하게 된다. 상대가 정말 평생 변치 않을 성실한 사람인지 정말 행복하게 해줄 수 있는 사람인지를 확인할 수는 없지만 믿고 결혼하게 된다.

하나님이란 현대 과학으로는 알 수 없는 존재다.

아인슈타인이나 뉴턴도 기독교인이었지만, 또한 많은 노벨상 수상자들이 기독교인들이었지만 그들이 과학으로써 하나님을 인식한 것이 아니라 신앙으로써 하나님을 믿은 것이다.과학이 신앙의 도움이 되었을 망정 과학에 의해 하나님을 인식한 것은 결코 아니다. 위대한 과학자일 수록 하나님을 믿는다고 한다.

그것은 과학을 연구할 수록 인간의 유한성을 알게 되고 사람으로서는 알지 못할 세계가 많다는 것을 깨닫기 때문이다.

인간이 비록 달나라까지 갔으나 무한한 대우주를 생각하면 태평양을 건너는데 한 발자국을 집어 넣은 것에 불과하다.

따라서 인간은 자기의 능력을 자만해서는 않된다. 어디까지나 겸손하게 자신을 돌아볼 줄을 알아야할 것이다.

히브리서에 나온 말이다. "믿음은 바라는 것들의 실상이요, 보지 못한 것들의 증거이니라"라고 했다. 19세기 스위스의 철학자 아미엘도 "믿음은 증거 없는 확신이다, 믿음은 감성이다, 희망이기 때문이다. 믿음은 본능이다. 모든 외부의 가르침에 앞서기 때문이다"라고 했다.

에머슨의 말과 같이 "사람은 빵으로만 살지 않고 신앙과 찬양과 동정으로 산다."

예수께서 도마에게 말씀하시기를 "너는 나를 본고로 믿느냐 보지 못하고 믿는 자들은 복되도다 하시니라.(요 20:29)"

참 신앙인

인생은 무엇이며 무엇에 비유할 수 있을까? 인생을 보는 견해가 각양각색이다.

어떤사람은 인생을 명상이라고 말하고, 어떤 사람은 인생을 고통이라고 말한다.

그리고 어떤 사람은 인생을 경기와 같다고 말하며, 어떤 사람은 인생을 항해와 같다고 말한다. 또한 어떤 사람은 인생을 연극 무대와 같다고 말하며, 어떤 사람은 인생을 전쟁과 같다고 말한다.

모두 일리가있는 말이다.

그러나 우리에게 중요한 것은 '인생은 어떤 것이다'라는 추상적인 정의보다는 인생은 어떻게 유용되어야 한다는 구체적인 삶이다.

인생이 명상이라면 우리는 명상하는 법을 배워야 하고, 인생이 고통이라면 우리는 고통을 극복하는 법을 배워야 하며, 또한 인생이 경기라면 우리는 경기하는 법을 배워야 한다.

인생이 항해라면 우리는 항해하는 법을 배워야 한다.

또한 인생이 연극 무대와 같다면 우리는 그 연극이 끝나기 전에 맡겨진 배역에 충실 하도록 훈련받아야 하며 인생이 전투라면 전투하는 법을 배워서 승리해야 한다. 옛날 속담에 '전쟁이 있는 나라는 내란이 없다'는 말 처럼 또한 '최대의 방어는 공격이다'라는 말 처럼 인생길이 결코 용이하게 펼쳐지지 않을지라도 우리들은 능동적인 자세를 잃지 말아야 하겠다.

인생길이 항상 고요하고 잔잔한 바다와 같이 펼쳐진다면 그러한 길의 인생은 시련과 시험에 대항할 힘이없이 연약하고, 어떻게 보면 쓸모가 적은 인생이 되어버릴 것이다.

신앙에서도 마찬가지다.

어려운 십자가의 길에서, 환란의 고통 속에서 주님을 만난 사람들만이 고난 속에 거하시고 도우시는 하나님을 만날 수 있는가 하면, 어려운 고난을 경험한 사람일 수록 어려운 고난을 헤쳐 나갈 수 있는 지혜와 능력을 소유할 수 있으며 고난 뒤의 축복을 바라볼 수 있는 것이다.

참 신앙인이라면 어려움 속에서도 신앙을 지키는 방법과 인내를 배우려고 노력하는 사람이다. "고난이 클 수록 영광도 크다"고 키케르는 말했다.

인생은 높고 낮은 독특한 리듬이 있다. 기쁨과 슬픔이 그렇고 행복과 불행이 그렇다. 우리는 이 리듬의 아름다움을 깨달아야 한다.

인생의 음악은 각자가 작곡해 나가야한다. 어떤 사람은 불협화음이 점점 퍼져서 나중에는 멜로디의 주조를 압도하거나 말살해 버리는 경우가 있다.

또한 때로는 불협화음이 너무 강해서 멜로디가 중단되는 경우가 있다.

권총 자살이 그렇고 투신 자살이 그렇다. 이러한 인생은 별도로 치고 정상적인 인생은 엄숙한 행진이나, 행렬처럼 끝까지 지속되는 법이다.

그러나 잡음이나 단음이 지나치게 많은 경우가 있다. 그럴 때에는 템포가 잘못된 것이므로 불쾌하게 들린다.

이럴 때 밤낮을 가리지 않고 유유히 흘러서 바다로 들어가는 큰 강물의 템포야 말로 우리가 동경하여 마지않는 바이다.

신앙생활이 쉬운 일은 아니다. 어려운 일을 뚫고 나아가는 것이 신앙인의 자세다.

도스토예프스키의 말이다. "고난은 지각의 유일한 근원이다."

괴테는 "자기의 빵을 눈물 흘리며 먹어보지 않은 사람은, 근심으로 가득한 밤에 자기 잠자리에서 울어보지 않은 사람은, 고난을 모른다."고 했다.

여행에서 얻은 신앙

불화와 갈등이란 말에 비하여 화합이나 화해라는 말은 듣기에 좋고 유쾌한 단어들이다.
　가령 불화라는 말이 듣기 좋은 말이 아니고 지역갈등, 노사갈등, 세대갈등, 계층간 갈등 같은 용어도 불쾌감을 주는 낱말들이다.
　우리 가정이나 사회가 대부분 매끄럽지 못하게 운행되고 있다. 모두 대화 부족이나 대화미숙에서 나온다.
　부모와 자녀간에 대화가 없다. 각자 자기 할일만 하다보니 대화를 할만한 시간이 없다. 서로 이야기할 마음도 없다. 이런 가정의 부모와 자녀 간의 표정이 밝을 리 없다. 가정에 행복이 넘칠 수 없다.
　이들 사이에 오가는 말은 어떤가. 부모는 자녀와 눈만 마주치면 공부해라, 숙제했니, 밥 먹어라 정도다. 아이들은 돈 주세요, 무얼 사주세요 등 명령과 요구 뿐이다. 그외에 진지한 이야기를 하려고 해도 대화의 미숙으로 말을 하다보면 언쟁이 되고 분쟁을 유발할 가능성이 많기 때문에 서로 입을 다물고 살아간다.
　이것이 가정의 평화를 유지하는데 도움이 되기 때문이다.
　'대화시의 신중은 웅변보다 더 중요하다'고 스페인의 작가요 목사였던 그라시안은 말한 바 있다.

부부간에도 오고 가는 진실한 대화가 없다. 서로 말을 아낀다. 사랑이 식어간다.

서로 생각하는 면이 다르기 때문에 하고 싶은 말을 전부 못하고 '침묵은 금'이라는 자세다. 침묵이 평화유지의 방법이 된다. 말로써 말이 많아진다.

가시돋힌 말 한마디가 전쟁의 도화선이 되고 평화를 파괴한다.

그저 마지 못해 하는 말이 전기값 보냈나? 세금 냈나? 아이는 어디 갔나? 등 모두 주어도 없는 토막말이다.

가정이 무너져가고 이로 인해 사회도 조만간 무너져갈 것 같다고 염려하는 이가 많아짐을 알 것 같다. 붕괴 직전임을 경고하는 이의 말에 근거가 있다.

이런 위기 속에서 우리 모두는 살얼음판 걷듯 조심스럽게 날마다 살아가고 있다.

이런 생활로는 않되겠다.

무언가 달라져야겠다. 혁신이 있어야 한다. 이를 위해 집을 나선 부부가 있다. 성은 김이요 이름은 YS다. YS는 과거 청와대 계신 분만 훌륭한 것이 아니다. 이곳 밸리에 거주하는 애띤 젊은 여인의 마음과 정신 그리고 신앙심을 높이 찬양할 만하다. 특별한 이유는 없지만 고국 떠난지 10여년 만에 2~3주 휴가를 내어 고국방문길에 올랐다. 젊은 부부이기 때문에 낭만적인 지난 날들을 회상하며 손에 손을 잡고 전국의 명승지, 불국사, 설악산 등 가 볼 만한 곳은 모두 누비고 다녔다. 지금까지 타국 생활에서 시간에 쫓겨 못한 말들을 여행 중 충분히 나누었다.

YS는 떠날 때 남편과 이야기나 실컷하고 싶은 욕구로 가득차 있었다.

대화는 자연스럽게 성사되었다. 많은 대화중 그들의 인생관과 생활관을 되돌아보며 미래를 설계했다. 여기서 자연스럽게 설계된 합의사상이 도출되었다.

첫째 주일 제일 먼저 갈 곳은 교회다.

그동안 부인은 열심히 교회에 다녔지만 남편은 세상일에 너무 분주했다. 부인은 남편없이 아이들과 다니는 교회생활이 어쩐지 허전했다. 쓸쓸함을 달랠 길이 없었다. 허나 휴가를 마친 부인의 얼굴은 활짝 피어 있었다. 부부가 아이들을 중간에 앉혀 놓고 나란히 앉아서 예배보는 모습은 보기에 아름다웠다.

한국 YS정권의 부정부패 척결로 국민들이 세상사는 맛이 나듯 이들 가정도 여행의 소산으로 신혼생활이 재생된 듯 보였다.

누군가 말했듯이 예수와 진리를 사랑하는 자는 자기를 자기 이상의 영혼으로 승화 시킬 수 있다고 했는데 이들을 두고 한 말인 듯 보인다.

둘째 자녀들에게 신앙의 유산을 남기자.

재산을 유산으로 주어서 무엇하겠느냐?

말로만 아이들에게 충고할 것이 아니라 행동으로 모범을 보여 주는 신앙생활을 하여 이것이 유산이 되게 하자는 합의다.

어른들의 모범은 언제나 교훈보다 효과적이다. 행함이 없는 믿음은 죽은 것이다.

교회 열심히 나가 하나님 말씀만 듣고 행함이 없으면 귀만 부활하여 천당가고 전도만 열심히 하고 행함이 없으면 입만 부활한다는 말이 있다.허나 이들 부부는 행동으로 자녀들에게 모범을 보여 그것이 유산이 되도록 하자는 것이다.

만인의 뜨거운 찬사를 받기에 충분하다.

셋째 부모를 공경하자.

낳아주시고 길러주신 양쪽 부모님을 살아계실 때 효성을 하자는 것, 이는 분명히 십계명에 나온 말이다. 또한 유교의 핵심사상이다.

오래 두고서 할 수 없는 것은 부모를 잘 섬기는 일이다. 그러기에 효자는 날이 감을 아낀다 는 것은 소학에 나오는 양자의 말이다.

또한 명심보감에 나오는 강태극의 말이다. 내가 어버이에게 효도하면 자식도 또한 내게 효도하나니 자신이 이미 효도하지 않으면 자식이 어찌하랴. 효성에 관한 정철의 시조를 보자.

어버이 살아신 제 섬길 일란 다하여라.
지난 후면 애닯다. 어찌하리
평생에 고쳐 못 할 일 이뿐인가 하노라

박인로의 작품을 보자.

인간이 백세 중에 질병이 다 있으니
부모를 섬긴들 몇해를 섬길런고
아마도 못다할 성효를 일찍 베풀어 보리라.

여행중 대화에서 도출해낸 이들 부부의 세마디는 기독교 사상의 압축이요, 유교 불교 사상의 농축으로 가정을 이끄는 가장 훌륭한 가정의 지표다.
　이런 가정이 주변에 하나 둘 생김으로써 사회가 행복해지고 국가가 아름답게 번영되리라 본다.
　진실한 삶을 위한 이들 부부의 결론을 거듭 찬양하며 영원하기를 기원한다.
　여행이 우리 두뇌의 밧데리를 재충전할 수 있도록 우리도 여행을 하면서 못다한 상호간의 대화를 충분히 나누어 진실한 삶의 방향을 새로이 설정해 보자. 풀러의 말과 같이 '여행은 현명한 사람을 더욱 훌륭하게 한다'는 사실을 기억하자.

제 2장 인생의 경륜

죽을 수 밖에 없는 인생

　인간은 죽을 수 밖에 없는 존재다. 허버드의 말과 같이 한번 태어난 자는 한번 죽어야 한다. 태어남이 죽음을 예고하듯 우리는 태어날 때 울고 죽을 때는 울지 않는다. 이것이 인생의 운명이다. 따라서 사람이 어떻게 죽느냐가 문제다. 인간은 한번 나서 죽는 것이 인생의 엄숙한 법칙이다. 죽음의 사신은 예외없이 또 예고없이 우리는 반갑지 않지만 찾아온다. 인간은 생을 얻으면서 부터 죽기를 시작한다고 할 수 있다. 즉 시간의 흐름을 알리는 시계의 1분 1초의 똑딱거리는 기계소리는 인간이 호흡하는 숨소리와 함께 죽음의 경지로 가까워진다는 것을 알리는 경종과도 같다. 언제 사신이 나를 부를지는 아무도 모른다. 만인의 병을 고치는 명의도 자기의 돌아갈 날을 모른다. 불로장수와 영원한 생명은 옛부터 만인의 간절한 소원이며 희망이었다. 그러나 우리는 죽을 수 밖에 없고 돌아가야한다.
　본향으로 돌아가는 것이 죽음이다. 산다는 것이 죽음이다. 산다는 것은 지상에 잠시 머무는 것이요 죽는다는 것은 대자연의 품, 즉 하늘나라로 돌아가는 것이다.
　우리는 죽음에 대하여 세가지 기본적인 감정을 갖는다.

첫째- 공포감: 죽음의 속성이 무엇인지 모르기 때문에 누구나 죽는 것을 두려워 하고 공포심에 사로 잡힌다.
둘째- 허무감: 죽으면 모든 것이 끝난다. 부귀도 영화도 명성도 권력도 사랑도 죽음 앞에서는 아무 것도 없다. 그 동안 지상에서 살며 닦고 쌓은 공이 허망한 꿈과 같이 변한다. 죽음처럼 인생을 허무하게 만드는 것은 없다. 죽음은 일체의 지상적인 것과 결별하는 것이다. 사랑하는 모든 것, 바라고 아끼고 계획하던 모든 것을 두고 지상에서 떠나야 한다. 허무한 일이다. 인력으로 이 허무함을 제거할 장사는 없다.
셋째- 슬픔과 비애의 감정: 죽음을 생각하면 누구나 슬퍼한다. 그 동안 아끼고 사랑하던 모든 물건과 사람들을 남기고 떠나야 한다. 떠나는 것은 잠깐이라도 슬프다. 사랑하는 모든 것과 헤어지는 것처럼 슬픈 것은 없다. 종교는 부활을 말하고 영혼의 불멸을 강조하고 내세를 믿는다. 따라서 신앙심이 강한 사람은 슬픔을 달랜다. 카토릭인 케네디의 장례식에도 TV 화면을 통해서 보았지만 슬픈 눈물의 장면은 볼 수 없었다. 우리는 죽음을 담담한 심정으로 맞이할 수 있는 신앙과 수양을 쌓아야한다. 생은 사에 도전하는 것이다. 죽음에는 병, 사고사, 자연사 등 여러가지가 있다. 천수를 누리고 죽는 수도 있고 비명에 횡사하는 이도 있다.
물건에 언제나 그림자가 따르듯이 사신은 우리의 생명에 항상 붙어 다닌다. 건강한 생명에는 사신이 접근하지 못한다. 병약한 목숨은 사신의 제물이 된다. 우리는 우리의 생명을 지혜롭게 보존하고 관리해야 한다. 폭음 폭식과 방탕과 무질서는 사신을 일찍 불러들인다. 우리는 우리의 생명을 지혜와 절제로 소중히 관리해야 한다. 죽는다는 것은 본래의 자리로 돌아가는 것이다. '죽음아 올테면 언제든지 오라. 내 너를 두려워하지 않는다. 이런 투철한 사생관을 가질 때 죽음에 대한 두려움을 극복할 수 있다. 세계 4대 성인의 죽음이 자연사와 수난사 이었지만 두려움 없이 돌아갔다. 담담한 죽음을 맞이했다. 성인다운 죽음이었다. 세계 4대 성인 중 동양에서 태어난 공자와 석가는 모두 자연사의 생애를 마쳤다. 서양의 2대 성인, 예수와 소크라테스는 비극적인 수난사를 당했다.
공자는 73세에 세상을 떠났고 석가는 80세에 대왕생(大往生) 하였다. 예수는 33세에 십자가에서 죽음을 당했고 소크라테스는 70세에 독배를 마시고 순교했다. 자연사는 동양적인 순응을 상징하고 십자가와 독배의 순교적 죽음은 서양적 저항을 상징한다. 공자는 무종교의 자연사인데 석가는 종교적인 자연사다. 불교는 말한다. 죽음은 고해에서의 해방이라고. 죽음은 생의 고뇌에 조용히 종지부를 찍는 하나의 축복으로 본다. 예수는 33세의 젊은 나이로 죽고 싶지 않았다. 그러나 아버지의 뜻대로 하라고 기도했다. 소크라테스는 청년을 부패화 시켰다든가, 독신죄 불신앙죄를 뒤집어쓰고 모략에 의해 독배를 마시게 되었다. 그러나 모두 한점 부끄럼없이 죽음을 맞이했다.

인생의 경륜

　우리는 보통 2~3년까지는 친구처럼 대하고 있으나 5년 차이가 넘으면 어려운 벗으로 여긴다. 10년 이상이 되면 어버이와 같이 대한다는 것이 우리들 전통사고 방식에서 내려온 경로사상이다. 시대의 변천과 의학의 발달로 요즈음은 60세가 넘어도 장년으로 보인다. 따라서 60세의 환갑잔치는 자연히 70세의 고희연으로 변하고 있다. 60세인 사람에게 영감님 또는 노인이라고 부르기가 어쩐지 어색하고 실례된 감이 든다. 영어로 시니어 시티즌하면 그런데로 부드러운 맛이 있다.
　허나 미국사람이나 미국에 오래 거주한 사람들일지라도 노인이라든가 할머니 할아버지라는 말에 상당히 거부반응을 나타낸다. 분명히 할머니인데도 늙은이 취급을 해서 기분이 좋지 않다는 반응이다.
　한국에서는 연장자를 존경하는 관습으로 노인장으로 부르는데 이것은 우리들이 지닌 아름다운 전통의 한 자락이다. 따라서 좀 젊어도 존경하는 뜻으로 영감님이라고 부른다. 젊은 국회의원에게도 존경하는 뜻으로 영감님이라고 호칭한다.
　나이 많이 든 분들을 우대하고 존경하고 어려워하는 관습은 자랑할 만한 우리의 미풍양속이다. 이런 경향은 시골로 갈 수록 현대에 오염이 덜 되어 더욱 짙은 경향을 나타내고 있다.
　오랜 세월을 살아오면서 쌓아온 경륜은 때때로 인생을 보다 폭넓게 조감할 수 있게 하며 그 변화무쌍함이 한발 앞선 체험으로 세상을 소탈하게 살아가는 길을 터득하게 한다. 그러나 경륜과 체험은 반드시 학식이나 지식과는 상관 없다. 주름살 하나하나에 새겨진 경륜과 희끗희끗 변한 머리카락에 스며있는 체험의 소중함을 중요시 여기는 경로사상의 발로는 뜻있는 사고방식이다. 어른과 어린 사람과의 사이에 차례가 있다는 장유유서 의 뜻은 어찌보면 시대감각에 뒤진 고리타분한 유교적 사상으로 보일런지 모르겠으나 버릴 수 없는 기본질서가 포함되어 있다.
　사상의 민주화, 생활의 현대화, 사고의 미국화 등등의 방향으로 현대인의 사고방식은 날이 갈 수록 변한다. 기성세대의 사고는 낡은 유물로 취급받고 그들의 경륜은 하잘 것 없는 이력으로 보려는 젊은세대의 사고방식이 일반화되어 가고 있다. 분주히 돌아가는 세태 속에서 노소가 만나게 되면 유교적인 미풍은 간곳 없고 어린 사람이 어른과 맞먹자고 달려든다. 무서운 세상이요 무서운 아이들이다.
　짧은 언어로 적응하기 어려운 풍습과 장벽을 견디며 오로지 자식만이라도 이곳 사회에 익숙해지도록 가르쳤으나 그들의 자식은 성장한 다음 그 뒷바라지에 얽매어 촌보의 발전도 없이 주름과 흰 머리카락만 늘어난 어버이를 향해 경멸의 눈초리를 보내는 사례를 접할 때 서글픈 생각으로 눈에 서리가 낀다. 연장자를 몰라보고 폭언하는 모습을 볼 때도 세상이 원망스럽고 답답한 생각이 든다. 세월이 가면 나이는 먹기 마련이고 어쩌다 오래 살다보면 누구나 이런 모습을 보기 마련이다. 세상 사람들이 경험하고 온 주름진 인생의 경륜을 가벼이 여기지 않는다는 것은 바로 자기 스스로가 걸어가는 인생을 값지게 생각할 수 있는 것과 같다.
　어른을 존경한다는 것은 오늘과 내일을 통한 스스로의 인생을 값지게 꾸려나가는 길이요 기본 자세다. 따라서 우리가 살고 있는 땅이 미국일지라도 경로정신은 지속되어야 하리라 본다.
　세네카의 말과 같이 '노인들을 존경하고 사랑하자. 노인을 활용할 줄 알면 즐거움이 가득하기 때문이다'라는 말에 큰 뜻이 내포되어 있다.

손자 손녀들

미국행 출국을 위해 우리 부부만 김포 비행장을 떠나 일본 오사카 국제박람회를 구경하고 미국 하와이에 먼저 도착했다. 1970년이다.
약 6개월 후 2남 1녀와 장모님이 막내를 업고 네살 세살짜리 두 애는 손 잡고 하와이 오하우 공항에 도착했다. 그때 우리 가족은 모두 여섯 식구가 되었다.
지금은 아들 딸들이 짝을 찾아 가족이 더욱 늘어나 손자 손녀까지 합치면 14명 이다. 이중 성인으로서 투표권자는 9명이다.
내편인 장남이 어느날 재산세 고지서를 들고 필자의 방으로 찾아왔다. 문을 열고 자기 어머니에게 인사를 했다. 혼자 들어오니 저의 처는 앉아서 시큰둥하게 답례를 했다.
장남은 재치가 있고 유머 감각이 남다르게 뛰어나다. 그때 장남은 문을 밖으로 열고 자기 아들(나의 손자) 이름을 부르면서 빨리 들어오라고 한다. 필자의 처는 손자가 오는 줄알고 자리에서 벌떡 일어서서 반기러 갔으나 아들은 내 방으로 들어오고 손자는 보이지 않는다. 필자의 처는 아들에게 속은 것이다.
가족 중 투표권을 행사할 수 있는 유권자는 9명이다. 9명 중 인기투표를 하면 나는 만년 9등이다. 필자는 인상이 험하고 예능감각

- 45 -

이 둔하다. 더욱 문제점은 일을 하기 싫어 한다. 책상 앞에 엎드려 있기만 좋아한다. 어린시절에도 일을 하겠는가 매를 맞겠는가 하면 매를 맞겠다고 했다. 매를 맞는데는 노련해졌다. 반면 처는 문학적이고 예술감각이 뛰어나며 자상하고 애교도 만점이다. 필자와는 늘 반대이다. 가정의 큰 일을 결정할 때 상호 반대의 입장에 서면 피차 한 발짝 뒤로 후퇴하여 합의점을 찾아낸다. 필자는 필자의 의견을 성취하기 위해 남북 정상회담 때와 같이 온 정성을 쏟아 붓는다.

현재는 고전하고 있지만 미래는 밝다. 손자 손녀들이 성장하면 필자의 편을 들 확률이 높다. 필자가 아직까지는 우리 가정의 재정서기직을 맡고 있기 때문이다.

현대의 손자 손녀들은 모두가 똑똑하다. 할아버지로 부터 용돈 타는 기술도 발전 되리라 본다. 지난 날 어느 손자가 할아버지에게 공책을 살 터이니 얼마 달라, 다음 날 노트북 살 터이니 돈 달라고 해서 또 받아 낸다. 할아버지가 공책과 노트북이 같은 줄을 몰랐을 경우도 있고 알고도 예뻐서 줄 수도 있었을 것이다. 필자는 후자에 속할 것이다. 필자는 현재의 심정으로는 손자 손녀들이 펜을 산다고 해도 주고 연필 산다고 해도 줄 것이다. 교육에 필요한 것을 산다면 무엇이던지 사주겠다고 선언할 터이니 말이다. 이미 이런 교육정책은 나의 아들 딸에게도 집행한 사항이기 때문이다. 지금도 가끔 아들 딸들은 교육용이라고 하면서 요청한다.

그러나 이제는 교육이 끝났고 결혼들을 했으니 유효기간이 지났다고 선언했다.

이상과 같은 이유로 볼 때 나의 인기는 틀림없이 치 솟을 것이다. 지금 필자의 손자손녀들이 어리고 낯이 설어서 그런지 처음 만나면 반가히 맞이해도 자기들 부모에게만 눈을 돌리고 고개를 나의 시선에서 반대쪽으로 향하고 만다. 오라고 손을 내밀어도 반응이 없다. 따라서 현재의 나의 신세는 왕따 당하는 처지다. 그러나 10분 정도 지나면 슬슬 다가 온다. 몇시간 놀다 헤어질 때는 이별을 아쉬워 한다. 세월이 지날 수록 아이들이 성장할 수록 할아버지에게 접근해 오는 징조가 보인다. 지금은 돈을 모르기 때문에 책상 옆에 과자등 먹을 것을 사다 놓고 이들을 유인하기 위해 매일 기다리고 있다.

적재적소

　무엇이든지 있어야할 곳에 있어야 그 값이 나타나고 귀하다.
　이목구비의 위치도 조화를 이루며 있어야할 곳에 있어야 아름답고 제 기능을 발휘할 수 있다. 밥은 인생의 생명을 유지하는데 필요하다. 이런 중대한 역활을 하는 밥일지라도 있어야할 곳에 있어야 품위가 있다. 밥이 밥그릇 안에 있어야 밥의 가치를 발휘할 수 있다. 밥알이 그릇에 있지 못하고 땅바닥에 떨어지면 밥이 아니고 오물로 변한다. 땅바닥에 떨어진 밥은 쓰레기통으로 가야한다. 모든 사람은 제자리를 지키지 않고 이탈하면 항상 문제가 발생한다. 군인은 일선이나 전쟁터에 있어야 한다. 군인이 정치무대에 등장하면 이는 탈선행위다.
　학생이 학생의 자리를 포기하고 다른 장소에 있게 되면 문제가 야기된다. 학생이 교실이나 교정에 있어야 아름답다. 뒷골목이나 길거리에 있을 때 나라가 어지럽고 혼란이 발생한다. 부모는 부모의 자리를 지켜야 문제가 발생하지 않는다.
　문제아의 대부분은 문제부모에서 나온다. 아내는 아내의 자리를 지켜야 가정이 평화롭고 행복하다. 아내가 도박장에서 세월을 보내거나 댄스홀 출입이 빈번해 지면 그 가정은 무너진다. 남편은 남편의 자리를 지켜야한다. 남편의 자세가 흩어지면 집안이 흔들린다.

풍지박산이 되기 쉽다. 근로자는 근로자의 자리를 지키고 자기의 소임을 다해야 한다. 그러지 못하면 생산이 감소되며 사회가 시끄럽고 나라가 혼란해 진다. 기업인은 기업인의 자리를 지켜야한다. 부동산 투자 같은 비생산적인 면에 신경을 쓰면 국가 경제가 위태롭게 된다. 모든 사람은 있어야 할 자리에 있어야 한다. 있을 곳에 있어야 그 모습이 아름답다.

모든 자리에는 주인이 있다. 남의 자리에 앉지 말아야 한다. 엉뚱한 사람이 자기자리를 버리고 남의 자리에 앉으면 어울리지 않는다.

인사정책에서 적재적소는 대단히 중요하다. 있어야할 사람이 있어야 할 장소에 있어야 한다. 같은 구두를 누구의 발에나 신길 수는 없는 것이다.

'빙글 빙글 도는 회전의자 임자가 따로 있나 앉으면 임자지' 라는 유행가 가사가 생각 나지만 이는 잘못된 내용이다. 앉아야 할 사람이 앉아야 한다. 적임자가 앉아 자기 자리에 충성해야 한다. 앉아서는 안될 사람이 높은 자리에 앉기 때문에 문제가 야기된다. 사회가 혼란해 진다. 자리만 지키고 일을 하지 못하기 때문에 사회가 시끄러워 진다. 운동 선수도 자기 자리가 있다. 자기 자리를 버리고 다른 곳에 가면 그 팀은 운동 경기에서 빛을 보지 못한다.

자기 자리를 충실히 지켜야 한다. 자리를 차지한 사람은 자리 값을 해야 한다.

자리 값을 잘 할때 없어서는 안될 중요한 인물이 된다.

자리 값을 하지 못할 때 있으나 마나 한 사람, 또는 있어서는 안될 사람이 된다.

이로 인해 사회가 혼란해 진다.

우리는 있어야 할 사람이 되어야 한다. 있으나 마나 하는 사람이 되어서는 안된다. 줄이 짧은 두레박으로는 깊은 물을 푸지 못하고 작은 그릇으로는 많이 담지 못 한다. 제 힘에 겹기 때문이다.

육아와 양로에 대한 희생과 의무

　동양인의 자녀 양육 자세는 완전히 헌신적이다. 노후 안정을 위해 자녀 양육에 등한시 하는 부모는 없다. 자녀 양육을 위해 돈을 아끼는 부모는 비정하다고 지탄을 받는다. 서양인의 자녀 양육 자세는 동양인과 같이 희생적이지 못하다.
　동양인의 사고방식에서는 부모와 자녀간에는 계산서가 없다. 가족 안에서 삶의 공동체를 구성하고 있다. 서양인의 사고방식에는 자녀와 부모와의 관계가 개인주의적인 관점에서 가족 관계가 지배되고 있다.
　한국적인 사고방식은 부모가 자녀에게 희생적이듯 자녀도 부모에게 잘 하는 것이 관례이다. 물론 이런 도덕적인 관계가 산업화, 핵가족화 되면서 많이 희석되고 있다. 때때로 부모 자녀간에 갈등이 발생되기도 한다.
　우리의 전통적인 사고 방식은 부모가 무능하거나 병들어도 자식은 같은 집에서 부모를 모시고 정성을 다하는 것이 당연한 것으로 본다. 늙은 부모를 홀로 아파트나 양로원으로 보내는 것은 바람직한 것으로 보지 않는다.
　서양의 가족 관계는 부모가 비록 은퇴를 할지라도 자녀와 같이 살려고 하지 않으며 자녀에게 경제적으로나 정신적으로 의지하지 않는다.
　젊었을 때 저축한 돈으로 살며 거동이 불편하면 양로원에 간다. 자녀에게 의지하는 것을 부끄럽게 생각한다. 자녀가 못도와도 국가에서 잘 보살펴 주는 제도가 마련 되었다.
　한국의 노인들은 손자 손녀를 보며 고독을 삼킨다. 때로는 세대 간 호흡이 맞지 않아 갈등이 생기는 경우도 있다. 노부모는 손자들의 육아에 많은 공헌을 하는 경우가 많다. 미국의 노인들은 한국의 노년에 비해 상당히 외로움을 느낀다.

돈과 인생

　돈은 모든 일의 원동력이요, 모든 사람이 그 앞에 엎드리는 권력이다.
　따라서 돈 싫어하는 사람은 없다. 살기 위해 돈이 필요하다. 벌어야 한다.
　허나 돈을 벌기 위해 사는 것은 돈의 노예다. 살기 위해 돈이 있어야 하나 돈 때문에 죽는 사람이 있다. 돈으로 망한 사람, 돈 때문에 의리가 깨진 사람, 돈 때문에 같이 살아야할 사람이 헤어진 경우도 있다.
　복권에 당첨되어 기쁨에 어찌할 바 모른 사이 심장이 마비 되어 횡재 때문에 간 사람이 있다. 돈 벌기 위해 새까만 동네에 들어가 한판 벌리다 간 사람, 돈을 빼앗기지 않을려고 충격전을 벌이다가 간 사람도 있다. 성경 말씀에 "사람이 온 세상을 얻는다 해도 제 목숨을 잃으면 무슨 소용이 있겠느냐?"하는 내용을 음미할 필요가 있다. 돈놀이를 즐기다가 본전까지 날리고 만 사람, 푼돈 모아 큰돈 만들어 보겠다고 곗군에게 몽땅 짤린 사람, 친구에게 돈 빌려 주었다가 돈 잃고 친구 잃은 사람도 있다. 돈 때문에 말다툼이 시작되어 이혼으로 끝장 맺은 사람도 있다.
　학교를 움직이는 사람 중에도 학원 모리배가 있는 것으로 보아

돈의 마력으로 망하고 있다. 교회를 움직이는 사람 중에도 공금횡령이 나타나고 있다. 정치인 중에 부정축재자가 있어 법의 판결을 받은 인간도 있다. 돈의 마력으로 뇌물을 주고 받다가 신세를 망친 사람도 있다.

돈이 있으면 시장끼를 면해야 하고 옷을 입어야 하며, 살며 잠을 잘 수 있는 집을 마련함은 있을 수 있는 일이다. 그러나 술을 마시고 담배를 피우며 코케인 마리화나 같은 마약을 사는 것은 나를 위한 것이 아니라 나를 해치기 위한 것이다.

단 음식을 너무 많이 먹어 비만증이 된다든가 고혈압, 심장병을 유발 시키는 음식은 나를 위한 것이 되지 못한다. 돈을 더 모으기 위해 도박을 즐기는 것도 나를 위한 길은 아니다. 나를 위해 돈을 학교 공부에 쓰는 것은 건설적이다. 경험을 위해 쓰거나 인격 수양을 위해 쓰는 것도 바람직하다.

나를 위해 돈을 쓰는 것은 당연하다. 그러나 너를 위해 돈을 쓰는 사람이 되어야 한다. 흑인촌에 들어가 돈을 벌어서 그곳 주민을 위해 쓰지 않는데서 주민들과 마찰이 생기는 상점들이 많다. 돈을 벌게 하여준 너를 위해 돈을 쏠줄 알아야 마찰이 없고 화평이 따른다.

나와 가장 가까운 아내나 남편을 위해, 자녀를 위해 친구와 스승을 위해 돈을 쓰는 것은 귀하고 보람된 일이다. 이것이 결국 나를 위해 쓰는 것이 된다.

너를 위해 돈을 벌게 해 준 고용인을 생각해야 한다. 고용인을 생각하지 않는데서 노사문제가 야기된다. 고용인의 교육문제도 배려해야 한다.

너를 위해 돈을 쏠 곳을 환자를 위해, 배고픈 자를 위해 세계인을 위해 써야 한다. 우리는 돈을 얻기 위한 머리를 가지고 있고, 머리와 마음을 현명하게 쓰는 사람이 성공한 사람이요 존경받는 사람이다.

돈은 모든 일의 원동력이다. 전쟁과 사랑의 원동력이다. 돈은 인간을 지배하기 때문에 사람들은 돈을 존경한다. 돈은 모든 사람들이 그 앞에서 위력을 상실하고 엎드리는 유일한 권력이다.

황금은 하나님의 대문 외엔 어느 대문에도 들어간다는 영국의 속담이 있다.

무엇보다도 돈이 제일이다. 자본주의 국가에서만 돈이 제일인 것은 아니다.

사회주의 국가에서도 그렇다. 현대인의 물질만능 풍조, 즉 배금주의 사상은 세계 어느 곳에서든지 판을 친다. 돈은 도시를 약탈하고 사람들을 가정과 고향에서 몰아낸다. 산업사회가 되면서 돈을 벌기 위해 사람들은 가정을 떠나고 고향을 등진다. 돈이면 모든 것이 해결될 듯, 돈 돈 돈 하고 뛰고 있다.

돈을 사랑함은 일만 악의 뿌리라고 한 성경 구절을 귀담아 음미해 볼 일이다.

돈이면 정조도 생명도 내놓고 있는 말세다.

돈을 벌기 위해서는 친구도 의리도 없다.

사람들은 모태에서 태어나면서부터 돈이라는 물질에 세뇌되고 있다.

현대인의 삶과 양식은 돈을 위한, 돈에 의한 생활을 영위해 가고 있다.

돈에 절대가치를 부여한 현대인들은 이기심을 가지고 돈을 배경으로 사람을 만나고 찾아 나선다. 타인에 대한 조그마한 아량도 너그러운 동정도 허용치 않는다.

한 아이가 하루에 마셔야 할 우유가 한 병이라면 자기 자녀에게는 두 병을 주고, 반 병도 마시지 못하는 다른 애들의 슬픔은 아랑곳 하지 않는다.

미국의 강아지 한 마리가 아프리카의 어린이들 보다 더 많은 음식을 먹고 있는 것은 그 같은 이기심을 증명하고도 남는다.

교회에서도 돈 위주, 즉 물질 위주가 신앙에 침투한지 오래다. 학교에서도 그렇고 정치에서도 그렇다. 돈이 있어야 당선된다.

돈에 따라 교회를 왔다 갔다 하고 형제 자매간에 금방 가까워졌다, 금방 멀어지는 예가 많다. 돈 때문에 교회가 시험에 들고 시련을 맞는 사례가 많다.

우리가 세상을 살아 가는데 돈이 절대적이라고 해도 쓸줄 알고 벌 줄 아는 현명한 바탕에서 살아야 한다. 살아남기 위해 돈은 필요하다. 그러나 돈을 어떻게 버느냐에 따라 쓰는 것도 달라진다.

사람이 다른 사람에게까지 괴로움을 주면서 돈을 모아야 한다면 그것은 문제가 된다. 다른 사람에게까지 아픔을 주면서 써지는 돈도 문제가 아닐 수 없다.

 왜냐하면 돈은 필요한 것이 될 수는 있어도 절대적인 것은 아니기 때문이다.

 돈은 천부의 순진성을 뒤틀어 타락시키고 부정직한 습성을 키워준다. 따라서 돈에 대한 알맞은 탐닉은 반드시 해로운 것은 아니지만 너무 지나치게 탐닉하면 거의 항상 건강에 나쁘다고 테이는 말했다.

 돈이 있으면 늘 근심 걱정이 따르고 공포증이 생긴다.

 돈이 없으면 슬퍼지고 위험 속에 살게 된다.

 돈은 사람을 잡는 마력이 있다. 사람들은 죽는 순간까지 돈을 쥐고 놓지 않으려는 습성이 있다.

 옛날 옛날 봄페이시가 베수비어스 화산의 폭발로 재와 불로 덮히는 순간까지 돈을 끌어 안고 죽은 해골의 발견에서도 알 수 있다.

사람의 값

 나이가 든 사람이 나이값을 못할 때 비난을 받는다. 지위가 높은 사람이 자리값을 못할 때 지탄의 대상이 된다.
 얼굴은 자기를 대표하는 자기 자신이다. 많은 사람이 있다함은 많은 얼굴이 있다함과 같다. 우리는 사회생활을 하면서 상대방의 얼굴을 세워주기도 하고 때로는 얼굴을 깍아내리기도 한다. 맞대면이란 얼굴과 얼굴이 마주 한다는 뜻이다. 굳은 얼굴, 험한 얼굴의 맞 대면은 정면대결을 뜻한다.
 좋은 얼굴의 맞대면은 화목함을 의미한다.
 우리 주변에 굳은 얼굴이 많음은 우리 주변이 긴장과 불안의 독소로 가득차 있다는 것이다. 사람들의 얼굴 생김새가 모두 다르다는 것은 존재의 개별성을 의미한다. 얼굴은 선천적으로 주어지는 것이 아니라 만들어 짐을 알아야 한다.
 따라서 링컨의 말과 같이 '40대 이후의 인생은 그의 얼굴에 책임을 져야 한다'고 했다. 사람은 자기의 얼굴에 책임을 질 수 있을 때 비로소 한 인간이 되는 것이다. 가끔 사람들은 어떤 실수를 하여 얼굴을 못 들고 다닐 때가 있다.
 부정행위나 마약등으로 체포되었을 때 카메라 세례에 얼굴을 들지 못하고 손으로 면상을 가리며 지나가는 모습을 TV화면에서 자주 대하게 된다. 이런 사람들을 보면 얼굴에 X칠을 하고 다닌다고 한다. 또는 그런 얼굴을 보고 집안과 가문을 망쳤다고 한다. 이런 사람은 얼굴값을 못하는 인생패물들이다. 이런 패물들이 자기의 과오가 부끄러워 얼굴을 붉힌다.

양심의 가책 때문에 얼굴이 붉어진다. 이런 얼굴의 붉힘은 일종의 양심의 빛이요, 미덕의 색깔이다. 또한 얼굴을 붉힘은 자기 스스로의 불완전을 표시하는 자세다.

과오로 인해 얼굴이 붉어지는 것은 전적으로 짐승은 아니다. 허나 잘못을 깨닫지 못하고 뻔뻔스럽게 고개를 들고 결백을 주장이라도 하듯 거만스러운 표정을 짓는 것은 양심마저 저버린 짐승과도 같은 존재다.

사람들은 얼굴값을 하기 위해 많은 정성과 배려를 쏟고 있다.

얼굴은 자기 얼굴이어도 얼굴값은 타인이 결정해 준다. 이것이 인간관계다.

남의 얼굴을 잘 매겨주는 사람은 자기 얼굴값도 후하게 받는다.

남을 칭찬하면 자기도 칭찬을 받는다.

매사에 인색한 사람은 자기의 얼굴값도 후하게 받지 못한다. 후한 얼굴값을 받을 수 있는 사람은 듬직한 얼굴, 정직한 얼굴, 남에게 믿음을 줄 수 있는 얼굴이다.

그 위에 남에게 화평을 줄 수 있는 얼굴이라면 최상의 얼굴이 된다.

일반적으로 돈이 많은 사람이나 학식이 있는 사람 중에는 얼굴빛이 차며 긴장감이 돈다. 돈이 그의 인격형성에 도움을 못주거나 학식이 또한 인격으로 연결되지 못할 때 그런 사람의 얼굴값은 하락된다.

우리의 얼굴은 남에게 따뜻함을 주어야 한다.

상관의 눈치만 살피는 얼굴은 당당하지 못하다. 일하며 땀흘린 얼굴은 거룩하게 보인다. 웃는 얼굴은 화기에 찬 얼굴이다. 자기 얼굴보다 남의 얼굴을 먼저 생각하는 넓은 마음의 얼굴이 곧 복 받는 얼굴이다. 이런 사람이어야 자기 얼굴을 책임지는 사람들일 것임은 자명한 이치다.

동물이나 식물에는 값이 있다. 생물 뿐만 아니라 무생물에도 팔고 사기 위해 값을 정하는 것은 당연하다.

그러나 사람의 값을 정한다는 것은 도덕관념상 있을 수 없고 사람은 모두 평등하다는 인권평등의 대원칙에도 벗어난다.

그렇지만 사람에게 값을 정하고 있는 것이 현실이다. 자본주의 이념에서 볼 때 있을 수 있는 일이라고 본다.

배우가 영화에 출연하는데 그 명성에 따라 등급이 정해지고 등급에 따라 출연료가 달리 책정된다. 가수가 방송국에 나가 노래를 부르는 데도 등급이 있고 등급에 따라 출연료가 상이하다. 글을 쓰는 사람의 원고료도 사람에 따라 원고료 책정료가 같지 않다.

적자인생이란 말이 있다. 가수가 출연하는데 필요한 의상비가 출연료 보다 높을 때 경제적으로 손실을 본 결과로 그는 적자 인생이 되고 만다.

적자인생은 생활고에 허덕이게 된다. 수입보다 지출이 많기 때문이다.

사람들에게 주가가 높다든가 낮다든가 하는 용어가 사용되고 있다. A라는 사람은 요즈음 점점 주가가 올라간다고 한다. 주가가 높은 운동 선수들은 스카웃 당해 가고 운동팀과 계약을 할 때 재능이 있는 사람은 높은 주가로 대우를 받는다.

계약연봉으로 그 사람의 주가를 평가할 수도 있다. 가수도 히트곡이 나타나면 주가가 껑충 뛴다. 살맛나는 것이다.

보상이라는 말도 많이 유행하고 있다. 공장이나 회사 또는 공무원으로 일하면서 상처를 입었다든가 죽음을 당했을 때 보상이라는 말이 튀어 나온다.

보상금이 유족의 요구조건에 미치지 못하면 시체를 앞에 놓고 시위를 하며 장례식은 더이상 진행되지 못한다.

사람의 주가나 값이 올라감으로써 보상금의 액수도 인플레와 같이 상승하고 있다.

사람에 따라 주가가 다르고 보상의 평가 기준이 일정치 않기 때문에 보상금에도 차이가 있다.

한국에서 이조시대까지 노비제도가 있었던 것으로 기록에 나타나 있다.

미국에서도 흑인 노예제도가 있었다.

미대륙이 영국의 식민지로 있을 때부터 흑인 노예가 수입되었다. 미국독립보다 150년 이상 앞선 1619년 경부터 남 아프리카에서 실려왔다.

노예무역은 17세기 말엽에 활발히 진행되었다. 노예무역으로 재미를 본 사람이 많았던 당시 법으로 노예제도도 공인되었다.

당시 흑인 노예들의 대우는 짐승과 다름이 없었다. 독립선언서를 기초한 토머스 제퍼슨도 '만인은 다 평등하게 지음을 받았다'는 말을 썼으나 당시 흑인은 고려 대상으로 여기지 않았음이 나타나고 있다.

흑이 민권운동의 기수였던 마틴 루터 킹 목사의 선조도 10불이하의 몸값으로 끌려왔다.

유엔 주재 미 대사였던 앤드류 영의 선조나 LA 톰 브레들리 시장의 선조도 그렇게 팔려왔다. 흑인 노예의 가격은 계속 상승되고 18세기 중엽에는 노예무역을 법으로 금지하는 주도 나타났다.

사람을 사람답게 다루는 풍토가 아쉽다. 사람 위에 사람이 있을 수 없다.

모든 사람은 법 앞에 평등하고 하나님 앞에 평등하다.

사람의 값은 인간이 정할 수 없다. 사람의 값은 하나님만이 알 수 있다.

다음 김 택규가 발표한 글의 일부 내용을 보자

최근 뉴욕타임즈에 의하면 오바마 행정부의 연방환경보호청(EPA)이 사람의 생명 가치를 910만달러로 책정했다고 한다.

이는 과거 부시 행정부 시절의 680만달러보다 34%나 올린 것이다.

그런데 연방정부 각 부처마다 사람 목숨값이 서로 다르게 책정되어 있다니 혼란스럽다. 예를 들면 식품 의약국(FDA)은 790만 달러(폐암으로 죽은 사람의 경우), 교통부는 610만달(교통사고로 죽은 사람의 값) 등으로 서로 다르다.

현대 사회에서도 국가마다 그리고 상황마다 사람의 목숨값이 다르게 책정되고 있다. 아프칸 전쟁에서 미군은 오판 및 오폭, 실수 등으로 많은 민간인의 사상자를 내고 있는데 그때마다 민간인 희생자에 대해서 일정액의 보상금을 지급해 왔다.

미국이 현재 아프칸에서 애매하게 죽는 민간인들에 대하여 지불하고 있는 목숨값은 대략 2500달러 정도다. 물론 이는 아프칸 사람들에게 큰 돈일 수 있다. 그러나 미국인 1인당 910만달러에 비하면 너무나 큰 차이가 있는것 아닌가.
　한국에서는 어떤가. 한국은 미국처럼 정부가 사람의 생명가치를 공식적으로 책정해 발표한 일은 없다. 그런데 지난 번 천안함 폭침 때와 연평도 도발 사건 때 희생된 사상자에 대하여 정부가 일정한 보상금을 책정해서 지불하였다.
　일종의 정부에서 책정한 목숨값이었다. 교통사고로 죽는 경우 일반인의 목숨값은 얼마일까. 여러 자료들을 검색해 보았는데 재판없이, 수입이 없는 약 60세의 무직자의 경우 최소한도의 보상액이 대략 4300만원(약 3만6000달러) 정도였다.
　그러나 그 보상금액이라는 것이 보험회사나 혹은 재판에 의해 또는 당사자간의 합의에 의해 다양하게 결정되기도 한다. 성경에는 '사람의 목숨 하나가 온 천하 전체를 주고도 바꿀 수 없는 귀한 것'이라고 선언하고 있다.
　온 천하 모든 것 보다도 더 값진 목숨, 그것을 어찌 돈으로 값을 책정할수 있겠는가.

가진자의 재고

한국은 제3공화국 말기부터 풍요로운 시대에 접어 들었다. 1인당 국민 소득이 5천불에 육박해 가는 생활의 여유가 생겼다. 그러나 절대빈곤이 사라지자 지나친 낭비풍조가 나타나고 있다. 지금은 2만불 선이 다행히 넘었다고 한다.
　이런 풍조가 전국적으로 퍼져가는 것이 안타깝고 불쾌하다. 깊이 생각해 보면 우리의 GNP 5천불은 대만이나 일본의 GNP 2천불 시기와 비슷하다. 따라서 실제 우리의 생활 수준은 GNP 2천불 수준과 같은 것으로 보아야한다.
　이는 부의 축적이, 있는 자에게 집중되어 있기 때문이다. 있는자와 없는자의 격차가 커서 부의 분배가 고르지 못하다. 있는 자 일지라도 소득에 비해 소비 수준이 대만이나 일본을 앞지르고 있다. 수입보다 지출이 많다는 것은 저축이 전혀 없다는 것이다. 절약은 멋진 수입이다. 한푼이라도 저축하는 작은 정성이 바로 잘 살게 만드는 동시에 잘 사는 나라, 부강한 나라를 건설하는 길이다.
　절대 빈곤에서 벗어나자 마자 소비풍조가 왕성함은 서글픈 현상이다. 피땀 흘려서 버는 것도 중요하지만 쓰는 것도 버는 것 이상으로 중요하다. 낭비는 비애를 가져온다. 어렵게 고생 해가며 번 사람은 쏨쏨이가 헤프지않다. 그 돈이 자기의 피와 땀의 결실임을 알기 때문이다. 반면 쉽게 번 돈은 쉽게 쓰기 마련이다.
 자기의 땀과 고생이 묻어 있지 않는 돈에는 소중함이 없고 애착심이 적다.
 과소비 풍조가 만연되어 있음은 쉽게 벌었으니 쉽게 쓰자는 것이다. 쉽게 번 돈이란 부정이 내포되어 있다. 부정이 만연한 사회는 희망이 없다.
 힘써 벌어들여 경제적으로 선진국으로 들어설려는 찰나에 이런 과소비 풍조가 나타나는 기세는 단연코 근절시켜야한다. 검소로부터 사치스러워 지기는 쉬우나 사치로 부터 검소해 지기는 어렵다.
 일본은 우리보다 훨씬 잘 살아도 근면과 검소 및 저축 정신이 대단하다. 지금은 자연재해 등으로 다소 어려움을 당하고 있다.
 세계에서 몇째 안가는 일본의 대기업주들도 사는 집의 크기가 한국 중류층 정도 밖에 안되는 사장이 많다고 한다.
 우리의 호화주택, 호화가구는 문제가 있다. 일본사람들은 세계제일의 저축 국민이다. 이런 저축력이 현재의 일본을 경제강국으로 만들었다. 일본에 대한 감정이 안좋을지라도 우리는 배울 것은 배워야 한다. 검소한 생활, 저축성은 배워야 한다.
 선진국을 달리는 미국인의 생활도 현실적이며 검소하기 그지 없다.
 소비는 소비를 부른다. 쓰기 시작하면 걷잡을 수 없이 돈이 쉽게 날아간다.
 자가용을 타다가 대중교통을 이용하기 어렵다. 큰집에서 살다가 작은 집으로 가서 살기는 어렵다. 처지와 형편을 고려치 않고 소비만 하다보면 소비의 수렁속에서 헤어나지 못한다.
 소비가 수입보다 높을 때, 그 집은 파멸을 초래한다. 소비성 국민이 많을 때 국가 경제는 위태롭게되고 나라는 기우뚱해진다.
 과소비 풍조가 만연해지면 국민은 일할 마음과 의욕이 상실되고 현실 안일주의에 빠진다. 일하는 대신 노는데만 신경을 쓴다.
 일하지 않고 돈을 버는 방법은 부정밖에 없다. 이것이 한탕주의다. 한탕주의가 만연되면 이것이 부정부패의 온상이 된다.
 있는 자는 가족마다 자가용이 있으나 없는 자는 한 방에서 4~5명이 같이 기거하고 있다. 한쪽에서는 고급요정이다 양주다 하며 흥청거리지만 다른 쪽에서는 하루 세끼 풀칠하기 어렵다.

한쪽에서는 자가용, 호화주택 하지만 다른쪽에서는 전세방 임대료 상승에 결국 집단자살을 택하는 비극을 보았다.

함께 사는 사회 윤리를 회복해야 한다. 부의 균형이 유지 되어야 한다.

있는 자는 없는 자를 위해 돈을 더 내 놓아야 한다. 없는 자는 지나친 요구를 말아야 한다. 가진 자는 기득권을 조금씩 양보해야 한다.

부의 과시가 망국적인 과소비 풍조를 일으키고 계층간의 갈등이 더욱 심화 된다. 가진 자가 모범이 되어야 계층간의 위화감이 사라진다.

영국의 성직자 풀러의 말이다. '부자의 향락은 가난한 자의 눈물로 얻어진다.'

분수를 알고 살아야 한다. 분수를 아는 생활은 자기의 능력에 따라 사는 생활이다. 누구든지 자기를 높이는 자는 낮아지고 낮추는 자는 높아진다는 성경말씀을 재음미해 보자.

손님이 온다고 상다리가 휘어지도록 음식을 준비하는 것도 분수를 모르는 자세이다. 옷차림은 생활에 편리하면 된다. 사치스러우면 일하기만 어렵다.

허세를 부리기 위해 대궐같은 집을 장만한다던가 고급 승용차를 사서 과시를 하는 것도 분수에 넘치는 일이다. 많은 사람들은 있는 그대로 보다 더 훌륭히 보이기를 바란다. 진실로 있는 그대로 보이는데 만족해야 한다.

제 3장 가는 길

칭찬과 험담의 결과

　모든 사람들로부터 칭찬을 받거나 책망을 듣는 일 또는 복을 받거나 화를 입는 것은 자기 자신의 행실에 따라 얻어지는 소산이요 결과라 본다.
　자기의 행실과 품행이 착하고 의로우면 칭찬과 영광이 자기에게 있을 것이요, 행실과 품행이 방정하지 못하면 책망과 비판의 소리가 들리기 마련이다. 세상에는 모든 것을 좋게 보고 착하게 생각하는 눈이 있는가 하면 남의 결점을 찾는데 혈안이 된 사람들도 있다. 남을 비방하는 것은 자신도 피곤해진다. 따라서 이런 과오는 범하지 말아야 한다.
　남을 비판하기는 쉬우나 내가 비평을 받지 않기는 어렵다.
　"만일 말에 허물이 없으면 곧 완전한 사람이 되며 능히 온 몸을 구하리라."
　지당한 성경의 교훈이다.
　혀는 화와 복의 문이다. 혀를 잘 사용함으로 덕을 쌓을 수 있고 남을 감화시킬 수 있으며 큰 은혜를 받을 수 있다.
　우리의 말은 산울림과 같아서 선한 말을 하면 선이 자기에게 돌아오고 악한 말을 하면 악한 소리가 되돌아 온다. 그래서 바울 사도도 "나도 나를 논란하지 않음이 심판하실 분은 오직 하나님 뿐"이라고 했다. 우리의 속담에도 "말로서 말이 많으니 말 말을까 하노라."하는 말이 있다.

　사탄의 심리는 남의 실수, 허물, 죄를 들추어내서 자기의 실수나 허물 및 죄를 가리려고 한다. 이것이 일종의 보상심리다.

　불완전한 인간은 모두가 장점과 단점이 있게 마련이다. 우리의 시야는 단점은 덮어두고 장점을 주로 보는 시력의 소유자여야 한다.

　아이들도 칭찬을 해주면 좋아 하지만 단점을 말하면 이를 선뜻 수용하지 않고 거부반응을 나타낸다. 어른도 다를 바 없다.

　한국인의 결점 중 하나가 남의 결점을 너무 자주 말한다는 것이다. 칭찬보다는 비판의 명수다. 이를 수정해야 한다.

　시인 바이론은 나의 일생에 24시간 정도가 행복한 시간이었다고 했고 괴테는 4주 밖에 없었다고 했다. 우리는 보다 많은 행복한 시간을 갖기 위해 비판보다는 칭찬하는 자세가되어야 하고 어두운 면 보다는 밝은 면을 보는 시야를 가져야겠다.

　자녀 교육에 칭찬보다 더 좋은 보약은 없다. 칭찬은 격려가 되고 우리의 마음을 즐겁게하며 마음을 활짝 열게 한다. 칭찬은 결과의 확인이 되고 다음 기회를 자극하며 인정을 받는 것이다. 또한 칭찬으로 용기를 주고 긍정적인 태도를 길러준다. 칭찬은 무조건 모두가 좋은 것은 아니다. 칭찬의 대상과 요령 및 방법이 필요하다. 너는 정직하다 또는 착하다, 영리하다, 너그럽다 등과 같은 인격이나 개성보다는 노력과 업적에 대한 감정 표현이 훨씬 바람직한 칭찬이다.

　오늘날 이스라엘 민족을 지켜 온 생활 강령인 탈무드(Talmud)에는 다음과 같은 이야기가 있다.

　옛날 이스라엘에 세 딸을 가진 가장이 있었다. 이들 세 딸들이 모두가 특출한 미인이었고 학식이 뛰어나 주위의 총각들이 군침을 삼켰으나 이들의 아버지는 자기 딸들의 약점 때문에 항상 고민을 하고 있었다.

　첫째 딸은 게으름뱅이라 일하기를 싫어해서 하루 종일 누워서 뒹굴기를 좋아했다.

　둘째 딸은 남의 험담하기를 좋아해서 눈만 뜨면 남의 약점을 찾거나 발견하지 못하면 말을 만들어 남을 중상하는 버릇을 갖고 있었다. 특히 많은 친구들을 이간시켜놓고 자기만이 가장 옳은 사람처럼 행세했다.

셋째 딸은 남의 물건을 탐내는 버릇이 있어 훔치기를 잘하는 도벽이 심했다.

아버지는 이 세 딸의 버릇을 고치기 위해 10여년 이상 노력했으나 노력의 효과는 없었다. 그 천성을 고치지 못해 고민하고 있었는데 이웃 마을에 살고 있는 거부가 찾아와 이 세 딸을 자기 세 아들과 결혼시키지 않겠느냐고 제의했다. 이때는 근친 결혼이 허용되던 시대였나 보다.

딸을 갖고 있는 아버지는 청혼을 해 온 부자에게 그래도 좋다면 처락하겠노라고 답했다. 아들을 가진 거부는 그 말을 다 들은 후에 그런 문제라면 자기가 충분히 조취를 취하여 개선해 가면서 살 수 있으니 걱정하지 말라고 하면서 간곡한 청혼에 딸의 아버지는 허락을 하고 결국 결혼까지 하게 되었다.

시아버지는 게으름뱅이 며느리에게 여러 하녀를 주어 불편이 없도록 해주었고 남의 것을 제 것인냥 훔치기를 좋아하는 며느리에게는 여러 가지 진귀한 물건이 가득한 열쇠를 주어서 즐길 수 있도록 해주었다. 그리고 남을 사정없이 깍아내리고 중상모략의 명수인 며느리에게는 오늘 험담할 일이 무엇이냐고 물었다.

어느 날 시집을 보낸 친정 아버지는 딸들이 어떻게 사는지 궁금하였기에 사돈집을 방문하여 딸 하나 하나를 불러놓고 면담을 했다.

큰 딸은 하녀들이 많아 모든 일을 보살펴 주니 게으름을 피울 수 있어 걱정이 없다고 했고 셋째 딸은 갖고 싶은 것을 다 갖고 있으니 걱정이 없어 행복하다고 했다. 험담쟁이 둘째 딸은 시아버지가 매일 자기 남편 이외에 다른 남자와 어떤 관계가 있느냐고 물어봐 고민이 크다고 얘기했다.

아버지는 첫째 딸과 셋째 딸의 말은 믿었으나 험담쟁이 둘째 딸의 말은 믿지 않았다. 이 딸이 시아버지까지 헐뜯고 있다는 사실을 감지하고 있었기 때문이다.

남을 중상하는 사람은 그 버릇을 고치기 어렵고 주위로 부터 신뢰를 얻기 어렵다는 말이다.

우리는 세상을 살아오면서 남을 험담하는 사람들을 많이 보았다. 그 사람들의 공통점은 거의가 패배의식이나 열등의식을 갖고 있거나 확신이 없는 사람이라는 것이다. 개인뿐만 아니라 집단도 마찬가지다. 자신이 없고 소망이 없는 사람이 모인 집단은 여전히 남의 집단을 비방한다. 자기만이 정의이고 다른 사람은 불의라고 한다. 자기만 정통이고 남은 이단이라고 한다. 남의 약점이나 찾고 험담에 시간을 쓰는 하류인생의 길엔 소망이 있을 수 없으며 천한 인생으로 생을 마감하기 마련이다.

공자님의 가르침 중에 "세 사람이 길을 가면 그 중에 반드시 나의 스승이 있다"는 말이 있다. 훌륭한 사람으로부터는 장점을 배우고 그렇지 못한 사람으로 부터는 저래서는 안되겠다는 반사적 교훈을 얻을 수 있기 때문이다. 우리는 남의 부족한 부분을 설사 발견했다고 하더라도 그것을 자기의 것으로 소화하는 능력을 가져야 한다. 그것이 성공의 길이다.

성경에 "비판치 말라 그리하면 너희가 비판을 받지 않을 것이요"(눅 6:37)라고 했다. 비판을 하면 너희도 비판을 받게 되리라고 경고하고 있다.

바른 길

  길을 찾고 도를 구하는 사람을 우리는 구도자라고 한다.
  아직 정식 회원이 되지 않은 신앙의 초심자를 기독교에서는 구도자라고도 부른다.
  인간에게는 구도의 정신이 있어야 한다. 구도의 정신이 있을 때 발전이 있게 된다. 천하 만물에는 다 그들의 길이 있다. 사람이 가는 길, 기차가 가는 길, 전차가 가는 길, 자전거가 가는 길이 있다. 서울로 가는 길, 광주, 부산으로 가는 길이 있다. 이런 형이하(形而下)의 길도 중요하지만 형이상(形而上)의 길은 더욱 중요하다.
  아버지는 아버지의 길이 있고 어머니는 어머니의 길이 있다. 딸은 딸의 길이 있고, 아들은 아들의 길이 있다. 스승은 사도가 있고, 지도자는 지도자의 길이 있고, 국민은 국민의 길이 있다. 군인은 군인의 길이 있고, 정치인은 정치인의 길이 있다. 신사에게는 신사도가 있고, 무사에게는 무사도가 있다. 바둑에는 기도가 있고, 장사에는 상도가 있다. 인생의 항로에는 성공의 길, 승리의 길, 행복의 길이 있고 불행의 길, 패배의 길, 파멸의 길이 있다. 향상의 길이 있고 타락의 길이 있다.
  민족에는 민족의 길이 있고 나라에는 나라의 길이 있다.
  우리는 어떤 길을 가고 있는가. 잠깐 서서 지나온 길과 갈길을 생각해 보자. 옳은 길은 정도요, 틀린 길은 사도라고 한다. 우리는 정도와 대로로 가야 한다.

인생은 부단한 선택의 과정이다. 산다는 것은 스스로 선택하는 것이다. 우리는 선택한 것에 대한 책임을 져야 한다. 나는 어떤 길을 갈 것인가, 우리 민족은 어떤 길을 가야 하나 생각해 보아야 한다. 남이 나의 길을 갈 수 없다. 나는 나의 길을 옳게 가고 있는가. 우리는 우리의 길을 바로 가고 있는가. 우리는 우리의 길을 열심히 쉬지 말고 가야 한다. 단, 바른 길인 정도를 가야 한다. 이 길이 험해도 그 길을 가야 한다. 이 길이 행복한 길이요, 승리의 길이다. '길을 두고 뫼로 갈까'라는 속담이 있다. 더 편리한 길이 있는데도 불구하고 불편한 곳으로 가는 사람이 있다. 어리석은 사람이 가는 길이다. 하늘의 길을 따르는 착한 사람에게는 복을 주고 악한 이에게는 화를 주며 사람의 길을 따르는 착한 이에게는 상을 주고 악한 자에게는 벌을 주는 것이 자연의 이치다.

보다 보람된 앞날을 위해 가야할 길은 가야 한다. 출발이 어렵다. 그래서 우리 속담에 천리길도 한 걸음부터 시작 된다는 말이 있다.

시작이 반이란 말이 있듯이 미래를 향해 나갈 수 있는 진취력과 매진력이 있어야 한다. 가는 길이 바쁘다고 지나치게 급히 서두르다가 문제를 야기시켜서는 안된다. 사흘 갈 길을 하루에 가서 열흘씩 눕는 우를 범해서는 안된다.

길이 아니거든 가지 말고 말이 아니거든 듣지 말라. 인생은 부단한 선택의 과정, 산다는 것은 스스로 선택하는 것이다. 우리는 선택한 것에 대한 책임을 져야 하고…

길을 떠날 때는 만전의 준비를 하고 떠나야 한다. 이런 경우 충언으로 '십리 길에 점심 싸기' 라는 표현을 우리 선조들은 했다. 가는 길이 정도가 아니면 가지 말아야 한다.

하늘의 길을 따르는 착한 사람에게는 복을 주고 악한 이에게는 화를 주며 사람의 길을 따르는 착한 이에게는 상을 주고 악한 자에게는 벌을 주는 것이 자연의 이치다.

생각하며 행동하며

 '행동은 빠르게, 생각은 천천히' 라는 그리스의 격언이 실감 나듯, 스페인 사람들은 달려가고 나서 생각한다고 한다. 불란서 사람들은 생각하고 나서 달려가고,
 영국 사람은 가면서 생각한다고 한다.
 행동을 인생의 첫째 요인이요 무기로 삼는 스페인 사람과, 사색을 삶의 목표로 보는 불란서 사람과, 행동과 사색을 병행하는 영국 사람에게는 국민성에 큰 간격이 있고 오늘날 그 나름대로 고유한 전통과 문화를 수립한 기초가 되었다.
 일반적으로 동양인들은 사색을 중요시 여기고 서양인들은 행동을 생활 철학으로 받아들이고 있다. 그런 면에서 볼 때 세계적인 종교들이 동양에서 발원되었고 실용주의 문명이 미국을 비롯한 서구에서 탄생한 현상은 우연한 일도 아니요, 당연한 현상으로 볼 수 있다.
 오늘날 세계가 좁아지고 일일생활권으로 되면서 동양인은 서양의 행동주의 철학에 눈을 돌리고 서양인들은 동양의 심오한 인생진리와 사상을 향하여 귀를 기울이고 있다. 베일리는 '행위가 종종 사고보다 낫다' 고 했다. 허나 사람이 사람답게 사는 보람된 길은 사색과 행동의 조화에서 온다는 사실을 모두 자각하고 있다.

이시대는 '일하며 생각하며' 살 것을 요구한다. 백년을 살 것 처럼 일하고 내일 죽을 것 처럼 기도하자는 말이 설득력이 있다. 시대는 열심히 일하며 생각하도록 하고 있다. 물질의 풍요를 못 따르는 정신의 빈곤, 성급한 행동주의를 자제시키지 못하는 사고와 행동의 부조화 아래서 현대는 무서운 비극들이 발생하고 있다.

명심보감에 나오는 '한 때의 분함을 참을 수 있으면 백일의 근심을 면 하리라' 는 말은 분함을 참지 못하고 행동으로 옮기고 나면 영원히 후회를 하게 된다는 뜻이다. 총이 너무 흔하다 보니 조금만 감정이 상해도 쉽게 방아쇠를 잡아 당겨 세상을 하직하거나 영창에서 생을 마치는 불행한 사람이 있다. 이런 것이 모두 행동과 사고의 부조화, 정신과 감정의 불일치에서 오는 결과요, 자제정신의 결여에서 오는 비극이다. 생각하고 행동하는 교양의 부족에서 오는 현상이다.

비극을 초청하지 않으려면 행동하기 전에 생각하고 일하며 생각해야 한다.

인생은 짧다. 짧은 인생을 조금이라도 연장시키려면 흥분과 무모한 행동을 넘어선 반성과 자제의 고귀함이 요구된다. 이 길이 삶을 연장하는 길이요, 오래사는 길이다.

우리는 영국 사람들과 같이 가면서라도 생각하는 백성이 되어야 한다. 생각없이 먹고 보자 마시고 보자 하는 풍조로 인해 부정부패가 발생하고 알콜중독자 마약의 소굴로 끌려들어 가는 것이다.

데카르트는 '나는 생각한다. 고로 존재한다' 라고 말했다. 따라서 생각 없는 행동은 뜻이 없다. 존재 가치가 없는 것이다. 국가도 부질없는 부정을 범하면 나라가 몰락하는 가장 확실한 길이 된다. 사람들은 행동을 정당화하기 위해서 깊은 사색에 빠지고 그들의 사색을 은폐하기 위해서 변명을 늘어 놓는다.

이런 우를 범하지 않기 위해 행동하기에 앞서 생각이 필요하다. 급진적인 시대에 발맞추기 위해서는 생각하며 일해야 한다. 우리는 불란서 사람과 같이 아니 전통적인 동양인의 사상과 같이 생각하며 행동하는 사람이 되자.

시간 기근 현상

　시대가 현대화 될수록, 문화가 발전할수록 사람들은 분주히 뛴다. 농촌 생활보다는 서울 생활이 더 바쁘고 서울 생활보다는 미국 생활이 더 바쁘고 고되다.
　타국 생활이 얼마나 힘드는지 요즈음 재미가 어떻냐고 물으면 재미가 무슨 재미냐 바빠서 죽을 지경이다. 투신 자살 즉 죽기 위해 강이나 바다를 찾아 가려고 해도 갈 시간이 없어 죽지 못하고 있다고 한다.
　사람이 시간을 낭비하는 것은 일종의 자살행위이다. 고로 생산적이고 건설적 방향으로 시간을 사용해야 한다.
　미국 사람들의 직장 근무시간은 기계적이다. 정각에 와서 정각에 퇴근한다.
　근무시간에 공무 외에 사무를 보지 않는다. 일단 정각이 되면 시작을 하고 퇴근을 하기 때문에 뒷정리가 미처 안되는 경우도 허다하다.
　Hawaii BYU에서 당한 일이다. 생물실험실을 학생 두 명과 정리하다가 5시 정각이 되니 학생은 하던 일을 그대로 두고 갔다. 다음 날 실습을 위해 나 혼자 30분 정도 정리하는데 시간을 소모했다. 초등학교에 가보면 오후 3시 경에 직원실에 남아 있는 교사는 하나도 없다. 관리인만 한아름 되는 열쇠 뭉치를 들고 문들을 잠그기 위해 부지런히 움직이고 있다. 교무실에 어물어물하고 있다가는 나갈 구멍도 찾지 못한다. 월급마큼 일하면 그만이라는 자세다.

　미국에서 학생이 교수의 일을 도와주는 사제지간의 정은 찾아보기 어렵다. 도움이 필요하면 돈을 내 놓으라는 것이다. 시간이 돈이기 때문이다.

　남을 위해 시간과 돈을 쓸 수 없다는 것이다. 시간의 낭비는 일종의 자살행위임을 알지 못하던 중고교 시절의 일이다. 시간이 젊음을 파괴하는 괴수임을 알지 못하던 때의 일이다.

　수업시간이 지루하면 수업 종료의 종소리가 나기 전에 교사에게 들으라는 듯 '종 쳤니' 하고 친구에게 물으면 저쪽에서 '종쳤어' 하고 능청스럽게 각본대로 반응이 나타난다. 종소리가 나기 전에 교사를 교무실로 보내고 나면 악당들과 성공한 연극을 자축하기도 했다. 이런 몹쓸 병은 대학시절에도 그러했다. 종치기 전에 교수를 몰아 내는 일에 연구를 많이 했다. 교수가 강의실에 5분만 늦으면 학생들을 옆방으로 옮겨 놓고 휴강인줄 알고 학생들이 전부 갔다고 허위 보고를 하는데 필자는 선봉이었다. 비싼 등록금의 본전 생각은 염두에 없고 진도가 적게 나가야 시험공부가 쉽다는 생각이다.

　현대의 학생들은 영악스럽고 현실주의여서 휴강을 자주하는 교수는 물러나기 십상이라고 한다. 양지가 음지되고 음지가 양지되듯 학생시절이 지나가고 나도 교사와 교수시절을 맞이했다.

　나의 학창시절과 비슷한 광경이 나의 학생들도 종소리로 나를 유도했다. 피곤하면 알고도 모른 척했다. 원예대학에 근무할 때의 일이다. 오후 실습시간이 되면 국가에서 돈을 받아가면서 공부하는 재향군인 출신 가운데는 교실 모퉁이를 찾아다니면서 쉬는 데만 신경을 쓰고 지루한 시간을 보내는데 열중한 학생도 있었다.

　평범한 사람이나 보통 이하의 인간들은 단지 어떻게 시간을 소비할까 생각하지만 지성인은 그 시간을 어떻게 사용할까 노력한다.

　보통 이하의 인간으로서 중고교 시절, 대학시절에 허송세월했음이 후회스럽고 부끄럽다. 돈이 시간이라던 시대는 가고 돈을 주어도 시간을 살 수 없는 시대에 살고 있다. 80년대 전에는 돈이 없었지만 90년대 이후에는 시간이 없다.

　이 말이 90년대 이후에 들어서서 흔히 솓아져 나오는 말이다.

　얼마 전까지만 해도 시간은 돈이라고 시간을 쪼개 가면서 돈벌기에 열중했다.

돈을 벌어야 편리한 가정용품도 살 수 있고 문화생활을 할 수 있다.

67년도 미 상원의 한 소분과위원회에서 '앞으로 과학문명의 발달로 미국인들은 20년 후엔 주당 22시간만 일해도 되고 1년엔 27주만 일해도 충분하다'고 했다.

모든 일은 기계가 해주므로 38세에 은퇴해도 된다고 한 예상이 빗나갔다.

오히려 서로가 바쁘다고 아우성이다. 편리한 가정용품이 집안에 가득 있지만 과거보다 더 바쁘다고 아우성이다. 여가선용의 길이 없어 세상살이가 재미가 없다고 한다. 이제 시간이 돈인 시대는 지니기고 돈을 주어도 시간을 시지 못할 정도로 사회구조가 바쁘게 돌아가고 있다.

요즘 같은 시간 기근 시대에는 시간의 값도 뛸 수 밖에 없다. 1시간 동안 기다리게 한 의사에게 환자가 90달러를 보상토록 청구서를 보내는게 다반사이고 4달러 주고 세탁한 옷을 찾아오는 심부름 값으로 20달러를 지불해야 하는 것이 미국의

현실이다. 시간이 가장 값비싼 상품이 되고 있다.

따라서 80년대 이전이 '돈의 시대'라고 하면 90년대 이후는 '시간의 시대'라고 사회경제학자들은 말한다.

미국인들의 평균 여가시간이 73년 이래 37%가 줄었다고 한다. 특히 변호사, 금융가, 의사 등의 주당 근무시간이 80시간 일하는 경우가 다반사라는 보고도 있다.

사회가 바삐 돌아가다 보니 가족생활의 기틀이 무너져 간다고 아우성이다.

아이들이 아침에 일어나기 전에 직장에 나가야 하는 어머니가 시리얼 상자 밑이나 베게 밑에 써 놓을 수 있도록 '학교 잘 다녀 오너라' '안아 주지 못해 미안하다' 따위의 글이 적힌 카드까지 등장하고 있다.

미국 사회의 가정생활이 깨지기 일보직전이라고 경고하는 학자도 있다.

사실 가정생활은 과거보다 무척 편리해졌다. 마이크로 웨이브, 오븐, 냉장고, 컴퓨터, 각종 첨단 주방기구들이 일을 빨리 마칠 수 있

게 되어 있다.
 그러나 집안일은 과거보다 더 바빠졌다는 것이다. 최근 조사에 의하면 맞벌이 주부 가운데 73%가 여가를 낼 수 없음을 하소연하고 있다. 나는 자랑은 못되지만 아무 것이나 잘 먹고 빨리 먹는다. 바쁜 세상에 알맞은 식사법이다.
 나폴레옹도 저녁식사를 12분 이상 점심은 8분을 넘기지 않았다고 한다.
 이런 바쁜 세상에 살면서 나이가 들면 할 수 있는 운동은 golf 외에는 없다고 골프하기를 유인하는 친구가 있으나 그들의 설득력은 나에게는 통하지 않는다.
 골프가 그렇게 재미가 있다든가 운동이 된다고 보지는 않는다. 골프를 할 만한 시간 여유가 없다. 한가한 몸이 아니다. 갈 길이 멀고 시간이 짧다. 여생이 골프나 치며 여가를 보낼만한 여유가 없다.
 '세계는 넓고 할 일은 많다' 는 저서를 쓴 세계적인 기업인 김우중 회장이나 일본의 최고 경영인으로 추앙받는 도코도시오 씨도 골프에 취미가 없다는 기사를 보았다. 이들의 논리에 공감이 가고 이런 사고 방식을 존경하고 싶다.
 사회학자들은 '시간 기근' 현상에 대해 해답을 문명 발달이 가져오는 역작용에서 찾고 있다.

선 물

　살다 보면 모임도 많다. 미국이라는 사회에 몸을 붙힌 지 오래고 보니 이런저런 관여하는 곳도 제법 많아졌다. 내가 모임통지를 받았을 경우, 교육자들의 모임인데, 도서관 모임인데, 출판 기념회인데, 교포와 민족을 위한 모임인데, 자선사업을 위한 모임인데 안 갈 수 없다. 여기에 생일, 회갑, 진갑, 결혼, open house, 취임식, 축하연 등도 있다.
　이와 같은 모임들은 연중 행사로 때를 가리지 않고 닥치지만 연말이되면 정신을 차릴 수 없다. 이런 때 빈손으로 가는 것도 서운하려니와 그 동안 신세를 진 분들께 선물이라도 드리고 싶으나 알맞은 물건 선택이 쉽지가 않다.
　더욱 20여 년을 같은 직장에 있으면서 선사한 것들이 있기에 그때마다 새로운 것을 고른다는게 쉽지가 않다. 이웃집에 보내는 선물의 경우만 해도 같은 곳에서 35년 이상을 살았으니 전에 준 것을 또 줄 수도 없고 그렇다고 기록해 두지도 않았으니 중복되지 않을까 신경이 쓰이기도 한다.
　선물이란 받는 쪽에서만 기쁨을 얻는 것이 아니라 받아 준다는 사실에도 고마운 것이기에 선물을 받는 것에 진배없이 기쁨이 따르기에 감사하는 마음으로 호의와 정성이 담겨지기 마련이다. 선물은 사랑이나 우정의 가교가 될 수도 있고 화해의 표시일 수도 있다. 사람과 사람 사이에 선물을 주고받음은 참으로 정겹고 아름다운 일이다. 그러기에 선물이란 받기도 어렵고 주기도 조심스럽다는 것을 알게 된 것은 철이 들면서부터다.

내가 약혼을 하고 첫 번째 맞은 약혼자의 생일에 그의 집을 방문한 일이 있었다.

잘 차려낸 저녁을 얻어 먹었음은 물론이다. 그러나 약혼자의 내심인 즉 외식이라도 원했으련만 가난한 내 주머니 사정을 고려해서라도 자기네 집에서 식사를 하고 나면 저녁에 극장엘 가거나 산책이라도 하자는 제의가 있으려니 하고 기다렸을 것이다. 그런데 밤이 깊어 가도 외출하자는 말이 없다 보니 실망도 했을 터, 그러나 아직은 기대할 것이 있다는 듯 여유를 보였다.

통행 금지가 임박해서 택시를 잡아타고 떠나려는 순간에 언뜻 본 약혼자의 얼굴에는 섭섭한 기색이 역력했다. 실은 그날이 약혼자의 생일인 줄을 잊고 있었던 것이다. 여기서부터 내 점수는 바닥으로 떨어진 것이다.

미국에서는 남편이 부인의 생일은 말할 것도 없고 결혼기념일을 세번 이상 잊으면 이혼의 조건이 된다고 한다. 이런 식으로 따지고 보면 나는 벌써 열두 번도 더 이혼 대상에 올랐을 것이요, 낭만의 낭자도 모르는 사내로 치부되었을 것이 분명하다. 우리 집에는 식객이 많다. 2개월에 한 번 이상 생일이 돌아온다. 기억해야 할 날들이 어디 생일뿐이겠는가. 그러기에 정초가 되면 새 달력에 한해동안의 스케줄을 기록하는 것이 습관처럼 되었다. 아이들 생일은 잊으려야 잊을 수가 없다. 선물을 받기 위해서 자신들의 생일이 며칠 남았다는 것을 자주 예고해 오기 때문이다. 어머니와 아내의 생일만은 내가 기억해야 한다.

생일, 결혼, 어버이날의 선물 외에 베이비 샤워, 결혼 샤워와 같이 주인공이 명단을 만들어 공개하면 각자의 형편에 따라 선물을 하는 경우도 있다.

그러나 아이들이 가장 바라는 것은 역시 성탄절 선물이다. 아이들은 금년에 무엇을 사줄 것이냐고 단도직입적으로 물어본다. 무엇무엇을 사서 바치라는 자세다. 이 녀석들이 나이가 들고 학년이 올라 갈수록 요구조건이 커지고 대담해 진다.

선물의 요구치가 물가지수의 몇배로 껑충 뛰고 있으니 여간 곤혹스러운 것이 아니다. 그렇다고 내 수입이 크게 늘어난 것도 아닌데, 아이들은 맡긴 돈 내놓으라는 식이다. 이런 놈들이 제 부모에게 주는 선물은 어디서 찾아 냈는지 5불 10불 정도로 생색을 내면서 저네들은 그 10배 100배도 더 요구한다. 학용품이라면 비교적 후하다는 것을 알고 있는 애들은 이런 약점을 넉넉히 이용하여 청구한다.

요구하는 것들을 사주고 나면 강탈 당한 기분이라고나 할까.

아이들의 생일날 식탁에 미역국, 과일, 생일 케이크 등이 단골이요, 노래에 서툰 나 일지라도 미국 노래 Happy Birthday 하나는 부를 줄을 알고 있으니 어물어물 넘기면 된다. 그러나 이놈들이 커가면서 생일 선물에 부담이 되는 것이다. 사진 몇장을 찍고 주인공이 촛불을 끄고 나면 선물 공개 순서다.

특히 아이들 16세 때 Sweet Birthday라고 해서 법석을 떤다. 첫째녀석이 갖은 애교와 이유를 동원하여 승용차를 사 달라는 것이었다. 이런 경우는 애원이라기 보다는 숫제 협박에 가깝다고나 할까. 견디다 못해 승용차를 사주었더니 다음에는 둘째 셋째도 기다렸다는 듯이 졸라대는 바람에 차례로 응하고 마는 것이다.

승용차를 사주기 전까지는 갖은 아양을 다 떨다가도 일단 저들의 목적을 달성하고 나면 며칠이 안되어 태도를 바꾼다는 경험을 이미 세번이나 한 것이다.

아이들 생일 선물은 저네들의 강권에 의해 사주었기 때문에 받은 녀석들은 좋을 것이나 빠듯한 주머니를 털리는 부모의 심정을 헤아릴 줄이나 알랴.

미국이란 사회의 자동차 문화가 빚어내는 애환이라고나 할까.

새해 아침에만 해도 그렇다. 설날에는 할 수 있는 데까지 우리 전통 문화의 격식을 살려 어머님께 세배를 드린다. 먼저 우리 내외 그리고 나서 아이들이 세배를 드리는데 이 녀석들은 세배의 의미보다는 세뱃돈에 더 신경을 쓰는 것이다.

자본주의 사회에서 성장한 이질 문화가 낳은 망나니들의 행태가 여기서도 나타나는가 싶어 내 어릴 적을 돌아보게도 한다.

시리아의 시인 주브란의 말이 떠오른다. "선물은 요구를 해서 주는 것도 좋지만 미리 알아서 선물을 하는 것이 더욱 좋다." 후자는 동료 직원이나 이웃 그리고 선후배 친지간에 주고 받는 선물의 경우를 두고 하는 말일 것이나 전자의 경우는 쉽게 납득이 가지 않는다. 선물을 요구하다니, 내 집 아이들과 같은 경우를 두고하는 말인 것 같은데 이런 현상이 꼭 내집에서만 있는 것은 아닌가 보다.
　설이나 추석이 지난 뒤 전파를 타고 멀리 이곳까지 들려오는 고국의 '떡값' 시비하며 '촌지 봉투' 이야기가 심상치 않다.
　물질 문명의 나라 미국사회에서 바쁘게 보낸 머리 속을 어지럽게 할 경우 중의 하나다. 받는 쪽에서 요구를 했느냐 않았느냐가 문제가 되던가. 거액의 물품이나 거금이 주고 받아진 때에 이것을 뇌물이냐 아니냐를 따지는데 그에 관련한 대가성 여부로 시비를 가리는 것 같았다.
　나로서야 그 속내를 알 바 없는 일이긴 하나 가치관의 문제요, 양심에 바탕을 두고 생각해 볼일이다.
　주어서 기쁘고 받아서 기쁜 것이 선물인데 선물에 무슨 시비가 있겠는가. 받는 사람이 부담을 느끼지 않으면서 요긴하게 쓰고 오래오래 정을 간직할 수 있다면 좋은 선물이다. 그러나 보내는 사람의 입장에서 생각하면 자신의 분수에 맞는 선물이고 보니 모자람에서 오는 아쉬움이 항상 따르게 마련이다. 사랑과 정을 오롯이 담으려는 데서 선물을 하는 사람의 즐거운 고통이 따른다. 선물에 얽힌 이야기도 사람이 사람 사이에서 살아가는 하나의 애환이라면 애환이다. 나에겐 이런 선물을 주고 또 받아 줄 가족과 친척, 은사, 친지가 있다는 것이 내가 살아가는 행복 중의 중요한 부분이다.

술의 매력

　술을 마시면 누구나 기고만장하여 영웅호걸이 되고 위인현사도 안중에 없는 법이다. 이점을 현대 과학적으로 풀이해 본다면 수치감정의 일시적 망각에 의한 번뇌에서의 탈출을 들 수 있다. 술을 마시면 발가벗은 거짓없는 인간상이 부각되게 마련이다. 그래서 진실은 술에서 나온다고 했다.
　교양이나 수양의 정도도 은연중 나타나기도 하고 개개인의 마음 깊숙히 파묻혀 있는 검은 그림자가 넘나 드는가 하면 강압되었던 잠재의식이 언행으로 표현되는 수도 있다. 추태는 파멸과 동일한 표현이다.
　술은 추태를 위해서가 아니라 사교적이고 낭만적인 그 무엇을 위해서 마시는 의미를 안다면 퍽 다행스러울 수도 있으나 그러하지 못함이 대부분임은 유감스러운 일이다.
　교양이 높은 사람일지라도 술때문에 행동의 중심을 잃는 경우가 있다. 교양이 낮은 사람 가운데는 죄를 끌여들이는 경우도 나타난다.
　술에 한번 빠졌다 하면 뭔가 꼭 재난이 따르게 마련이다. 세상 사람들은 이런 원리를 잘 알면서도 끊지 못하고 있다.
　'바다에 **빠져** 죽은 사람보다 술에 **빠져** 죽은 사람이 더 많다.' 는 명언도 있다.

사람은 너무 많이 마실 수는 있으나 알맞게 마시기는 어렵다.

술을 마시는 이유가 많다.

날씨가 추우니 한잔, 청명하니 한잔, 날씨가 덥다고 한잔, 춘 삼월 꽃피었으니 한잔, 일도 끝나고 피곤하니 한잔, 오늘 멤버가 좋으니 단합대회를 위해 한잔, 스트레스 해소를 위해 한잔, 우울할 때 한잔, 심정이 괴로울 때 한잔, 울화가 치밀 때 한잔, 외로울 때 한잔, 분할 때 한잔, 슬플 때 한잔, 기쁘고 즐거울 때 한잔 등 술을 마실만한 이유는 무궁무진하게 찾을 수 있다.

술에 취해 행하는 모습도 다양하다.

술에 취하면 불란서 사람들은 덮어놓고 춤을 추고 독일 사람은 함부로 노래를 부르고 싶어하며 영국 사람은 자꾸만 먹고 싶어하는 습성이 돋보인다고 한다. 이태리 사람은 쉴새없이 자랑을 늘어 놓고 미국 사람은 오로지 연설에 열을 올리는 습성이 발작한다.

보통 술을 들때 초장에는 누구나가 조심스럽게 몸가짐이 바르고 말수도 적지만 좀 시간이 지나면 차차로 술의 본색이 드러나기 시작한다.

작은 술잔이 큰 것으로 어느새 둔갑하고 상대방에게 강권으로 술을 먹인다.

술잔을 못비우면 노래를 하라, 무엇을 하라 등 벌칙을 제정한다.

만취가 되어도 놓아 주지를 않는다. 이쯤되고 보면 추태도 가지 각색이다.

한국 사람은 술에 취하면 춤을 추는 놈, 혼자 웃는 놈, 초등학생처럼 꺼이꺼이 우는 놈, 엎어지는 놈, 처음부터 생트집을 잡는 놈, 싸움을 거는 놈, 평소에는 그렇게도 얌전한 친구가 소리를 고래고래 지르는 놈, 꼬치꼬치 따지는 좁쌀 친구, 파출소를 내집처럼 드나드는 놈, 여자를 껴 안는 놈, 벽에 기댔다 하면 윗 눈꺼풀이 내려와 코를 고는 놈, 여자의 젖가슴을 더듬는 놈, 시비를 판단하는 이성이 없어지고 세상에 무섭고 겁나는 것이 없어져 손에 닿는 기물마다 파괴하는 놈, 옷을 입은 채 오줌을 싸는 놈, 마셨다 하면 끝장을 보는 놈, 꾸르륵 꾸르륵 소리를 내며 반추하는 놈 등 제멋대로 놀고들 있다.

이런 사람에게는 무엇이든지 네가 옳고 최고라고 건성 대답을 해

두는 것이 상수다. 법화경에 나오는 말이다. 처음에 사람이 술을 마시고 다음에는 술이 술을 마시고 나중에는 술이 사람을 삼키고 만다.

　이렇게 술로 인해 혼수 상태에 빠지는 경우가 있다.

　곤드레 만드레 고주망태가 되어 곯아 떨어진 이튿날에는 명치가 쓰리고 몸이 잘 말을 듣지 않는 고생을 할 때가 있다. 그런 때는 과음한 것을 후회하고 바가지 긁는 아내에게 이제 술을 끊어야겠다고 금주 선언을 하건만 그것은 작심삼일이요 허울좋은 넋두리에 불과하다.

　술은 일종의 요물이다.

　술이 실수의 폭발물이 되는 것임을 알면서도 끊지 않고 마신다는 것은 인간이란 실수를 조금씩은 해가며 살아야 중심이 잡힌다는 것을 뜻함일 것이다.

　술을 마시는 것은 정상과 비정상의 조화라고 볼 수 있다. 비정상도 정상만큼 대견한 것이기에 술을 마시면 간이 커지고 허풍을 떨고 싶고, 점잖은 본심을 무너뜨리고 싶고, 남을 골탕 먹이고 싶고, 남이 조그마한 농담을 걸어도 그것을 고깝게 받아들이기가 쉬운 것을 알면서 즐겨 마신 것이다.

　또한 술취한 실수를 너그럽게 봐주는 인심 때문에 술을 끊지 못하는지도 모른다.

　'술먹은 개려니'하며 용서해 주기를 서로 권하고 있다.

술의 문제

 술의 주성분인 알코올이란 물질이 인체의 조직에 미치는 자극작용과 중추신경 특히 고등 기능에 대한 마비 작용이 있다는 것은 널리 알려진 사실이다.
 적은 분량의 알코올을 내복하면 힘과 위산분비가 많아져서 식욕이 좋아지는 수가 있으나, 15% 이상의 알코올 농도에서는 위샘분비와 위장운동이 억제되고 때로는 위 점막에 염증을 일으키는 수도 있다. 그리고 그 이상의 농도에서는 위 점막에 대한 심한 자극으로 인하여 급성염증을 일으키고 계속 복용하면 만성염증을 일으키게 마련이다. 또한 흡수된 알코올은 중추신경 계통중 제일 먼저 고등 기능을 주관하는 연합중추에 마비현상이 일어난다.
 그래서 알코올을 적당히 마시면 언어동작이 활발해지고 기분이 좋아져서 웃기를 잘하고 말이 많아진다.
 이런 현상은 침울하거나 소심한 사람에게서 현저히 나타난다. 그리고 치밀한 사고력, 이해력, 주의력, 판단력, 결단력이 둔해지고 자제와 의지력이 약해진다.
 '인간은 서로의 건강을 위해 축배를 하고 자신들의 건강을 해친다.'
 이는 20세기 초 영국의 유명작가 제름의 말이다. 따라서 건강을 위해 축배하는 것은 질병을 위해 축배하는 것과 같다.
 술기운이 몸에 스며 중추와 말초의 혈관을 도도히 누비고 순환하는 사이에 어느덧 취기에 의한 졸음이 와서 잠자리에 들면 스스로 수신이 찾아들어 드르렁 코를 골며 깊은 잠에 빠지는 사람도 있다.
 늦은 가을 술에 취해 길가에 쓰러졌다가 죽음의 문턱에서 겨우 모면한 친구의 실화다. 잠은 분명코 깨었다. 꿈에서 깬 듯 아니면 방광의 포화상태인지 알 수 없으나 깼다. 허나 눈은 뜨이지 않았다. 아무리 애를 써서 눈을 뜨려하였으나 눈가죽은 시종 말을 듣지 않았다. 몸을 추스려 보려고 하였지만 천근인지 만근인지 요지부동이다. 사지는 커녕 일지도 꼼짝할 수 없었다. 알지 못한 사람에 의해 여관으로 옮겨졌다. 이로 인해 동사 일보직전 생명은 건졌으나 몸이 모두 망가지고 성한 곳이 없었다. 그 후 건강을 결국 회복하지 못하고 시름시름 하다가 몇년을 넘기지 못하고 세상을 뜨고 말았다.
 미국의 유명한 시인 롱펠로우의 시를 보자.
 '더 이상 술잔에 손을 대지 말라. 가슴 속속들이 병들게 한다. 술잔의 향기는 죽음의 천사의 입김이요. 잔속에 보이는 빛은 죽음의 천사의 흉한 눈초리다.
 조심하라 조심하라 질병과 슬픔과 근심은 모두 술잔 속에 있나니.'
 위와 같은 경고문이 있는가 하면 영국이 낳은 작가요 재사이었던 메이프스는 그의 고백론에 다음과 같이 애주가의 변을 토했다.
 '나는 선술집에서 죽을 생각이다. 나의 죽어가는 입 가까이에 술을 놓아 달라. 그리하여 천사들의 합창대가 왔을 때 그들이 이렇게 부르도록 하나님이시여 이 술꾼에게 자비를 베푸소서!'라고.
 술은 뇌의 정상적인 활동을 방해하기 때문에 마리화나와 같이 일종의 도취제이다.
 대학생 가운데 주말에 운동 경기나 댄스 파티가 있을 때 폭음을 하면서 위세를 부리는 사람이 있다. 몇 명에게는 이런 현상이 생겨나기 마련이다. 역사적으로 볼 때 미국에서 폭음이 대학생들이나 일반 사람들에 인기가 있었던 풍조는 1950년대 접어들면서 수그러지고 그 대신 마리화나와 기타 마약이 알코올과 경쟁이나 하듯이 유행되기 시작했다.

알코올 중독은 일종의 병으로 이 병에 걸리면 술을 마시고 싶어 참기 어려워진다.

이런 상태가 매일 계속되는 사람도 있고 주기적으로 나타나는 사람도 있다.

일단 술을 마시고 싶어 마시게 되면 의지력으로 중단할 수가 없어 사리를 분별할 수 없을 때까지 마시게 된다.

알코올 중독에 걸린 사람들은 일을 게을리 하거나 일하다가도 술을 마시게 되어 조만간 일자리를 잃게 되는 사람이 많다. 직장을 잃은 알코올 중독자들은 집안에서 부끄럽고 수치스러운지도 모르고 욕이나 하고 싸우려고만 하기 때문에 가정생활도 파탄이 된다.

알코올 중독자는 보통 추태를 부린 다음에는 잘못을 깊이 뉘우치고 여러가지 약속을 하지만 그 약속이 지켜지는 예는 드물다.

대부분의 알코올 중독자들은 자기가 알코올 중독자라는 것을 인정하지 않으려고 한다. 언제든지 술을 끊을 수 있다고 주장하지만 그러는 동안 중독은 점점 더 심해져 버리는 것이다.

애주가들은 교제할 때 마시는 술의 매력은 긴장이 풀리고 모든 일에 자신이 생기고 사람들과 잘 사귀는데 공헌이 크다고 말한다.

또한 술을 마시면 몸도 말을 잘 듣고 말도 잘하고 연애도 잘 할 수 있을 것 같은 기분이 생긴다고 말한다. 그러나 술 마신 사람들을 관찰한 보고에 의하면 술을 마신 후의 행동은 평상시보다 못하다는 것이다.

술은 옛날부터 도가 지나치지만 않는다면 마셔도 상관 없을 뿐만 아니라 문명생활의 긴장을 풀어 주는 것으로 권장하는 사람도 있었다. 그러나 도가 지나치지 않게 하기가 문제이다. 술을 마시다 보면 자제력이 상실되어 도를 지나치고 만다.

또 문명사회의 긴장 완화를 위해 술보다도 좋은 것이 많이 있다.
골프, 테니스 같은 운동, 등산, 낚시 등이다.

음주가 사회적으로 허용되고 있다고 해서 술의 해가 없다는 사실이 아님을 각성해야 한다. 특히 10대 청소년들은 명심해야 한다.

술이 위장 간장에 미치는 영향이 대단하며 술로 인해 발생되는 병은 간암, 위암 등 여러가지 있음을 예로 들 수 있다.

교통사고의 커다란 원인 중의 하나도 음주운전에 의한 결과이다. 술을 마시면 누구든지 운전의 판단이 둔해진다. 사실을 한번도 경험한 일이 없고 더구나 자기는 누구보다도 용감하다는 것을 다른 사람에게 과시하고 싶은 젊은이들일수록 특히 사고를 더 내기 쉽다. 술을 마셨을 때는 절대로 운전을 해서는 안되며 술을 마신 사람에게 운전을 시켜서도 안된다. 겁쟁이라거나 융통성이 없다는 말을 듣는 편이 자기 자신이 죽거나 다른 사람을 죽게하는 것보다 낫다.

 술을 배우지 말고 생을 마칠 수 있다면 그것이 가장 현명하고 보람된 삶으로 본다. 술을 조심해야 한다.술이 몸에 이로울 것 없다. 술을 좋아하다가 결국 알코올 중독자가 된다.알코올 중독자들은 선천적으로 알코올 중독자가 될 소질을 정상적인 가정의 자녀들보다 많이 소유하고 있는 것으로 알려졌다. 버글라이터 박사의 연구에 의하면 알코올 중독자들의 아들 중 25내지 30%가 뇌기능의 이상이 나타나는데 이 뇌기능의 이상은 다년간 술을 마셔온 알코올 중독자들에게서 나타나는 증세와 비슷한 것이라고 한다. 또한 셔키트 박사의 연구에 의하면 알코올 중독자의 가정에서 태어난 자녀를 정상적인 가정에 입양해서 길러도 알코올 중독률이 높다고 발표를 했다. 어떤 유전자가 알코올 중독의 요인이 되는지 연구가 진행 중이다. 이들 유전자가 환경과 복합적으로 작용해서 알코올 중독이 나타나며 이때 환경의 영향이 크다는 사실을 강조하고 있다. 알코올 중독자들의 자녀 중 아들보다 딸들의 알코올 중독률이 낮은데 이는 문화적 환경이 알코올 중독 여성을 남성보다 더 거부반응을 보이기 때문으로 본다. 알코올 중독자의 자녀들은 자기자신의 의견을 발표하거나 스스로 생각하는 것을 포기하는 아이들이 많다. 또는 부모의 무능으로 부모의일까지 전부 하는 불운아가 있는가 하면, 어린 나이 때부터 자신의 분노를 표출하여 학교에서나 집에서나 말썽을 일으키는 폭발형이 있다.

 이중 폭발형은 자신이 10대나 그 이전에 음주를 시작해 일찍 세상을 떠나거나 일찍부터 국가의 도움을 받는 신세가 된다. 그 외의 아이들도 어른이 될 때까지 많은 갈등을 안고 살아가게 되며 즐겁게 놀 줄도 모르고 남의 말에 귀를 기울일 줄도 모르며 다만 사태를 자신이 통제하지 않으면 안된다는 강박관념에서 지배적인 성인이 된다. 그리고 알코올 중독자의 아이들은 타인에 대한 신뢰와 전술한 바와 같이 의사 표현 능력이 부족하다.

알코올 중독자의 자녀로 태어나거나, 가난한 가정에서 한쪽 부모가 없는 결손가정 같은 불우한 환경에서 성장하거나, 편모로부터 학대를 받거나 주위에서 버림을 받은 사람들의 대부분은 성장하여 큰 문제를 일으키는 경우가 많다.

성장해 가면서 이들은 증오심이 누적되어 간다. 성인이 되면서 어린 시절의 소외감을 보상 받으려는 잠재의식에 사로 잡힌다.

이런 심리 상태에서 성장한 성인들 중 어릴 때처럼 주위의 버림을 받게 되면 폭발하게 된다. 이럴 때 연쇄 살인사건과 같은 무서운 죄 값을 치루는 경우도 나타난다. 실화가 많다. 또한 소외 속에서 살아온 어린이들은 자기의 불만을 표현하지 못한다. 그래서 감정을 숨기면서 내내 어린시절을 보낸다.

점점 성장해 가면서 이들의 심리상태는 복잡하게 엉켜진다. 이런 아이들 중 성장하여 피를 보고 쾌락을 즐기는 경우가 나타나기도 한다.

자기가 연약하지 않고 강함을 암시하려는 보상 심리로 살인을 하게 된다.

따라서 어린시절의 교육환경은 아이들이 장차 성숙하여 성인이 될 때 나타나는 밑거름이 되기 때문에 자녀들의 교육환경을 잘 만들어 주자는 것이다.

부모가 알코올에 중독이 되어도 안되고 아이들을 학대해서도 안되며 아이들을 방임해서도 안된다는 것이다.

술을 가까이 하지 않는 부모, 자녀의 교육환경을 위해 최선을 다하는 부모가 되어야 한다.

제 4장 붉은 악마와 자화상

남북이 잊은 사람들

　6.25 전쟁 때의 일이다. 인민군이 점령하자 공산주의에 동조하는 지역주민의 열성분자에 의해 경찰 가족이나 목사들의 생명, 지역유지의 목이 인민재판으로 달아났다. 그 후 인민군이 후퇴하고 국군이 입성하자 공산주의 치하에서 희생당한 가족과 자유민주주의 신봉자들 중 일부 열성분자에 의해 복수와 한풀이로 눈에 거친 사람들을 공산당이라고 처형했다.
　법이 다스리기 전에 열성분자들의 무법적인 즉결 처분이 성행했다. 제이 포드의 말과 같이 '복수는 그 자신의 사형 집행인이 된다'는 말이 실감나는 장면의 연출이었다.
　원한이 원한을 부른 죽음의 행진, 보복의 행진이었다. 복수는 또 하나의 복수로, 잘못은 또 하나의 잘못 때문에 고쳐지지 않는다.
　이들은 거듭될수록 더 치열해질 뿐이다.
　전쟁으로 인해 남쪽이 버린 사람이 있는가 하면 북쪽이 버린 사람들이 있었다.
　암울한 시대의 불운이었다. 이런 예는 전국적으로 인민군이 짓밟은 곳에서 부지기수였다. 총성이 멈추고 50여년이 넘는 최근의 일이다. 6.25전 북한이 실시했던 토지개혁(1946년)의 체험을 듣기 위해 어느 기자가 휴전선 부근의 수복지구로 갔다. 물론 관청을 통해 허가를 받고서 간 것이다. 70대 노인들은 당시를 경험한 사람들이다. 그런데 인사를 나누고 막상 본론에 들어가려고 하면 대부분 말문을 닫고 안색이 변한다는 것이다. 두려워하는 기색이 역력했다. 이들은 그곳에 40여년을 살면서 자신이 당국의 감시를 받고 있는 사람이라고 추측하기 때문에 피해망상중에 걸려 있었다.

 이곳 주민의 대부분은 50여년의 일로 대화가 단절된 지역에 살고 있다. 새삼 놀라운 일이다. 이것은 지난날의 악몽 때문만은 아니다. 이들은 타의에 의해 토지개혁사업에 참여했던 일이 아직도 남한의 법에 저촉되는 것으로 생각한다.

 따라서 자신들만이 아는 속사정을 결코 외부에 말하려고 하지 않는다.

 이들에게 그동안 남한 정부가 여러 가지로 호의를 베풀었지만 대개의 경우 자본주의가 사회주의보다 과연 좋구나 하고 말할 만큼 이들을 따뜻하게 감싸주지 못한 것이 엄연한 현실이다.

 결국 이곳은 북이 잃은 땅이고 남은 주민을 버린 한반도의 사각지대다.

 북방정책이 활발해지면서 소련과 중국의 발길이 바빠지고 있다.

 허나 아직 이런 발걸음도 수복지구 주민과는 아무런 관계가 없다. 그러면서도 북한만 개방하면 독일의 영광이 마치 남쪽의 자본주의 사회에 있을 듯이 장미빛 무드에 사로잡혀 있는 사람이 많다.

 그러나 우리의 현실은 결코 독일이 아니다. 거의 60년 전에 수복한 얼마 안되는 주민마저 따뜻이 감싸주지 못한 현시점에서 누구를 위한 북방정책인가?

 2천만 북한 동포마저 자폐증 환자로 만들려는 것이 아닌지 북방외교와 북방정책의 한계가 궁금하다.

 이제라도 수복지구에 있는 북한이 잃은 땅에 사는 사람들을 따뜻이 맞아들이는 자세가 필요하리라 본다. 수복지구에 평화시 하나 설치하여 남한의 잘 사는 모습을 보이는 것으로 해결되는 것이 아니다.

 전 휴전선을 평화시로 만들어야 한다. 북한정책이 여기까지 도달해야 한다.

붉은 악마

　붉은 악마는 붉은 색에 대한 한국의 문화적 코드를 완전히 바꿔 놓았다.
　지금까지 붉은 색은 정치-이데올로기적 해설이었다.
　한국전쟁 이후 색깔 논쟁과 이념 마찰은 옛 소련의 붉은 깃발 처럼 마르크시즘과 볼세비키 혁명을 상징하는 색으로 각인 되었다.
　원래 붉은 색은 정치-이데올로기와 무관한 것이다. 천도원이 흔드는 붉은기나 교통코드의 붉은색 신호가 그렇다.
　기독교의 붉은 색은 십자가에서 흘린 예수님의 보혈로 구제와 부활의 코드가 된다. 산타크로스의 붉은 의상이나 십자가 마크가 정치-이데올로기와 무관하다.
　붉은 색의 하트는 사랑을, 붉은 색 립스틱은 남성을 유혹하는 에로티시즘의 기호가 되기도 한다. 붉은 색은 당당한 한국 해병대의 상징색이며 달력에 나타난 붉은 글자는 휴일이나 국경일이다.
　대한미국 전체를 붉게 물둘인 '붉은 악마'의 색깔코드는 하루 아침에 백의민족을 홍의민족으로 바꿔 놓았다. 금기시해 온 붉은 색에서 이념이 탈색되는데 공헌한 것이 바로 붉은 악마의 티셔츠이다.
　붉은 악마의 티셔츠는 연령, 성별, 신분 등도 이념의 색깔 관계와 무관하다.
  붉은 색이라해도 그 영역에 따라서 반응이 달라진다. 다양한 붉은 색들이 융합되고 승화되어 새로운 문화코드로 등장했다.
  월드컵 축구로 인해 이념색에서 벗어난 것은 붉은 색 유니폼이다.
  붉은 색이 정치와 이념에서 벗어난 운동 경기의 색이 되고 축제의 색이 되었다.
  지금의 노인들이 살던 일제의 강점기는 붉은 색이 공산주의 상징색으로 금기시되었지만 운동회 때에는 이와 상관없이 붉은띠 흰띠를 두르고 학생들은 두패로 나뉘어 홍군 이겨라, 백군 이겨라! 하며 깃발을 흔들고 응원했다.
  그후 얼마지나 홍군 대신 청군으로 변하여 청백군 대항전이 되었다.
  일본은 아직도 홍백군 대항전을 한다고 한다.
  즉 혁명공간에서 전쟁공간, 게임공간, 축제공간으로 코드가 이동하면서 붉은 색이미지는 밝고 가볍고 투명한 것이 되었다.
  탈정치적이고 탈이념적인 새로운 붉은색 코드가 생겨났다. 붉은 악마 티셔츠로 신바람 문화가 월드컵을 통해 분출된 것이다.
  지금까지 지연, 학연, 혈연 그리고 서로 미워하고 죽이는 이데올로기가 한국인의 신바람을 죽여왔고 그 잠재력을 억압해 왔다.
  어느 보수 신문은 선거 때 좌익, 진보 정당을 지지 호소하기 위해 월드컵 응원의 붉은 군중을 이용하고 있다고 평했다. 즉 '대한민국이 붉게 물들어 있다'고 했다.
  그러나 비정치적, 비이념적 순수한 세대들의 눈에는 그런 논평은 바로 수구적인 사고요 그에 오염된 낡은 세대의 행동으로 보았다.
  2002년 월드컵을 통해 정치-이념의 붉은색 코드가 탈이념의 문화적 축제적 코드로 분명히 변했다.

악마 코드

 누구나 "너는 악마다" 라고 하면 싸움을 하자고 노할 것이다.
 그런데 2002년 월드컵 이후 경기장, 광장과 거리에서 수백만의 한국인들이 일시에 붉은 악마가 되어 환호하고 있었다.
 젊은 악마만 있는 것이 아니다. 꼬마 악마, 할머니 악마, 할아버지 악마도 있다.
 악마라는 말은 한국이나 한자 문화권에서는 사용하지 않았다.
 옛날에는 불교에서, 근대에서는 기독교 문화에서 이런 말들이 들어 왔다.
 서양에서 데블(devil)이라는 말이 악마로 해석할 수 있다.
 실제 붉은 악마가 등장했을 때 거부 반응은 기독교인들 이었다. 어느 교회에서는 그 이름을 수정해 달라고 당국에 요청했다.
 축구 경기에서 사용한 붉은 악마란 성당이나 교회에서 듣던 무섭고 섬뜩한 그 말과는 다르다. 축구를 좋아하는 사람들 사이에서 비롯된 말이다.
 뜨거운 응원전을 펼치는 축구 경기에서는 오히려 친밀하고 애교있게 들린다.
 같은 말이지만 종교 윤리 코드가 놀이, 게임 코드로 변하면 가벼워지고 반어적인 것이 될 수 있다.

붉은 악마가 처음 축구 경기 응원석에 나타났을 때 정보과 형사들이 색안경을 쓰고 본 것은 붉은색 코드를 이데올로기로 해석했기 때문이다.

기독교인들이 악마라는 말은 성서적 코드로 풀려고 했기 때문에 거부 반응을 나타낸 것이다. 코드를 잘못 해석했기 때문에 '회개하라'고 쓴 플래카드를 단 교회 자동차가 붉은 악마가 운집한 세종로 거리에 나타난 것이다.

성서적으로 타락한 루시퍼를 가르키는 말이다. 서구의 기독교 문화 속에서도 악마에 대한 콤플렉스가 짙은 것은 사실이다. 프랑스 애국가에도 악마는 적과 원수의 대명사로 국민이 모두 일어나서 박멸해야 할 대상으로 설정 되어 있다.

서구의 기독교 문화권에서도 악마라는 말을 오래 전 부터 반코드화 해 사용해 왔다. 축구의 종주국인 영국의 맨체스터 팀에서도 붉은 악마(Red Devil)라는 용어를 쓰고 있다.

미국의 아이스 하키 팀에도 뉴저지 데블스(New Jergy Devils)가 있다.

음악 그룹에도 레드 데블스(Red Devils)가 있다.

프로 레슬러 중 스스로 악마라고 하는 이도 있다. 내가 흡혈귀라고 악을 쓰는 선수도 있다.

붉은 악마는 보통 악마가 아니라 놀이 축제 코드로 바뀌어 보아야 하고 선악의 윤리성과는 관계가 없는 것으로 생각해야 한다.

축구에서 붉은 악마라는 이름은 권위주의나 관료주의 세계에서는 생각할 수 없는 기발한 아이디어다. 붉은 악마는 한국인들을 오랫동안 찌들게한 붉은 색에 대한 때를 씻어주고 불안한 악마애 대한 피해망상증을 해소시키는 작용을 한다고 생각할 수 있다.

새해 자화상

　나이 60이 넘으면 갈 길이 멀고 할 일이 많은데 너무 빨리 조급해지기 마련이다.
　젊은 시절에는 시간이 지루하고 세월이 흐르는 소리가 들리지 않더니 이젠 들릴 여유도 없이 빨리 지나가고 있다.
　지구의 회전속도가 너무 빨라 우리가 그 소리를 듣지 못하는 것과 다를 바 없다.
　현기증 날 지경이다. 그래서 '지구야 멈추어라 탈출하고 싶다'고 외친 이도 있다.
　고려시대 우탁의 시조가 대변하고 있는 듯 보인다.
　<한 손에 막대 잡고 또 한 손에 가시를 쥐어
　늙은 길 가시로 막고 오는 백발 막대로 치렸더니
　백발이 저 먼저 알고 지름길로 오더라>
　실감나는 나의 애송 시조다. 지름길로 오는 백발을 막을 길이 없다. 백발이 온 머리를 덮은 지 오래다. 그래도 외모는 생각지 않고 마음은 젊었는지 50이 넘은 주제에 주제파악을 못하고 20세들과 힘을 겨루어 보겠다고 180여 파운드의 거구를 끌고 모래밭에 나타나 씨름을 해 보겠다는 만용을 누가 보아도 칭찬할 일이 아니요 한심한 일임은 분명하다. 허나 한가닥 주제를 파악한 듯 아내에게 씨름 심판을 간다고 속이고 어머니에게는 동창회 야유회를 간다고 보고하고서 야유회는 참석만 잠깐하고 씨름판으로 가는 옆길을 찾아 샌 것은 분명히 주제를 파악하지 못한 만용중 하나요 그로 인한 후유증으로 약 1년간 고생한 일이 증명하고 있다.

 이젠 이삼년 전부터 신문의 작은 글씨는 돋보기 신세를 져야하는 운명에 도달했다. 그래도 밤늦게까지 책과 원고지를 가지고 무엇인가 생각나는 점을 원고지에 옮기고 있는 삶이 기특하기도 하다. 원고 내용이 설득력 미약으로 독자들의 외면을 당하더라도 쓰고 싶으니 쓰는 것이다. 그 짓을 하는 데도 돋보기의 신세를 져야 하는 경우가 생긴다.

 일년에 책을 한 두권 쓰면서 나이만큼 저서를 남기겠다는 욕심과 1년이면 자녀교육에 관한 강연을 위해 40여번 이곳 저곳 뛰어 다니는 모습이 젊은이 같이 순진하게 보이는 면도 있지 않은가.

 늦게 철들어 교육에 봉사 하겠다고 나선 것은 자찬하고 싶다. 이젠 교육을 위한 길이 좋건 싫건 밀고 나갈 수 밖에 없다.

 철도 들지 못한 채 대학강단에서 10여년 떠돌다가 쫓겨난 몸으로 타국에서나마 안주하고 있으니 고마울 수 밖에 없다. 교수임용제도라는 법을 만들어 이를 악용한 한국 유신 정권의 탈선이 문제를 야기시켰다.

 교단을 타의에 의해 물러나는 것을 보면 기회주의자는 아닌 듯 싶다.

 그렇다. 양심을 가지고 살자. 줏대를 가지고 살자. 올바르게 살자. 곱게 늙다가 가자. 그러나 그렇게도 의지가 강해 보이는 모습이지만 결혼후 장모님과 친어머니를 모시고 20여년을 같은 집에서 살았는데 친모를 잃은 후 왜 바보같이 눈물이 많아 졌는지 알 수 없다. 그저 슬픈 장면만 보면 눈물을 흘려 스스로 당황하는 모습을 보인 적이 한 두번이 아니다. 1990년 해외동포 국민화합대행진에 나가 광주 5.18 묘지에서 흐르는 눈물을 감추려고 쏜살같이 변두리로 회피한 모습이당혹스러웠다.

 농담이 지나쳐 때로는 세치도 못되는 혀 때문에 수모도 당하고 후회도 하지만 유머를 버리지 못함도 문제다.

 그런대로 그런 유우머 감각을 좋아하는 사람 때문일까? 심장의 고동소리 멈출 때까지 전공인 식물 생태학 연구도 해야 하고 부전

공인 교육학에 관한 발표도 해야한다. 교포들 권익 옹호를 위한 해외동포들의 참정권 문제, 복수국적 문제, 조국의 지역갈등, 남북평화통일 문제들을 강 건너 불 구경하듯 무관심할 수는 없다.

　기력이 남아 있는 한 이런 문제들을 위해 노력해야 한다. 묵은해를 보내고 새해를 맞이하면서 행운과 축복을 듬뿍 받기를 기원하며.

한국인의 자화상

　한국인의 개성 또는 특성은 무엇인가? 아무리 생각해 보아도 첫째가 한 많은 인생들인 듯 보인다.
　한국의 긴 역사를 보면 대부분이 억압 속에서 살아 온 세월들이었다. 억압받는 그늘 속에서 살아 왔기에 자신의 의사를 표현하는데 많은 지장을 받았다.
　의사 표현력이 부족하고 자기의사를 나타내기를 주저한다.
　또한 유교적인 전통 때문에 윗 사람에 대한 아랫사람들의 언행은 많은 제한을 받았다. 남성 상위사상 때문에 남자들 앞에서 여자들은 더욱 기를 펴지 못했다.
　남자들의 지나친 우월주의에 불만을 품고 나타난 것이 우먼파워이다.
　열등의식에서 오는 권위주의가 팽창했고, 지연, 혈연, 학연 같은 연고주의가 싹텄다. 유교적인 전통과 숭불사상 등에서 길러진 형식, 체면의 존중, 자존심 등이 이루어졌다.
　억압과 부자유 속에서 한은 더욱 축적되었다. 한은 풀고 살아야 한다.
　여자가 한을 품으면 오뉴월에도 서리가 내린다는 말이 있다. 한을 품고 살아서는 안된다. 한풀이는 윗사람이 아래 사람을 친절과 사랑으로 대해야 한다.
 상관이 부하를 따뜻하게 대해 주어야 한다.
 부자가 빈한한 자를 위해 가진 자가 못 가진 자를 위해, 분배의식을 발휘해야 한다. 권력이 있는 사람이 권력 없는 사람을 도와주어야 한다.
 서로를 위로하고 아끼는 사랑이 있어야 한이 풀린다. 노사문제는 가진 자와 없는 자 사이에서 발생한 것이다. 가난이 한이 되어 일어난 문제다. 가난이 한이 되었기에 열심히 일하여 부자가 되는 것이다. 노사문제에서 기업인은 분배의식이 있어야하고 노동자는 지나친 욕심을 버리고 기업을 살리면서 투쟁해야 한다.
 너 죽고 나 죽자는 자세는 서로가 망하는 자살행위이다.
 둘째 한국인에게는 불신풍조의 벽이 두텁다. 남쪽은 북쪽을 불신하고, 북쪽은 남쪽을 불신하고 있다.
 국민은 정부나 정치인을 불신하고 사원은 사장이나 경영진을 불신하고 있다.
 학생은 학교당국이나 위정자를 불신하고 있다. 이것이 일시에 나타난 현상은 아니다. 오랜 세월 동안에 축적 된 현상이다.
 불신풍조는 개인이나, 위정자나, 경영진이나, 국민이나 국가나 모두 정직하지 못한데서 온다. 불신풍조를 없애기 위해서는 먼저 정직해야 한다.
 여기에서 이미지가 쇄신된다.
 슈바이처 박사가 아프리카에 도착하여 흑인들에게 제 1성으로 하신 이야기가 우리는 거짓말을 하지 말아야 하고, 도적질을 하지 말아야 한다고 했다.
 눈 가리고 아웅하는 식은 곤란하다. 불신풍조를 없애기 위해 정직하고 성실하게 최선을 다해야 한다.
 한국 상품 중 불신을 받는 것은 한국산 물건이 매끈하지 못하고 조잡하며 거칠다는 것이다. 대충대충 만들고 끝맺음이 좋지 않다는 것이다. 포장이 엉성하다는 것이다. 최선을 다해 만들어야 한다.
 셋째, 한국인은 이기주의자이다.
 남이야 어찌되었던 나만 좋고 편리하면 그만이라는 생각이 팽배하고 있다.
 기다리는 인내력이 부족하다. 줄을 서서 기다려야 하는데 그것을 참지 못하고 새치기를 하는 것이 문제다. 은행에서 그렇고 극장에서 그렇고 승차하는데 그렇다.
　음악회에 가보면 우는 아이 소리가 들린다. 길가에는 쓰레기통이 있건만 휴지와 담배꽁초가 여기저기에 있다. 이는 개인주의가 만연된 결과라고 본다.
　따지고 보면 이는 개인주의가 아니다. 개인주의는 나를 존중함과 동시에 남도 존중해야 하는데 나만 존중하니 이는 개인주의가 아니라 이기주의다.
　이기주의 때문에 공중질서가 무너지고 공익의식이 희박해 진다.
　이런 면 외에 한국인에게는 활력이 넘치고 부지런한 장점들도 많다.

머리카락 타령

　나는 일을 주선하거나 변동하는 재간이 부족하기 때문에 주변머리가 없는 편이다.
　그래서 사건을 슬쩍 넘어가는 재주도 없고 권모술수가 능한 정치적인 수완도 없다. 이런 사람이기에 정치는 할 생각이 없다. 사실 나는 정치를 하라는 유혹을 받은 적도 있었으나 정치에 적성이 맞지 않는 것을 자신이 잘 알고 있기 때문에 일찍이 거절 했다. 이런 주변 때문에 유신 정권 때 해직 교수가 된 바 있고 다행히 30년만에 명예회복이 되어 한을 풀게 되었다.
　재간이 없기에 현대인은 누구나 즐기는 golf도 못한다. 시간이 아깝다는 평계를 댄다. 컴퓨터도 엉망이고 바둑도 낚시도 고스톱도 못한다.
　다음 속알머리 타령을 보자. 소갈머리를 북에서는 속알머리로 흔히 말하고 있다.
　남쪽에서도 이런 용어를 유머집에서는 흔히 인용하고 있다.
　속알머리는 마음 속에 지니는 의지를 말한다. 필자는 심지는 있고 강한 편이다.
　따라서 속알머리는 있는 편이다. 즉 주변머리는 없어도 속알머리는 있다고 볼 수 있을 것 같다.

그러나 실제 외면에 나타나는 필자의 모습은 사전적인 뜻은 뒤로 두고 생각해 보자. 필자의 머리를 보면 아직 주변의 머리는 있으나 속알머리는 전혀 없다.
사전적인 의미하고는 상반된 모습이다. 속알머리는 없고 주변머리만 있다.
검던 머리카락이 언제부터인가 귀밑 머리카락에 서리가 내리기 시작하더니 하나 둘 낙엽지고 이젠 백두산 정상과 같이 불모지가 되었다. 처음에는 머리 중심부에 공터가 생기기 시작하더니 공터의 면적이 점점 확장으로 가는 길에 있다.
필자가 반세기 전에 결혼 주례를 해주신 우리나라 3대 천재중 한 분이신 양주동 박사님이 검은 머리 파뿌리 될 때 까지 화목하게 잘 살라는 주례사가 기억 난다.
이 뜻이 무엇인지 알 수 없었으나 검은 머리가 파뿌리가 되도록 엄처시하에서 잘도 인내해 냈다. 주례사와 같이 이제는 해방된 민족이 된듯 하다.
이혼할 자격을 얻었다는 것이다. 정말 이혼할 자격증을 획득했는지 주례자에게 묻고 싶으나 주례자는 지상에 안 계시니 안타깝고 섭섭할 뿐이다.

음치와 새러드 볼

　나의 처는 내가 한 곡조 뽑을려고만 하면 100년에 한번 나올까 말까하는 천부적인 음치라고 한다. 이것은 남편에 대한 명예훼손이요, 지나친 과소평가다.
　나는 내 자신 스스로 음치라고 생각해 본적이 없다. 하기야 제정신이 아닌 사람치고 자기 자신이 미쳤다고 생각하는 사람은 없다.
　내가 왜 음치인가? 우리집 족보를 보자.
　그대는 대중가요계에 명성을 날렸던 차중락, 러시아가 낳은 차이코프스키가 누구인줄 아는가? 모두 '차씨' 집안 사람들이다. 따라서 예술가 집안에서 태어난 사람임을 인지했으면 한다.
　어찌 되었든 음치라고 내가 노래를 부를려고 할 때마다 그러니 약간 억울하지만 음치임을 인정할 수 밖에 도리가 없다. 실은 내가 노래를 부를 때마다 가사가 틀리고 음정이 맞지 않는 모양이다.
　사실 솔직이 고백하건데 전주가 나오면 나는 언제부터 입을 열어야 하는지 잘 모른다. 그래도 할 말은 있다. 원래 차씨 집안은 전술한 바와 같이 예술가 집안이라는 해설이다.
　물론 정치는 못한다. 차지철이 박정희 대통령의 경호실장으로 있다가 총을 맞았다. 베네수엘라의 대통령 차베스도 악명이 높다. 루

마니아의 대통령 차이세스쿠 일가족이 처참한 말년을 맞이했다. 그래서 정치계에서는 할 말이 없으나 음악계에는 족보가 있는 집안이라는 것이다. 여기 이의가 있으면 손들고 나와 보라.

남의 노래를 똑같이 부르는 것은 표절이다. 나같이 가사를 좀 이상하게 수정하고 곡조를 편곡하여 반박자가 되었다가 3/4박자로 변하는 모습이 개성을 살린 창조력이 있는 것으로 보아 대단한 실력이 아닌가?

합창을 할 때는 낮은 소리로 따라 하면 된다. 합창단 입단 자격이 충분히 있다.

내가 합창단에 들어가지 않는 이유는 목소리가 곱지 않다거나 음악에 선천적인 소질이 없어 합창단에 들어가지 않는 것은 절대로 아니다.

합창단을 보면 노래를 같이 하다가 한사람만 부르는 솔로가 있다.

나를 지휘자가 솔로로 임명할까봐 입단하지 않는 것이다. 이유는 나는 합창은 잘해도 용기가 없고 부끄러움을 잘 타서 솔로는 못 부르기 때문이라고 설명한다.

아내와 남들이 어떻게 평가하든 이따금 혼자 흥얼 거린다.

노래를 꼭 한곡조는 불러야 할 경우는 가사가 짧은 "타향살이 몇 해던가~~~"를 부른다. 이것도 가사가 나오는 노래방 기계가 있어야 한다. 노래방 기계가 없는경우에는 노래를 잘 부르는 사람에게 사정해서 같이 합창하자고 한다.

합창을 하고 청중의 반응이 좋지 않으면 같이 합창한 친구 때문에 노래를 망쳤다고 친구 탓을 하는 뻔뻔스러운 얼굴을 할 때도 있다. 그러면서 박수를 친 사람은 큰 축복을 받을 것을 기원하고 박수를 치지 않고 남의 노래만 공짜로 들은 사람은 감기 들거나 몸살이 나도 관심이 없다는 말을 던지고는 하단한다.

이말을 듣고 그때서야 박수를 치는 녀석이 있는데 그것은 축복과 무관하다.

시효가 지난 뒷북 치는 행동이기 때문이다.

사실은 노래를 못해도 변명할 이유가 많기 때문에 나의 재능에 대해 조물주를 원망한 적이 없다. 노래 재능 대신 변명이나 다른 재능을 주신 것을 감사드린다.

물론 그림 그리는 재주도 없다. 글씨체도 엉망이다. 그래서 연애 편지를 쓴 적이 없다. 내가 쓴 글씨도 다시 내가 읽기가 어렵다. 애인이 내 편지를 받고 실망하면 뜻을 이루지 못하기 때문이다. 그러나 다른 재주를 주신 것을 감사드린다.

 그 재주를 말하면 스스로 자기를 칭찬하는 바보가 되기 때문에 덮어둔다.

 이왕 망가진 김에 더 나가자. 연애시절 일류 영화관에서 유명한 '바람과 함께 사라지다"라는 영화를 감상하기 위해 애인과 같이 갔는데 관람 중 졸았다는 것이다. 그것으로 부족해 코까지 곯았다고 했는데 정말 코까지 곯았는지 사실 확인이 어렵다. 그러나 유머가 많은 쇼는 좋아했다. 쇼를 구경하고 극장에서 나올 때는 저질인 듯 생각되어 약간 창피하기도 했지만 자주 갔다.

 좌우지간 예능학과는 늘 점수가 형편 없었다. 회상컨데 하나님께서 한사람에게 모든 재능을 부여하지 않는 것은 서로 협력하고 화합해서 조화를 이루고 살라는것으로 생각 된다. 각 사람들은 자기의 개성과 자질을 가지고 조화를 이루는 것이다. 이것이 새러드 볼 (Salad Bowl) 정신과 일맥상통하는 것이다.

우리 조상들의 지혜

　도시의 콘크리트 문화생활은 정신없이 바쁘기만 하다. 항상 무엇에 쫓기는 듯한 생활이다. 콘크리트 속에서 갇혀있는 도시생활 보다는 농촌의 정자나무 밑에서 오순도순 옛날이나 현 시대를 이야기하는 노인들을 모시고 농촌 생활에서 성장했음이 자랑스럽다.
　자녀교육은 피부접촉으로 애정 있는 교육에서 시작된다고 현대 육아법은 대서특필하고 있다. 이는 원숭이 실험에서 증명이 되었음을 증거로 제시하고 있다.
　그러나 이런 실험이 있기 전에 우리 농촌의 부모님들은 잘 알고 실행하고 있었다.
　이제야 구미 아동 교육학자들이 야단법석을 떠는 피부 접촉법은 우리의 재래식으로 우리의 조상들이 오래전부터 사용하던 육아법이다.
　이런 재래식으로 아이를 기르는 피부 접촉법이 좋다는 것을 옛날부터 알았고 이 방법에 의해 아이들을 길렀으나 이런 사실을 정리해서 출판을 안했을 뿐이다.
　과거 육아전서에 아이를 기르는데 기계적으로 규칙을 정해 놓고 양육해야 한다고 주장했다. 일정한 시간 간격으로 젖을 주어야 한다는 이론이다.

아이가 울어도 때가 안되면 젖을 주어서는 안된다고 했다. 시간이 되어야 안아주고 젖을 주는 시간적 육아법 즉 기계적인 육아법이다.
　그러나 우리의 재래식 육아법은 생리적 리듬과 욕구에 따라 아이를 안아 주고 젖을 주고 길렀다. 밤중이라도 아이가 울면 본능적으로 어머니는 일어나 안아 주고 젖을 원하는 대로 주었다. 생리적 리듬을 무시하고 기르면 신경질적이고 이기주의가 된다고 한다. 동시에 투쟁적인 성격의 소유자가 된다고 알려졌다.
　이런 결과로 인해 서구의 현대 육아법은 다시 수정이 되어 우리의 재래식 육아법이 좋다는 수정판을 내고 있다.
　즉, 과거 서구의 육아법에서는 애정보다 규칙이 앞서야 한다는 이론이 지배적이었고 한국의 재래식 육아법이 원시적이라는 것으로 보았다.
　아이들이 운다고 젖을 주면 아이의 버릇이 나빠진다고 서양 육아법을 주장하다가 자신들의 모순점을 발견한 것이다. 따라서 현대 육아전서는 규칙보다는 애정이 앞서야 한다는 것으로 한국의 재래식 육아법 예찬론이 대두되고 있다. 우리 농촌의 조부모님들의 육아법을 일찍이 참조했더라면 이런 혼란이 없었을 것을…
　이뿐만이 아니라 우리 농촌 조부모님들은 손자손녀들이 넘어져 상처가 났을 때
　상처에 푸른 곰팡이를 발라 주었다. 이로 인해 상처는 곪지 않고 잘 회복되었다.
　이것이 훗날 노벨상을 받게한 페니실린의 원료인 항생물질이 그 속에 있었음을 발견하여 노벨상을 받은 것이다.
　따지고 보면 이 노벨상은 우리 농촌의 조부모님께 주어야 하는데 순박한 우리 농촌사람들은 여기에 이의를 걸지 않았다.
　농촌에서 수재가 많이 탄생하는 것도 현대과학은 뒷받침하고 있다. 많은 천재아들은 영양실조의 어머니와 채식주의자의 어머니로부터 태어난 사실이 밝혀지고 있다. 우리 농촌의 어머니들은 먹을 것 마음대로 먹지 못했으며 주로 채식을 한 어머니들이다. 영양실조의 모체에서 태아는 스스로 위급한 환경에 대처하기 위해 몸과 머리가 빨리 성숙하여 세상에 나온다. 일종의 모체와 태아간에 상보적 관계가 성립되어 영양실조의 모체에서 태어난 미숙아 중에 천

재가 많다는 것이다.
　나폴레옹, 뉴턴, 빅톨유고, 처칠 등이 모두 미숙아들이었다.
　역사적으로 천재의 출생은 부유한 집안 보다는 가난한 집안에서 태어난 예가 많다. 서양보다는 동양사람들이 더 채식을 즐기며 도시 사람보다 농촌에 사는 사람들이 채식을 더 즐긴다.
　에디슨, 버나드 쇼, 톨스토이, 칸트, 뉴턴, 레오날드 다빈치, 다윈, 버나드 밀턴, 볼테르, 루소, 바이런, 셸리, 프랭클린, 에머슨 등이 채식주의자였다.
　육식을 즐기는 어머니 보다 채식을 즐기는 어머니의 자녀들이 더 똑똑하고 영리함이 이미 오래 전부터 알려졌다.

제 5장 교육은 사색의 여로

부모의 소망

　역사적으로 살펴보면 미국의 사회제도나 관념은 사실상 이질문화를 받아들이기를 두려워했다. 그래서 한때는 여러 나라의 문화를 하나로 융합해 이민 온 소수민족과 함께 새로운 이민문화를 창설하려고 멜팅 팟(Melting Pot) 제도를 도입했던 것이다. 그러나 이 멜팅 팟 정책은 성공하지 못했다.
　오늘날 미국교육은 지나치게 전문 분야의 발전에 치중하고 있다. 특히 개성, 자유, 권리 등의 개념은 사회와 개인과의 관계에서 잘못 인식되어지고 있다.
　인간의 목적이 단순히 개개인이 영달을 위해서보다는 사회 전체의 복지를 위함일 때 더욱 빛나는 것이다. 즉 인간의 창의와 용기가 개개인의 작은 욕망을 만족시키기 위해서만 끝나서는 안된다.
　미국의 교사들이 학생들에게 마음껏, 인격적, 정신적으로 단련 시킬 수 있는 교육의 본질을 잃고 학생들 역시 충분한 지도를 받을 수 없는 법만이 존재하는 교육이 되었다. 교사는 문화의 전달, 문화의 보급, 사회기여 등의 교사로서 사명을 저버리고 단순한 월급쟁이가 되어버렸는데 이것이 현재 미국 교육제도의 문제점들 중의 하나다. 극단적인 개인, 자유, 권리 등 때문이다.

먼저 동양의 가치관을 종합적으로 분석하여 보면,
1. 가족 위주의 생활관념이 농후하다.
2. 집단의식이 강하여 순종적이라고 볼 수 있다.
3. 조화를 따르려 하고 있다.
4. 사회적 계급의식이 투철하다.
5. 인간관계에 있어서 우리를 중시한다.
6. 체면을 존엄시하고 있다.
7. 전통적인 것을 고수하는 경향이 짙다.

반면 미국의 가치관을 종합해서 보면,
1. 개인주의에 입각한 개인주의의 관념이 지배적이다.
2. 권력에 대하여 도전적인 습성이 있다.
3. 권리를 주장하고 법적인 사회질서를 추구한다.
4. 평등을 근본이념으로 삼고 자유를 생활철학의 기본으로 생각한다.
5. 준법정신 및 책임감이 강하다.
6. 항상 낙관적이어서 행복을 추구하는 진취적인 정신적 자세를 갖는다.
7. 미국 사람들은 과거보다 미래를 중요시하며 언제나 진취적인 사고방식을 관철한다.

이러한 동양과 미국의 가치관의 차이점에서 이중언어교육과 이중문화교육은 단순히 언어교육, 문화교육에 그치지 않고 나아가서는 미국의 편협한 교육제도를 확대하고 깊이 있게 하는데 궁극적인 목적이 있다.

훌륭한 이중언어 및 문화교육은 교육의 발전에 진취적인 자극을 줄 뿐 아니라 가족에 대한 새로운 인식을 소개해 줄 수 있는 것이 되며 모든 교육의 시발점을 가정교육으로 되돌아가게 할 것이다. 또한 복합문화사회에서 상호협력과 상호의존의 의식을 강화시킬 수 있다. 미국사회의 혼란은 극도의 자립심과 개성을 정도 이상으로 주장하고 장려하는데 있다.

이에 대해 이중문화교육은 여러 문제의 장점을 살려 상호협력하고 사회의 안정을 가져오는데 이바지할 수 있다.
 특히 건전한 정신문화와 빛나는 전통을 지닌 동양인의 이중문화 교육을 통해 새롭고 건설적인 자아를 가지고 미국사회에 적극 활동하여 병든 사회면을 개선할 수 있고 더욱 부강한 나라로 발전시킬 수 있을 것이다.
 여기에 샐러드 보울(Salad Bowl)과 같은 역할이 있는 것이다.

자녀교육

아이들에게 노는 것은 중요한 생활의 일부다. 잘 노는 아이, 즐겁고 기쁘게 노는 아이, 한가지 일에 몰두해서 노는 아이들은 모두 행복하다. 그리스의 철학자 플라톤의 말이다. '조기교육을 일종의 즐거움이 되게 하라. 그리하면 타고난 소질을 더 잘 발견할 수 있을 것이다.' 놀이란 아이들에게는 앞으로 살아갈 생활의 원동력이 되고 준비가 된다. 자동차 밧데리 충전기간이다. 잠시 쉬고나서 1마일 전진하기 위함이다.

아이들은 놀이 속에서 어른들의 행위와 모습을 모방하게 된다. 놀이 속에서 아이들은 창조나 이론의 비약 현상이 나타난다. 놀이 속에서 상상력이 훨훨 날개를 펴고 나타난다.

성인들은 일과 놀이가 구별되지만 아이들은 놀이와 일의 구별이 어렵다. 일이 곧 놀이요, 놀이가 곧 일이다. 애들은 놀이로 아까운 시간을 허송하는 듯 보이나 놀이 속에서 배운다. 아이들은 놀고 있을 때는 눈이 반짝이고 혈색이 좋아지며 활동이 기민해 지지만 심부름이나 공부를 하라고 하면 눈빛이 달라지고 인상이 험해지기 일수다. 아이들의 놀이는 그것이 일이고 학습이다. 애들은 일하는 재미로 산다. 소꿉장난을 하는 아이들, 모래성을 쌓는 아이들의 일은 누가 시켜서 하는 것은 아니다. 아이들이 놀이에 빠져 있을 때는 잡념이 없다. 그렇게 신날 수가 없다. 세월 가는 줄을 모른다. 재미 있어 하는 일이기 때문에 피로도 권태도 모르고 몰두할 수 있다.

아이들의 놀이는 그것이 바로 학습이며 놀이터는 배움의 집이고 학교다.

아이들은 놀기 위해, 즉 배우기 위해 산다. 살기 위해 배우지 않는다. 아이들은 끝없이 새로운 놀이, 새로운 친구를 찾고 있다. 일은 재미 있어야 능률이 오르고 지치지도 않는다. 일 중에는 재미없는 싫은 것도 있다.

공부는 싫은 일이다. 싫어도 공부는 해야 한다. 싫은 공부는 좋아서 하는 공부보다 능률이 오르지 않는다. 싫든 좋든 공부는 하다보면 취미가 붙기도 한다.

놀이는 편한 곳에서 해야 능률이 오른다. 놀이는 휴식이요 휴식은 일이다. 이렇게 하는 일이어야 발전이 있다.

연구에 지친 토마스 에디슨에게 그의 부인이 보기에 딱해 좀 쉬도록 권했다.

날도 화창하니 밖에 나가 일광욕이라도 하며 편히 휴식을 취하도록 권유했다.

그 소리를 들은 에디슨은 자리를 떠나 바로 그의 연구실로 들어갔다. 부인이 보기에 한심스러운 남편이었다. 허나 에디슨에게 가장 편한 곳이 그의 연구실이었다. 그에게 가장 좋은 휴식은 일이다. 그가 할 수 있는 일 중 가장 재미있는 일은 연구였다. 연구하는 일이 재미있기 때문에 그는 연구에 몰두했다.

필자의 육아법을 보면 어릴 때 운동기구도 사주고 외식도 아이와 한달에 한번 정도는 했다. 일요일에는 아이와 같이 교회도 열심히 나갔다. 그렇다고 과잉보호를 할 정도는 아니였다. 무조건 아이가 원한다고 모두 사주지는 않았다. 분에 넘치는 것은 때때로 거절도 했다.

어려서는 매질도 했다. 10대가 되면서 부터는 매를 들어본 적이 없다.

문제아의 학부모들 가운데서 흔히 발견되는 자녀와의 대화 단절 현상은 찾아볼 수 없다. 자녀들 얼굴을 못 볼 정도로 새벽에 출근해서 밤중에 들어오는 바쁜 생활을 매일 하는 것도 아니다.

분명히 애정결핍 현상은 아닌 듯 보이나 자녀가 부모의 애정을 느낄 수 없었다면 결과적으로 이것 또한 애정결핍증의 하나라고 볼 수 있다. 카운슬러의 말이 틀린 것은 아니다. 부모가 자녀에게 애정을 듬뿍 쏟아도 아이에게 전달이 되지 않으면 애정결핍증이 된다. 즉 문제는 전달과정이다. 생활기반을 위해 열심히 뛰어 부를 축적한 가정의 고민이다. 애정결핍집 아이의 호소다.

어머니의 애정이 담뿍 들은 식사를 얻어먹어 본 지가 까마득하다는 것이다.

항상 가정부의 손에 의해 만들어진 밥만 얻어먹고 살았다. 고급식당에서 부모와 같이 식사한 외식도 어머니의 애정이 포함된 음식이 아니다.

학부모들은 잘 살기 위해, 가난을 극복하기 위해, 열심히 너나할 것 없이 뛰고 있다. 자손들에게 가난의 유산을 줄 수 없기 때문이다.

그러나 가난이 물러갈수록 청소년 문제는 더 심각하다. GNP가 높은 선진국일수록 청소년 문제가 심각하다. GNP가 낮은 시점에는 청소년 문제가 심각하지 않았다. 프랭클린의 말과 같이 지나친 풍요가 입맛을 까다롭게 만든 것이다.

물질의 풍요가 정신의 황폐를 가져오고 있다. 물질의 풍요가 자녀들에게 애정결핍 현상을 나타내고 있다. 부의 축적이 애정을 전달하는 과정을 차단하고 있다.

애정이란 말뜻도 모르던 옛날 어머니의 애정이 진짜 애정이었다. 손수 만든 아침 도시락, 저녁상에 사랑이 담뿍 있었다. 만족한 작은 집 잘 경작된 작은 땅, 그리고 마음씨 좋은 욕심 없는 처는 큰 재산이라고 영국의 자연과학자 레이가 일찍이 말했다. 실감나는 말이다.

자녀들의 행동은 모두 개성이 다르기 때문에 반응이 각양각색이다. '한분의 아버지는 백명의 스승보다 낫다.'는 옛말과 '자기 자식을 아는 아버지는 현명한 아버지다.'라고 말한 세익스피어의 말을 재음미 하면서 어떤 부모가 되어야 하나 생각해 보자. 가정에서 자녀들과 자주 부딪히는 문제를 중심으로 부모의 반응을 생각해 볼 때 다음과 같은 세가지 유형을 볼 수 있다.

첫째, 자기 패배적인 신념을 소유한 부모(A)

둘째, 비효과적이며 독재적인 반응을 나타내는 부모(B)

셋째. 효과적이며 민주적인 행동을 하는 부모(C)가 있다.
1. 자녀가 직접 부모에게 말대꾸를 하면서 예의가 없는 건방진 말을 자주 사용하는 경우다.
A형 부모들은, 나는 자녀들로부터 존경을 받고 위엄이 있으며 두려운 존재이어야 한다는 생각을 한다
B형의 부모들은, 자녀에게 용서를 빌라고 말한다. 이런 자녀의 행동을 되받아 야단을 친다.
C형의 부모들은, 자녀의 화내는 것을 무시하거나 계속 말대꾸한다면 나의 의견을 말하는 '나-메시지'를 전달하고 논리적 귀결을 사용한다. 절대로 화난 듯이 말하지 않는다.
2. 가족이 여행을 같이 가자고 하는 데 자녀가 반응이 없다.
A형의 부모는, 즉각적인 반응을 얻어내야 한다고 한다.
B형의 부모는, 명령하고 요구하며 그래도 반응이 없으면 벌을 준다.
C형의 부모는, '나-메시지'를 사용 하거나, 하지 않아서 생기는 논리적 귀결을 경험하게 한다.
3. 학교 가는데 늦장을 부리는 자녀가 있을 경우다.
A형의 부모는, 내 아이는 게을러서 안된다. 남들이 나를 어떻게 생각하겠는가?
B형의 부모는, 자녀에게 잔소리하고 강요하고 자녀를 밀어낸다.
C형의 부모는, 논리적 귀결을 경험시킨다. 학교에서 꾸중을 듣도록 한다.
4. 집에서 자녀들끼리 싸우고 말다툼한다.
A형의 부모는, 나는 싸움을 진정시켜야 한다. 나는 재판관이다.
B형의 부모는, 싸우는 원인을 간섭하고 조사한다.
C형의 부모는, 싸움을 하지않고 어린이 스스로 문제를 해결할 능력이 있음을 믿는다고 말한다.
5. 거실에 물건을 늘어놓고 정리할 줄 모르는 아이일 경우
A형의 부모는, 내가 하는 편이 낫다.
B형의 부모는, 잔소리하거나 자녀가 없을 때 치운다.
C형의 부모는, '나-메시지'를 사용하거나 논리적 귀결을 사용한다. 즉, 물건을 정리해 두지 않으면 찾지 못함을 알려 준다.
이상의 다섯가지 예에서 C형의 부모의 효과적 민주적인 행동을

하는 부모가 가장 바람직하다.

　부모-자녀간의 문제는 극복할 수 있는 사실로 받아들이면 낙관적인 상태를 유지할 수 있다. 부모가 친한 친구에게 보여주는 것과 같은 존경심을 갖고 부모-자녀 관계를 맺는다면 서로 존중하게 되며 난관을 무난히 뚫고 나아갈 것이다.

　끝으로, 다음 세분의 이야기를 음미해 보자.

　에머슨: 자녀를 인정하라. 너무 아버지가 되려고 하지 말고 어린이만의 세계를 침범치 말라

　톨스토이: 자기의 가정에 대한 사랑은 하나의 동물적인 본능이며 그리고 그것은 본능의 한계 내에 머물러 있는 한에 있어서만 선한 것이다.

　실러: 우리들을 부자지간으로 맺어 주는 것은 혈육이 아니라 애정이다.

부모의 소망과 교육의 방향

　한국부모는 잘못하지 않는 아이 즉 평범한 아이를 착한 아이라고 하고 착한 아이가 되기를 바란다. 놀때 조용히 놀고 말할 때 말수가 적거나 조용히 말하는 아이가 착하고 점잖은 아이다.
　다행히 요즈음 한국에서 점잖은 아이를 배격하는 경향이 있다. 점잖은 아이는 박력이 없고 이로 인해 발전이 없기 때문이다.
　미국 부모들은 아이들이 열심히 놀고 무엇인가 활발히 하기를 원한다. 놀 때도 열심히 놀고 말할 때도 활발히 적극적으로 말하기를 격려한다.
　모르는 것이 있으면 질문을 서슴없이 하는 아이를 바라고 이런 아이가 활발한 아이, 바람직한 아이라고 칭찬한다.
　모 신문에서 한국, 미국, 서독, 프랑스, 영국등 6개국에서 동시에 자녀를 키우는 방법 및 의미에 대해서 학부모들에게 던진 질문에 한국부모들은 대개가 '가문의 대를 잇기 위해' 또는 '노후에 안심을 위해'라고 대답하였는데 구미의 여러 나라에서는 '가족 결속을 튼튼히 하기 위해서', '아이 키우는 것 자체가 즐겁기 때문에', '자녀를 낳고 키우는 동안 자신이 성장한다' 등의 답변이 지배적이었다고 한다.
　다음, 자녀를 보는 시야가 한국 부모는 예의범절과 공부에 관심

- 115 -

을 보이고 있으나 구미의 부모들은 부모와 자녀간의 관계 내지 가족 전체의 조화에 주안점을 두고 있다.

한국의 부모들은 아이들이 버릇없이 굴어서는 안된다던가 학생의 본분인 학업에 열중해야 한다는 견해다. 허나 구미의 부모는 정직, 독립심, 협동정신을 우선시하고 있다. 따라서 거짓말을 안하는 아이가 되어주기를 바란다. 즉 욕중에서도 거짓말쟁이라는 말이 미국에서는 큰 욕이다.

한국 학부모는 자녀교육에 성실, 정직, 질서의식 등에 관해 관심이 낮은데 비해 구미의 학부모들은 이점이 높다.

다음 아이들에게 평소 늘 주문하는 말은 무엇이냐는 설문에 한국부모는 '인사를 잘할 것' 이었고 구미 학부모들은 '교통질서를 잘 지킬 것', '노인 불구자에게 친절할 것' '공원이나 거리를 어지럽히지 말것', '새치기를 하지 말 것' 등이 주류인데 이런 말은 한국부모들의 주문 중에는 낮은 사항이었다.

공부를 잘하고 예의바른 행동은 동서 모든 학부모의 바람이요, 소망이다.

허나 그들에 대한 우선 순위가 한국은 제1, 2위인데 구미 학부모에게는 첫째, 둘째 순위에 들어오지 못하고 있다.

한국부모는 자녀들이 가정에 충실하기를 바라지만 구미 학부모는 충실한 사회인이 되기를 희망하고 있다.

미국인은 나의 자식, 나의 교회라고 말하는데 한국인은 우리 자식, 우리 교회, 우리 학교라는 말을 잘 쓴다. 한국인은 나와 우리를 구별하는 의식이 빈약하여 혼동하고 있다.

한국인은 내 것은 사랑하지만 네 것은 낭비하고 미워한다. 내 개는 사랑하지만 남의 개는 발로 찬다. 나의 집 앞은 깨끗이 하나 남의 집 앞은 어지럽힌다.

심한 사람은 나의 집 쓰레기를 남의 집 앞에 버리고 도망치는 사람도 있다.

미국인은 집단의식이 횡적으로 잘 결합되어 조화를 이룬다. 즉 나의 개를 사랑하면 남의 개도 사랑한다.

나의 아이가 귀여우면 남의 아이도 귀여워한다. 나의 변소나 나의 정원을 깨끗이하며 공동변소나 공원도 청결케 하는데 협력한다.

한국인은 자신의 행동에 책임지는 것이 미약하다. 자녀들에게 모범을 보이지 못하면서 아이들에게만 강조하는 경향이 높다.
  한국인은 전통을 지킬 것을 자주 말한다. 전통을 지킨다는 것은 언제나 그 전통을 새로운 것으로 창조해 나가는데 의미가 있다. 한국의 전통은 새로운 정착지의 실정을 고려하지 않고 수정과 창조적인 면이 없이 그 전통을 그대로 수용하는 것은 바람직한 전통이 되지 못하는 경우가 허다하다. 이점을 유념하여 부모의 사고방식을 자녀에게 전달해야 할 것이다.
  한국교육의 방향은 좋은 대학을 졸업하여 높은 지위를 얻는 것이 학교 교육의 주요한 목적이 되었다. 부모들이 이루지 못한 입신출세를 자식을 통해서 성취하고자 명문대학에 들어가야 한다는 관념을 자식들에게 주입 시키고 있다.
  이로 인해 교육은 자녀들의 개성, 취미, 능력을 무시하고 입시위주의 일변도로 달리고 있다.
  이에 반해 미국 교육은 학생들 개개인의 특수성을 존중하고 개인의 소질과 능력을 발휘할 수 있도록 도와주는 교육이다.
  미국에서도 명문대나 법대, 의대를 졸업하면 경제적으로나 사회적으로 비교적 높은 지위를 누릴 수 있으나 미국의 학부모들은 한국의 학부모들처럼 자식들이 무조건 적성에도 맞지 않는데 법대나 의대에 가도록 고집하지는 않는다.
  즉 부모들이 뒤에서 조언은 하지만 한국 부모들과 같이 앞에서 끌고 가려고는 하지 않는다.
  공부를 좋아하지 않으면 고교 졸업 후 기술학교나 군대에 입대하는 것을 장려하고 있다. 어뜻 보면 미국 부모들이 자녀교육에 관심이 없는 듯 보이지만 교육의 진정한 방향은 자녀들의 입신 출세에만 있는 것이 아니라 한개인의 소질과 능력을 살려서 충분히 발전할 수 있도록 도와주는 것이어야 한다.
  오늘날 미국의 교육은 19세기 말과 20세기 초부터 존 듀이 등이 중심이 되어 진보주의 교육개혁운동으로 과거의 책 중심, 고전 중심, 성인 중심의 주입식 교육에서 탈피하여 생활 중심, 아동 중심으로 문제해결을 위한 토론, 발표회, 음악회, 무도회 등의 생활 및 활동 중심의 교육으로 전환되었다.
  한국의 교육도 아동생활 중심의 교육으로 많이 전환되고 있으나 몇 가지 여건 때문에 순탄치 못하고 있다. 즉 주입식 교육이 아직도 진행되고 있다.

그 중요한 요인은 첫째 한국교육이 입시위주의 교육이며 상급학교 특히 대학 입학을 위한 입시준비 때문에 생활중심교육이 어렵고 책 중심의 주입식 교육이 진행될 수 밖에 없다.

둘째 생활중심의 교육을 하기에는 한 반의 학생수가 너무 많다. 반편성을 적게 하기 위한 경제적인 재정문제가 쉽게 뒤를 따르지 못하고 있다.

셋째 아동중심의 교육이 어려운 점은 유교사상에 젖은 문화습관 때문이다.

아동중심의 교육을 위해 교사는 학생 개개인의 인격체를 존중하고 그들의 의견에 귀를 기울어야 하는데 한국의 유교전통은 어른에 대한 일방적인 존중을 강조하고 교사나 부모들이 아이들의 의견을 존중하는 것을 대수롭지 않게 여기고 있다.

즉 미국의 교육제도에서 교사와 제자 또는 부모님 자녀 사이가 평등관계인데 비해 한국은 상당히 엄격한 상하관계를 유지하고 있다.

한미교육의 또 하나의 차이점은 한국 교육이 암기 위주인데 비해 미국교육은 문제해결을 통한 상상력, 응용력, 비판력의 발전에 중점을 두고 있는 것이다.

미국교육이 생활중심으로 한다고 해서 책 속에 들어있는 지식을 전혀 무시한다는 것은 아니고 책에 들어 있는 지식의 내용을 어떻게 소화하느냐에 있어 한미교육의 중요한 차이가 있다.

민주 교육이란 옳고 그른 것을 학생 스스로가 토론과 질의를 토의해서 선별해 나가도록 해야 한다. 미국에서 존 듀이의 교육 사상이 1960년대에 와서 새로운 교육운동으로 일반화 되었다. 즉 1960년대 교육개혁의 골자는 교사가 주어진 지식의 내용을 학생에게 강의하는 것 보다는 추리, 비판을 통해서 학생 스스로가 이해하도록 도와 주어야 한다는 것이다.

다음 미국 교육에서 중요한 것은 자기의 의사를 말과 글로 잘 표현할 수 있는 능력이 중요하다. 따라서 미국 학생들은 잘하는데 한국 학생들은 이런 면에서 뒤지고 있다. 이는 유교사상에 젖은 보수적인 가정교육 때문이다. 따라서 이런 말과 글로 자기 의사를 발표할 수 있는 기회를 더 자주 주어야 한다.

교육은 사색의 여로

　사람마다 특유한 개성과 적성을 가지고 있다. 대부분의 부모들은 자기 자녀들의 적성을 무시하고 남의 자녀들이 하듯 하여 주기를 바라고 있다. 이웃집 아이가 그림을 그리면 자기 아이들도 그림을 그리도록 한다. 다른집 아이가 피아노를 배우면 여기에 질 수 있느냐 하는 식으로 피아노 교습소에 보낸다. 남의 아이가 태권도를 배우면 우리집 아이도 가르쳐야 한다는 경쟁이다.
　너도 나도 의과대학을 보내고 변호사를 만들기 위해 법과대학에 가도록 강요한다.
　개구리만 보아도 놀래며 뒷걸음질 치는 아이에게 의사가 되라고 압력을 넣는다.
　먼저 자녀들의 적성과 개성을 파악하기 전에 부모의 욕심부터 앞세워 보는 자세다. 초등학교 다닐 때는 신동이었고 중학교 때는 천재이었던 아이가 고교생 때 수재, 대학생 때 범재, 대학원에 들어가서는 둔재로 변하는 모습을 우리 주변에서 많이 본다. 이는 우리 부모들의 잘못된 교육관에서 초래된 것이다.
　아이들이 어려서는 부모의 강요나 주입식 교육의 영향이 나타난다. 허나 상급반으로 올라 갈수록 부모의 극성만큼 효과가 없다. 이는 자녀의 적성과 개성을 무시한 교육방법에 의해 범재나 둔재로 변한 것이다. 타고난 적성과 개성을 발휘할 때 남이 감히 따르지 못할 큰 성과를 올릴 수 있으나 적성과 개성을 무시한 다른 소질을 강제로 주입시켜 보았자 허사다. 무용지물이 된다. 그의 인생은 무의미하게 끝나고 만다.

발명왕 토마스 에디슨을 보자. 그는 초등학교 1학년에 입학하여 3개월 정도 다니다가 문제아로 낙인이 찍혀 퇴교 당했다. 학교에서 가르칠 수 없는 특수아 즉 정신박약아로 단정되었다. 어머니는 전직 교사이었기에 아이의 적성과 개성을 살리는 교육을 집에서 시켰다. 10세 때 에디슨은 화학에 관심을 갖고 집 지하실에 실험실을 마련했다. 12세 때 열차에서 신문과 캔디를 팔아 돈을 모았다. 14세 때 기차에서 발행하는 최초의 신문사 사장이 되었다. 번돈으로 책을 사고 실험기구와 약품을 사서 연구에 열중한 결과 전기, 전등, 전화, 축음기, 영사기 등 1천 3백 여종이 넘는 발명 특허품을 후세에 남겼다.

에디슨 같은 문제아는 우리 주변에 얼마든지 있다. 집중력이 미약한 아이, 장난이 유난히 심한 아이, 놀이에 미쳐 식사시간이 되어도 밥먹을 생각을 않는 아이, 밤이 깊어도 잘 생각을 않는 아이, 새 것에 적응을 못하여 새것을 싫어하는 아이, 시끄러운 아이, 변덕스러운 아이, 낭비성이 강한 아이, 거짓말을 잘 하는 아이, 놀이만 아는 아이, 버릇이 없는 아이 등등 가지각색이다.

이러한 자녀를 가진 부모는 자녀의 개성과 적성을 발견하여 그 점을 공부시키고 교육시켜야 한다. 남의 아이와 같이 획일적으로 다루는 것은 금물이다. 적성과 개성이 독특한 아이들은 그 점을 살리는 교육을 해야 한다.

아이들이 점점 이상해지고 문제를 잘 일으키는 것은 정치인이나 사회구조의 잘못은 아니다. 자녀를 다루는 부모의 책임이 막중하다. 자녀들의 적성과 개성을 중요시함은 자녀 중심으로 생각하는 것이다. 자녀교육으로 부모가 앞장서고 부모 중심의 교육은 잘못이다. 부모는 인생의 선배로서 뒤에서 밀어주고 보호해 주는 역할을 해야 한다. 앞에서 끌고 가서는 안된다. 자녀들의 적성이 부모의 눈에 만족스럽지 못하더라도 적성검사의 결과에 순응해야 한다. 적성과 개성을 중요시하는 것은 학교성적과 무관하다. 학교의 우등생이 사회의 우등생이 되는 것은 아니다.

낙제생이 되는 경우도 있다. 지나치게 공부만을 강요하다가 아이가 강박관념에 시달려 자살하는 경우도 있다.
　적성에 맞지 않는 직업을 갖는다는 것은 불행한 일이다. 직업의 능률도 오르지 못한다. 적성을 무시하고 학과를 선택함은 문제다. 적성을 무시하고 눈치작전으로 경쟁률이 낮은 대학창구로 가려고 하는 것도 문제다.
　고진감래, 진인사대천명 그럴듯한 말의 뜻들을 공부방에 붙이고 새벽부터 밤중까지 피나는 고생을 하며 입시 지옥에서 발버둥 치며 끙끙거리는 학생, 학생들의 점수가 떨어지면 쥐어짜며 채찍과 불호령을 내리며 으르렁 거리는 교사, 짜증 내는 자식 비위 맞추랴, 선생님 비위 맞추랴, 치맛바람 일으키며 안절부절 부산떨며 살살거리는 하부형 이렇게 3자가 노력하여 만든 최고의 걸작품이 무엇인가?
　무엇이든 물으면 금방 답이 뚝 떨어지는 '달달교육', '척척교육'이었다.
　달달, 척척 교육이 주입식의 산물이다. 천둥 한번 치면 까마귀 고기가 밥상위에 오른다. 고개 한번 넘으면 뇌리에서 멀리 사라져 버리는 것이다. 그래서 한국의 교육은 미래가 불투명한 교육이요, 서산에 해 넘어간 캄캄한 교육이다.
　현대교육은 이러한 암기력 위주의 교육이 아니다. 보다 뇌의 심층구조인 창조력, 상상력, 통찰력 등을 길러 주는 고등기능의 계발에 있는 것이다. 바꾸어 말하면 내가 다니던 중.고등학교 시절이나 지금의 교육은 지식을 강제로 주입시키는 교육이었다. 한국의 학부모들에게는 교육이 곧 시험이나 입시와 같은 의미로 사용되고 있다. 즉 공부란 무조건 지식이나 정보를 머리속에 집어넣은 것으로 생각했다.
　이것이 한국 교과부의 교육정책이 낳은 전형적인 전후시대의 부산물이다. 그러기 때문에 아이들이 사색을 한다거나 진리를 추구하는 일의 중요함을 가르칠 수가 없었다. 주어진 데에 맞추어 무엇을 외우는 인간은 성장하여서도 스스로 사색을 하는 인간이 못 된다.
　교육은 동물을 훈련시키는 것과는 다르다. 인간성을 개발하는 것이다. 자녀교육이 동물을 훈련시키는 것과 비슷해져서는 안된다. 지식주입에 의해 생각하는 능력 즉 사색결핍 증상이 나타나고 있다. 명문대학 입학이나 합격이라는 말의 권위는 당당하다. 이로 인해 교육은 합격이라는 위력 때문에 학교는 본댁이 되고 예능학원, 체육관, SAT학원은 작은댁이 되고 있다. 자녀들은 두집을 왔다 갔다 하면서 혹사당하고 있다. 한국에서의 수험전쟁이 서서히 동포가정에 스며들고 있다.

학교와 학원이 이중구조를 형성하고 있다. 한국 학부모의 눈에는 미국의 초중고 교육이 양에 차지 않기 때문에 이를 보충코자 아니면 직접 가르칠 지식의 결핍 때문에 또는 물질욕에 휘말리어 자녀와 대화결핍 등에서 오는 보상심리 등으로 집에 가정교사를 초청하거나 학원에 보내 과외공부를 시키고 있다. 이런식의 학습효과는 기대만큼 크지는 못하다. 아이들에게 지식의 주입은 시킬 수 있을지 모르나 아이들이 스스로 하려는 의욕이나 집중력을 습관화, 생활화 해주지 못하기 때문이다. 학원은 진정한 의미에서 교육의 장소가 아니라 훈련의 장소임을 알아야 한다. 초.중고교 시절에 지나친 지식주입교육 보다는 건강교육에 유념함이 바람직하다. 교육의 목적은 사회에 쓸모 있는 인간으로서의 자기형성을 이루어 나가는데 있다. 아이를 보면 부모를 알 수 있고 학생을 보면 그 사회를 알 수 있다는 말이 있다. 아이들이 믿음직스러워야 가정이 튼튼하고 가정이 튼튼해야 사회가 튼튼하다.

모든 인간은 태어날 때 모두가 비슷한 발가숭이였다가 교육을 통해 인간의 됨됨이가 형성되어 나가고 있다. 교육이 지식을 주입하는 수동적인 배움으로 끝나서는 안된다. 연구하고 사색하는 것이어야 한다. 그래야 교육이 제대로 되는 것이다.

필요한 잔소리

　세르반테스의 말이다. "여자의 잔소리는 별로 가치가 없다 할지라도 그것을 받아들이지 않는 자는 바보다."라고 했다.
　잔소리는 여자들 파티의 양념이다. 누가 말했던가. 여자는 잔주름이 많아질수록 잔소리도 늘어난다고! 그래서 여자는 중년이 되면 잔소리로 살아간다.
　잔소리가 없는 중년여인은 여자가 아니다. 여자가 중년이 되면 왜 잔소리가 많아질까? 정확한 해답은 아무도 모르리라. 그것은 오직 하나님이 그렇게 만드셨기 때문이다. 잔소리가 없는 중년은 콧수염이 난다고 말하는 이도 있다.
　사람이 잔소리를 하는 것은 문제가 커서가 아니라 사람의 마음이 좁기 때문이다.
　"도울 마음이 있는 사람은 잔소리를 할 권리가 있다"고 아브라함 링컨은 말했다.
　하여튼 중년 여인들의 잔소리는 남편에게만은 골치거리가 될 수 있다. 그러나 여자의 잔소리에 남자는 비로소 철이 들어가는 것이다. 잔소리가 많아지면 여자가 중년이 되었다는 증거가 된다.
　여자가 10대에는 잔소리를 모른다, 20대 여자는 잔소리를 배운다. 30대 여인은 잔소리를 잉태한다. 40대 여인은 잔소리를 폭발한다. 50대 여인은 잔소리를 큰 소리로 바꾼다. 60대는 잔소리를 먹어 버리며 70대에는 잔소리를 죽인다.

처음에 남자는 여자의 눈으로 살아간다. 중년에는 여자의 마음으로 살아간다.

늙어서는 그 여자의 몸으로 살아간다. 즉 젊어서는 여자의 얼굴을 들여다보고 살다가 중년에는 마음의 벗이 되며 늙어서는 서로가 몸을 의지하고 산다는 뜻이다.

이렇게 부부가 살아가는 데는 여자의 잔소리가 보화같이 귀하다는 것을 느껴야 한다. 만일 잔소리가 없다면 무엇인가 고장난 여자다.

잔소리 없는 여자는 남자를 잃지만 잔소리가 있는 여자는 남자를 잃지 않는다.

여자의 잔소리는 음탕한 여인으로부터 남자를 지키고, 노름꾼 친구로부터 남자를 지키고, 골프 미치광이로부터 남자를 지키고, 주색잡기로부터 남자를 구해낸다.

여자가 큰소리를 지르면 집안이 망하지만 잔소리는 집안을 윤기있게 만든다.

잔소리를 할 때의 소리는 작을 수록 좋다. 잔소리를 속삭임으로 만들 줄 알아야 현모양처가 된다. 이러한 잔소리가 교회부흥에 절대적으로 필요하다고 보고 싶다. 그러나 잔소리가 큰소리가 되지 않을 때만이다. "여자여, 교회에서 잠잠하라"는 말은 초대교회의 중요한 슬로건이었다. 이것은 잔소리를 하지 말라는 뜻이 아니고 큰소리를 지르지 말라는 뜻이다.

교회에서 여자의 잔소리는 모성애의 발로이다. 그러므로 여자의 잔소리는 하나님이 주신 축복의 씨앗이다. 잔소리가 간절한 기도가 될 때 더 큰 역사가 일어나고, 잔소리가 찬양이 될 때 더 큰 화평이 일어나고, 잔소리가 봉사가 될 때 교회는 크게 부흥할 것이다.

중년 여인들이여. 유익한 잔소리를 위하여 더 교양있게 자기의 인격을 주님의 성품으로 연마시키기를 바란다. 잠자리에서 아내가 남편에게 하는 잔소리는 흔히 베개 밑 설교라고 한다. 단 설교나 재담도 오래하면 싫증이 나듯이 잔소리도 그러하리라. 바보도 때로는 좋은 잔소리를 한다는 사실을 알아야 한다.

자존심

　북한은 가진 것이 부족하면서도 있는 척한다. 자존심이 강한 나라다. 알량한 자존심 때문에 구걸을 하지 않더니 국제사회에 이제는 손을 내밀고 있다. 급해지니 자존심을 접은 것 같다. 세상 살다 보면 섭섭하고 자존심 상할 때가 많다. 나는 분명 촌놈이다. 촌놈에게도 자존심은 있다. 기차도 다니지 않는 한반도 말단 땅끝마을 부근 강진이 내 고향이다. 강진이라는 말이 지상에 심심치 않게 보도되고 있다. 인도네시아 강진, 하이티 강진, 도쿄 강진, LA 강진 등을 보도한 적이 있다.
　한자의 뜻이 이렇고 저렇다는 말은 접어두자. 한글 전용시대가 아닌가? 한글로는 같은 글자이다.
　전남 강진이라는 명소에서 타향으로 떠나지 않고 고등학교 시절까지 고향을 수호했다. 이유는 묻지 말자. 자존심 문제가 대두되기 때문이다. 그 애향심이 찬양할 만 하다 라고 보아주자. 전남 강진에는 물론 땅이 흔들리는 지진도 없었고 대학도 없었다. 고로 더 이상 고향을 사수할 여건이 안되어 대학진학을 위해 출생 이후 처음 타보는 서울행 호남선에 몸을 맡겼다.
　처음 본 서울의 모습이 나의 기를 죽인다. 앞으로 갈 때는 전선에 팔을 뒤로 옮긴다. 즉 앞뒤 팔을 이동하면서 움직이는 전차가 있다. 책에서만 보았던 것이다.

호텔 같은 현대식 건물에는 승강기가 있다. 원하는 숫자만 누르면 그 층까지 옮겨준다. 올라갔다 내려갔다해도 요금을 받지 않는다. 공짜 탑승이다.

몇일 후 서울대학교 입시 장소에 갔다. 현수막이 나무 건물할 것 없이 모든 공간을 점령하고 있다. 선배 재학생들이 후배 응시자들을 격려하기 위해 써 붙인 내용들이다. 그중 "왔노라 보았노라 붙었노라"하는 명사의 글을 인용한 내용은 반세기가 훨씬 넘었건만 아직도 뇌리에서 사라지지 않고 있다.

그러나 나를 격려하는 현수막은 없다. 그럴 수 밖에 없다. 나의 모교 졸업생 중 아직까지 서울대 재학생이 없기 때문이다. 현수막은 나를 더욱 외롭게 만들고 자존심을 상하게 했다.

대학 재학 시절 우연한 화제 가운데 용돈 이야기가 나왔다. 서울고교 졸업생이 부산고 졸업생과의 대화다. 그때 그 이야기를 요즈음 화폐가치로 옮겨 보자.

한달 용돈 5,000불이 새로 부모로 부터 송금이 조달되기 전에 떨어져 고민이라고 한다. 이 기회를 놓질세라 야! 너 돈 않쓰는 구나. 나는 10,000불 가지고도 부족해 죽을 지경이라고 한다. 당시 나는 100불 정도로 생활하고 있을 때다.

이 두놈들의 대화 내용이 나에게는 곱게 받아드리지 않았다. 위장이 뒤틀려 배가 슬슬 아프기 시작했으며 복통이 날 지경까지 왔다. 복통울 치유하는 방법은 때가 오면 그들을 늘씬하게 패주는 것이다. 술이 들어가면 작전이 슬슬 개시된다. 싸움은 늘 나의 승리로 끝난다. 주변의 돌, 벽돌, 몽둥이 등이 나의 무기가 되고 이들을 이용하는 것은 뛰어난 나의 용병술이다. 이것이 시골에서 받은 전투 모습이다.

나의 거친 말투와 용병술 때문에 상대는 쉽게 무너진다. 거친 말을 쏟아내는 자나 때린 자는 기억을 못하는데 모욕을 당했거나 맞은 경험이 있는자는 그 기억을 오랫동안 간직하는 듯 보인다.

10여년 전에 대학 동기동창인 두명의 귀부인을 LA에서 상봉했다. 학창 시절의 이야기, 동기동창들의 근황을 주고 받고 하다가 그들 입에서 나온 말이다.

당시 필자는 말이 거칠고 휴강을 유도하는데 앞장 서고 싸움꾼이어서 말 붙히기가 어렵고 공부도 끝자락을 차지하고 있는 줄 알았다는 것이다. 물론 당시 나의 성적은 대학 1,2학년 때는 C,D가 주였다. 물론 체육은 A다. 그러나 3,4학년 때는 A,B가 좀 많은 편이었다. 이들 두 귀부인이 교수실에 우연히 들렸다가 책상 위에 놓인 나의 성적을 보고 나를 다시 보았다고 한다. 그래서 한과에 1명씩 주는 장학금도 받았다. 할말은 더 있으나 이정도로 끝내야 독자들의 심기를 건드리지 않을 것으로 본다. 귀부인들의 이야기가 나를 좋게 보는 투였다. 이런 소리를 듣고 식사비를 내지 않는 국제신사가 어디 있겠는가.

식사를 끝맞치고 두 귀부인의 숙소 방향이 반대로 상당히 먼 거리였건만 자원 운전병 역할까지 했다. 이 부분은 나의 처가 보지 않고 넘어가기를 바란다.

또 뉴욕에 거주하는 동기동창 유 모군이 필자를 찾아 왔다. 내가 잠깐 자리를 비운 사이에 나의 처에게 차박사가 학창시절에는 깡패였다고 말한 모양이다. 왜냐고 물으니 자기가 벽돌로 맞은 적이 있다는 것이다. 내 기억에는 이런 사실이 없다. 아직 치매증도 나타나지 않고 있다. 학창시절 나의 자존심을 건드린 자는 가슴에 간직했다가 술이라도 한잔하게 되면 야만적이고 야성적인 근성이 폭발한 것은 사실이다.

윤 군은 얌전한 친구였고 충청도 양반이어서 필자가 왜 그런 행동을 했는지 알 수 없다. 사람은 지갑이 텅 비어 있어도 정신적으로는 긍지를 가질 수 있다.

그러나 이런 긍지를 자극하면 자존심은 무너지고 이성을 잃을 수 있다.

이런 현상이 나타나지 않았나, 알다가도 모를 일이다.

자존심이 무엇이기에 남이 잘된 것을 보면 배가 아프다. 복통이 생기고 밥통이 뒤집힐 것 같은 생리현상이 나타나는가? 이는 소인배의 자세다.

미국에 와서 몇년 동안은 동창회에 나가지 않았다. 동창회라고 해도 나에게는 대학 동창회 밖에 없는데도…

나의 고등학교 동창은 미국에서는 희귀한 존재다. 미국은 집회결사의 자유가 있기 때문에 년말에 동창회 모임을 보고 나도 고등학교 동창회를 조직할 수 있으나 혼자서 회장, 부회장, 이사장, 총무, 재무 등을 책임 져야할 중책을 맡아야 하기 때문에 그만 두기로 했다.

　조직만 하면 나도 회장이 될 수 있는데도… 그것은 말썽 많은 모단체장과 같이 중임을 몇번이나 할 수 있는데도.

　동창회에 처음 참석해 보았더니 먼저 미국땅을 밟은 친구들이 좋은 차에 , 돈으로 뒤집어 쓴 마누라인지 룸 메이트인지 남녀 동반으로 나온 모습이 나의 자존심을 상하게 했다. 나는 그 친구보다 주머니 사정이 빈곤했기 때문이다.

　일반적으로 세상사람들은 나보다 나은 사람을 싫어하고 나에게 아첨하는 자를 좋아하는 습성이 있다. 이 습성이 발로했기 때문일까? 또한 별로 있는 것 같지도 않은데 백만장자나 된듯 있는 척하는 친구도 보인다. 또한 목소리 큰자가 왕노릇하는 것도 복통이 날 지경이다. 이 자는 대전고등학교가 대전에 있듯이 경기고등학교는 경기도에 있다고 하는 큰소리다.

　이런 자의 무식과 오만이 커지니 나의 자존심은 씁쓰럽 하고 메슥거림을 느끼게 된다. 그래서 여러사람이 모이는 파티에는 가고 싶지 않다. 이런 경험을 한두번쯤 모두 맛 보았을 것이다. 이런 상황에 배가 아프고, 복통이 나고 위장에 이상 현상이 날 것 같으면 생각의 발상을 전환해야 한다. 자존심을 버리고 가진 자의 생활태도를 배워서 나도 가진 자가 되기 위한 노력을 해야한다.

　돈이 생기면 나의 처도 꾸미면 된다. 자기 눈에 비친 연애 때의 바탕은 있지 않는가. 목소리 큰 자의 무식 폭로는 그 사람 개성이 그러려니 하고 넘어가면 된다.나와 다름을 인정하면 된다. 세상 모든 사람이 나와 같을 수 없다. 사람마다 개성이 다르다. 그 다른 개성을 이해하고 수용하며 넘어가야 한다. 남의 성공한 모습을 부정적으로 보는 것은 소인배들의 자세다.

　학창시절에 그 친구 성적이 바닥이였는데, 또는 등록금이 없어 허우적 거렸는데 등등 상대의 약점만 보는 자세는 대인의 모습이 아니다.

　부정적인 생각으로 남을 평가하고 시기 질투하는 것은 자기 스스로 자기의 생명을 단축시키는 행위이다.

고운 마음씨와 말씨

　교양과 품위가 높은 신사숙녀가 되려면 마음씨와 말씨가 고와야 한다. 마음씨와 말씨로 사람을 평가할 수 있다. 사람은 마음씨가 고와야 한다. 착한 마음씨 고운 마음씨를 갖는 것이 인간의 가장 중요한 일이다. 천성이 착해야 마음씨가 곱고 주위에서 높임과 존경을 받는다. 중국의 저명한 학자 홍자성의 말이다.
　'마음 바탕이 밝으면 어두운 방에서도 푸른 하늘이 있고 생각머리가 어두우면 백일 아래라도 도깨비가 나타난다.'라고 했다. 성실한 정신, 진실한 의지, 선량한 마음, 이것이 인생의 근본이다. 잘 생긴 얼굴이 추천장이라면 선한 마음은 신용장이다. 소설가 펄벅여사의 말이다. '인생에서 가장 중요한 것은 남을 미워하지 않는 것이다'라고 했다. 또 링컨 대통령은 '누구에 대해서도 악의를 품지 않고 모든 사람에 대해서 사랑을 가져야 한다'고 언급했다.
　우리는 항상 착하고 아름다운 마음씨를 갖도록 노력해야 한다. 마음씨가 착하고 고와야 아름다운 숙녀가 되고 믿음직한 신사가 된다. 그런 사람이어야 주변 사람들로부터 존경을 받는 사람이 된다. 구운몽에 나오는 김만중의 말이다.
　마음씨가 깨끗치 못하면 비록 산중에 들어가 도를 닦아도 도를 이루기 어렵다고 했다. 마음씨가 내적 요인이라면 말씨는 외적요인이다. 인간은 말씨가 고와야 한다. 말은 곧 자기의 표현이다. 그 사람이 사용하는 말을 듣고 우리는 그사람의 인품과 교양과 지식과 성격을 짐작할 수 있다. 그리스의 서사시인 호메로스의 말과 같이 '대화는 마음의 보다 즐거운 향연이다'

우리는 상대방의 한 두마디 대화를 통해서 그 사람의 평가 자료를 얻을 수 있다.

우리는 대화에서 친절한 말과 남을 존경하고 대접하는 말이 점점 적어짐이 안타깝다. 우리 주변에 너무나 거친 말씨가 오고가고 있다. 부모와 자녀와의 대화에서도 완전한 문장이 아니라 토막말들이 등장하고 있다. 주어를 사용하는 말씨를 써보자. 문화인들의 말씨는 아름답다. 미국인들의 입에서 항상 튀어나오는 말을 보면 '감사합니다' '미안합니다' '실례했습니다' 등등이다. 이런 말들은 험한 세상을 살아가는 우리 인간관계를 부드럽게하는 말들이다. 친절한 말들보다는 거친 말들이 지나치게 남용되고 있다. 포킬리데스는 '말은 칼보다 더 날카로운 무기다'라고 했다. 상스러운 소리나 욕들의 출현 빈도가 너무 높다. 공자는 말하기를 예가 아니면 보지 말고 예가 아니면 듣지 말고 말하지 말고, 예가 아니면 움직이지 말라'고 했다. 예란 인간의 도리요 올바른 질서요 예의다. 예에 어긋나는 말은 무례한 말이다. 우리는 품위있고 고운 말을 쓰도록 노력해야 한다.

헨리 보운은 '오늘 생각해서 내일 말하라'며 말을 신중히 생각해서 하라고 충고를 했다. 우리 속담중에 '가는 말이 고와야 오는 말이 곱다'는 말이 있다. 우리의 말은 산울림과 같아서 가는 대로 되돌아 온다. 고운 말이 나가면 고운 말로 되돌아 온다. 영국의 시인 셜리의 말이다. '말을 조심하라 벽에도 귀가 있다'고 했다. 우리 시조에도 이런 것이 있다. '말하기 좋다 하고 남의 말을 말 것이/남의 말 내 하면 남도 내 말 하는 것이/말로써 말이 많으니 말 말을까 하노라.'

멋있는 남자

　인생은 아름다운 동산에서 밭을 가는 농부와 같다. 인생의 농사에는 여러가지가 있다. 여자농사도 있고 남자농사도 있다. 또한 자식농사도 있다.
　남자는 여자농사를 잘 지어야 하고 여자는 남자농사를 잘 지어야 한다. 부모는 자식농사를 잘 지어야 성공적인 삶이 된다. 여자에게 중요한 것은 훌륭한 남자를 만나는 것이다. 그럼 여성을 충족시키는 멋있는 남자란 어떤 것인가?
　남자는 우선 활력이 넘쳐야 한다. 남자는 일에 살고 여자는 애정에 산다는 말이 있다. 물론 애정만 그리며 집안에 있을 수는 없다. 시대가 이를 용납하지 않는다.
　남자의 상징은 능력과 활동이다. 박력과 패기를 가지고 보람있는 일에 정열을 쏟고 건강을 불사르는 남자가 멋있는 남자다. 일을 하기 위해서는 정력이 넘쳐 흘러야 한다. 스테미너가 없는 남자는 남자의 구실을 할 수 없다. 얼굴에는 생기가 넘치고 눈에는 정기가 흐르고 걸음걸이에는 자신이 있고 사고방식에는 적극성이 있고 미래지향적이어야 한다. 이런 남자가 이상적인 남자요 멋있는 남자다.
　허나 현대의 젊은이들 중에는 기력도 없고 열정도 없고 야망과 희망이 없는 젊은이들이 있다. 이런 연약한 남성은 현대여성이 바라는 남성이 될 수 없고 한 가정의 가장이 될 자격이 없다. 남자의 활동무대는 가정이 아니라 사회다. 남자의 본질은 미가 아니라 사회다. 남자의 본질은 미가 아니라 힘이다. 힘이 있는 남자는 건강한 남자다. 따라서 건강한 남성이 멋있는 남성이다. 남자는 결혼을 하면 가정의 기둥이 된다. 가정의 기둥이 약하고 흔들릴 때 그 가정은 무너지기 쉽다. 힘을 기르기 위해 건강관리를 잘 해야 한다. 건강한 육체에서 건강한 정신이 나타난다.

다음 남성은 지성과 감성이 풍부해야 한다. 세상은 급변하고 있다. 자고나면 새로운 정보가 홍수를 이루고 있다. 시대는 무식하고 반지성적인 남성이 사회적으로 힘을 쓰고 두각을 나타내는 시기는 지나갔다. 꾸준히 배우지 않으면 살아남기 어려운 존재가 된다. 사회의 패배자요 낙오자가 되기 쉽다. 우리의 생은 평생 교육을 받아야 할 생이다. 우리는 이 세상 끝날까지 공부하고 배워야 한다. 그런데 현대의 남성들은 공부하고 담을 쌓는 사람이 있다. 이를 부끄러워 해야 한다.

쌓은 지식은 활용해야 한다. 흘러가지 않는 물은 부패하기 쉽다. 우리의 머리도 쓰지 않으면 퇴보하고 녹이 슨다. 구슬도 닦아야 빛이 난다.

우리는 항상 배우고 공부해야 한다. 평생교육 시대에 돌입하고 있다. 공부하는 남성은 장래성이 있는 남자다. 그는 더욱 성장하고 조만간 출세할 것이다.

지성이 결여된 남자는 피하는 것이 좋다. 그는 언젠가는 야수로 변하여 여자에게 폭력을 행사할 수도 있다. 여자의 몸에 손을 댄다는 것은 비교양적인 자세다.

그는 조만간 이혼을 당할 준비를 하고 있는 것과 다를 바 없다.

인간은 교육의 산물이다. 교육받기를 즐기지 않는 인생은 희망이 없다.

아리스토텔레스의 말과 같이 교육은 노년기를 위한 가장 훌륭한 대책이다.

우리는 살아 있는 한 끊임없이 살아가는 방법을 배워야 한다. 이것이 멋있는 삶이다. 살아가는 방법을 가장 잘 배울 수 있는 것은 책에서 얻을 수 있다. 술집도 아니요 골프장도 아니며 도박장도 아니다. 학교와 도서관이 알맞는 장소다.

독서와 저서

　글이란 자신의 내면을 드러내는 거울이다. 글을 쓰는 사람들은 발가벗은 자기 내면을 세상 사람들에게 노출시킨 것이다. 일종의 스트립 쇼맨이 될 것이다. 그래서 글쓰기를 주저하는 사람도 있다. 신비감이 노출되기 때문이다.
　지금까지 글을 쓰는 가운데 나의 내면을 가장 많이 노출시킨 책이 '차돌이 교육 방랑기'라는 일종의 자전적 교육 수필집이다.
　어느 책을 쓰던지 활자화 되어 나오면 아쉬움이 있으나 이 책에는 더욱 아쉬움과 약점이 너무 드러나 후회스러운 면이 많다. 그래서 미국의 소설가 윌리엄 포크너는 '인도주의가 아닌 자는 글을 쓸 수 없다'고 했으리라 본다. 자기가 믿고 생각하는 대로 살아갈 용기가 없으면 어느 누구도 원고지에 글을 쓰려고 하지 않는다.
　잘못 쓰다가는 자기의 이중성이 드러나 이중인격자라는 평을 받기 때문이다.
　그러나 나는 무모한 짓을 많이 했다. 글을 쓰기 위해서는 남의 글을 많이 읽어야 한다. 그 속에서 새로운 상상력과 창조력을 길러야한다.
　'독서는 사람을 보다 더 충실하게 만들고 협의는 준비성 있는 사람을 만들며 저술은 정확한 사람을 만든다'고 영국의 정치가 베이

- 133 -

컨이 말했다.

저술은 열정이 계획하고 사이 사이의 휴식이 책을 쓴다.

'나쁜 책도 쓰려면 좋은 책만큼 힘이 든다. 그 책에도 저자의 영혼으로 부터 성실하게 나오기 때문이다' 헉슬리의 말이다.

나는 책을 읽고 메모하기를 좋아한다. 우리 모두는 책을 읽어야 하고 읽은 내용을 나의 것으로 만들기 위해 메모를 하면서 읽는 것이 좋다. 메모한 기록은 어느 때인가 사용처가 나타난다. 기록한다는 작업은 대단히 중요하다. 이중 삼중의 독서 효과가 나타난다.

적절하게 선택된 양서와 명저는 한 인간의 정신사나 생활사에 큰 영향력을 행사한다. 독서의 진미를 아는 사람은 책을 읽지 말라고 해도 읽는다.

책을 읽지 않고 보낸 하루는 허전한 공허의 하루라고 느껴야 한다. 책은 젊은 학생들만 읽는 것은 아니다. 청년도 장년도 노인도 독서를 해야 한다

때는 평생교육의 시대에 왔다. 고도의 학습 사회가 도래했다. 부모는 자녀에게 모범이 되는 독서습관을 보여 주어야 한다. 책을 읽지 않는 부모는 무식할 수 밖에 없고 다양한 미국의 교육제도를 이해할 수 없다.

부모의 무식으로 엉뚱한 과오를 범하는 경우가 있다. 5점을 받아 온 아이들의 성적을 보고 화를 낸 아버지가 있다. 5점 밖에 못받아 왔느냐고 아이들에게 매질을 했다. 매를 맞은 아이는 무엇이라고 외치며 때리는 아버지의 때린 이유를 알지 못했다. 아이들의 이중 언어 구사력이 약하기 때문이다. 혈압이 올라간 아버지의 말소리는 너무나 빠르기 때문에 도저히 알아 듣지를 못했다. 그러나 점수가 10점 만점으로 알았던 아버지의 무식이 폭로된 셈이다. 실은 5점 만점으로, 만점을 받은 것이다. 이것을 후에 알게된 아버지는 자기의 무식 때문에 화가 난듯 또 매질을 했다. 한심한 소행이다.

인격의 형성과 정신 성장을 위해 독서에 열정을 쏟고 생명을 불태워 보는 것도 뜻있는 일이다.

제 6장 고향과 친구

민족의 기질과 지역의 속성

 이규태씨의 신문 칼럼에서 본 글의 일부다.
 스톡홀름의 한 유스 호스텔 게시판에 적힌 안내문을 다음과 같이 소개했다.
 투숙하는 미국인에게 알림 새벽 2시까지는 꼭 돌아와 주십시요
 독일 사람에게 알림 아침 6시 전에는 기상하지 마십시요
 이탈리아 사람에게 알림 밤 10시 이후에는 노래를 부르지 마십시요
 스웨덴 사람에게 알림 여자를 방안에 데려오지 말아 주십시요. 라는 안내문을 써 놓았다는 것이다. 여기에 한국인에게 알림을 추가 한다면 제발 속옷 차림이나 슬리퍼를 신고 방 밖 복도에 나오지 마십시오.
 일반적으로 미국 사람들은 어디에서 무엇을 하는지 밤 늦게 까지 돌아오지 않으며 독일 사람들은 새벽잠이 없어서 모두가 자고 있는데도 일찍 일어나 소란을 피운다고 한다. 이태리 사람들은 모두가 성악가인 듯 노래 부르기를 좋아 한다.
 따라서 남이 잘 무렵까지 유명한 테너 가수인 듯 노래를 부른다고 한다.

스웨덴 사람들은 성문화기 너무 많이 발달한 것인지 노출이 되어서인지 개방사회이어서 그런지 여자를 방에 많이 데리고 온다는 것이다.

한국인은 방안에서 입고 있던 가운, 신고 있는 슬리퍼 그대로 복도와 라비를 서성거린다는 것이다. 그리고 후진국에 가서는 돈자랑을 많이 한다고 한다. 그로인해 강도를 당하는 일도 있다. 이상은 일부 민족의 기질을 일반적으로 나타낸 말이다. 또한 나라마다 유머에 대한 반응이 다르다는 것이다. 다음과 같이 표현한 말이 있다.

불란서 사람들은 센스가 빠르기 때문에 말을 끝까지 듣지 안아도 웃는다고 한다. 이미 알고 있다는 것이다.

영국 사람들은 유머가 끝난 다음에 웃는다고 한다. 이들은 매사에 신중하고 예의가 바르기 때문에 말을 끝까지 듣고 반응한다는 것이다. 젠틀맨 답다. 대화의 첫째 구비조건인 경청법이 잘 발달된 자세다.

독일 사람들은 이야기가 끝난 후 한참 있다가 웃는다. 이들은 사물을 세밀하게 보고 생각하는 센스가 둔하기 때문이라는데 우리나라 충청도 사람들을 닮은 모양이다.

미국 사람들은 보통 유머로는 별로 웃지 않는다. 미국인은 웬만한 보통 유머는 이미 알고 있기 때문이다. 미국에는 유머가 많고 유머가 있어야 배우자 자격이 있고 정치인이 될 수 있다고 한다. 미국 젊은이들은 배우자 선택의 첫째 조건이 유머가 있어야 한다고 한다. 정치인들도 강연을 하는데 시작해서 1~2분 내에 청중이 웃어야 그 강연이 성공한 것으로 본다.

이렇게 나라마다 또는 민족에 따라 그 나름대로의 독특한 개성을 가지고 있는 동시에 그 나라 국민들에게 공통된 습관이 있다는 점을 알 수 있다.

사람들은 모든 생김새가 다르고 성격이나 생활습관도 다르다. 지구상에 동일한 인간은 존재할 수가 없다. 일란성 쌍생아도 다른면이 많다.

우리나라는 국토면적이 좁다. 이런 손바닥만한 땅에서 지방색을 운운하는 것은 어리석은 일이다. 그러나 좁은 땅에서도 지방에 따른 특성을 가지고 있는 것은 사실이다. 옛날 교통이 불편할 때 강과 산을 가운데 두고 자주 왕래가 드물다 보니 말에 사투리가 생기고 생활습관이 달라지고 음식도 특유하며 옷 입는 모양이 달라지고 행동 뿐만 아니라 기후조건이나 환경조건에 따라 성격도 달라진 점이 나타난다. 이런 것을 이해하고 조화를 이루며 살아야 한다. 서로 미워하고 시기하고 싸울 이유가 없다. 문제는 남들이 나를 어떻게 평가 하는가를 보는 것이다. 좋지 못한 것은 수정하고 장점은 살려야 한다.

 옛부터 8도 기질이 이렇게 달라졌다. 함경도(관북) 사람들은 끈기가 있다고 해서 니중투우(泥中鬪牛), 평안도(관서) 사람들은 과감해서 숲에서 튀어나온 호랑이라고 맹호출림(猛虎出林),

 황해도 사람들은 서글서글 하고 근면하다고 해서 석전경우(石田耕牛) 즉 돌밭을 가는 소에 비유했다. 강원도(관동) 사람들은 무던하여 바위아래 늙은 부처님, 암하노불(岩下老佛)이리 하고 경기도(기호) 사람들은 좀체로 속을 보이지 않는다고 거울 속의 미인, 경중미인(鏡中美人)이라 했다. 충청도는 느릿하고 양반고을이어서 맑은 바람 속의 밝은 달, 청풍명월(淸風明月), 경상도(영남) 사람들은 괄괄하여 큰 산 높은 봉우리, 태산준령(泰山峻嶺)이라고 했으며 전라도(호남) 사람들은 싹싹하여 미풍 부는 밭머리의 수양버들, 풍전세류(風前細柳)로 알려졌다. 물론 이것은 그 지방색을 특징짓는 정설이 아니고 옛부터 전해 내려온 속설에 불과하다.

 다른 사람들이 우리 지역을 또는 우리 민족성을 어떻게 여기는지 경청하면서 좋은 점은 살리고 단점은 수정해 나가는 곳에 삶의 의미가 있을 것이다. 프롬의 말이다. 인간은 평등하게 태어나지만 또한 서로 다르게 태어난다.

고향의식과 정치

　고향의식은 동향의식이요, 이것이 곧 지역감정을 유발한다. 지역감정이란 무엇인가? 선량한 백성들이 정치인 때문에 피해를 보고 있는 것이 지역감정이요, 동향의식이다. 고향사람이 대통령이 되고 장관이 되었다고 큰 혜택을 볼 것도 아닌데 왜들 이렇게 편견을 갖는지 모르겠다.
　사람마다 자기 고향에 애정을 갖고 향수를 느끼며 고향사람을 만나면 더욱 친근감을 갖는 것은 인지상정으로 탓할 바가 못된다. 그것은 누구나 본능에 가까운 자연스러운 감정이다. 고향을 떠나 타향에서 고향친구를 만날 때는 더욱 반갑다.
　더구나 고국을 떠나 타국에서의 상봉은 그저 헤어지기가 아쉬울 정도다. 같이 잔이라도 걸쳐야 직성이 풀린다.
　문제는 지역감정을 부추겨 가면서 만든 정치 권력이 자신의 정치적 목적을 위해 그것을 터무니 없이 과장하고 확대해서 배타적이고 고립적인 것으로 변질시켜서는 안된다는 것이다. 동향이라는 연줄 즉 지연이라는 것도 영원성이 없는 것이다.
　절단되기 쉬운 허망한 것이다. 동향의식이 그렇게 강한 것이라면 공사를 뒤범벅으로 만들면서까지 동향사람이나 후배를 잘 챙겼던 전두환 대통령이 배신에 대한 분노에서 자리에 누웠다가도 절간의 지축을 울리며 벌떡 일어나 '누구 누구는 반드시 손봐 주겠다'고 분통을 터뜨렸다는 말이 새어 나올 수 있겠는가.
 지연이 그렇게도 강렬하다면 왜 같은 고향 사람들끼리 이리저리 갈라져 여당이다 야당이다 하고 으르렁거리고 있겠는가. 동향의식이나 지연은 권력이라는 구슬을 꿰기 위해 만들어낸 끈일 뿐이다. 사실은 고향이란 그 공간이 극히 좁은 곳이다.
 같이 놀던 들판이 있고 같이 송사리 잡던 냇가가 있으며 같이 바라보던 하늘이 있다. 그러나 정치가 빚어낸 고향은 동향의식으로 지역감정을 유발했으며 고향이라는 공간을 터무니 없이 확대해 놓았다.
 거제와 부산에서 성장한 김영삼 대통령의 고향이 경남을 카바하고 너욱 경상북도까지 카바하고 있다. 어떻게 하외도와 목포에서 성장한 김대중선생에게 전라남북도가 모두 연대감을 느껴야 한다는 말인지 알 수 없다.
 현재 우리들이 간직하고 있는 동향의식은 다분히 작위적인 허위의식이며 집단최면에서 나온 군중심리와 매우 유사하다.
 군중심리 중에는 군중에게 어떤 공통된 목표와 방향을 제시하고 군중이 그를 향해 움직일 때 구성원간에는 평등의 감정이 고양되어 개개인의 사적인 목표마저 깡그리 없에 버린다고 노벨문학상을 받은 엘리아 카네티는 말했다.
 한국에서 선거 때 형성되는 강한 지역감정은 바로 이런 현상의 예로 볼 수 있다.
 각 주민들이 동향의 후보에게 보이는 애착과 열정은 지나치다.
 후보가 어느 계층을 대변하고 어떤 정책을 내세우고 있느냐에 따라 표의 방향이 결정되어야 하는데 그러하지 못함이 아쉽다.
 지역감정에 대한 바람이 불면 모두가 수혜자가 되는 듯한 착각에 빠져 마땅히 뽑아야 할 인물과 실력자가 있어도 이를 안중에 두지 않는 경우가 있다.
 무조건적인 동향의식의 발로다. 분명히 이는 집단최면 현상이다. 이런 최면에서 깨어나야 참된 민주주의가 되리라 본다.
 이런 상태로 나가다가는 영남인들은 득의만만하게 되고 호남인들은 돌이킬 수 없는 깊은 좌절감에서 헤어나지 못할 것이다.
 한국 인구의 출생지별 분포 상황을 보면 영남은 호남의 약 2배다. 따라서 지역주의 고리를 끊지 못하면 호남인은 대통령이 될 수 없다는 결론이다. 타 지역과 연대를 해야 가능하다.

이런 고리를 끊기 위해 정치인들은 그동안 소외 되었던 호남인의 과감한 등용과 호남지역에 대한 산업, 관광 시설 등에 과감한 투자를 해야 한다.

또한 영남인 대통령이 호남인 후계자를 발굴하여 길러주는 것도 지역감정을 일소하는데 큰 공이 되리라 본다.

귀소 본능

 그리운 고국을 떠날 때는 사람마다 사연이 있다. 자녀교육을 위해 떠난 사람, 대학입학의 재수 삼수가 두렵고 대학생들의 데모가 무서워 보따리를 싼 사람이 있는가 하면 한국 교육제도에 실증이 나서 떠난 사람도 있다.
 돈벌어 잘 살아 보겠다고 김포공항이나 부산항 인천항을 떠난 사람, 형설의 공을 쌓아 성공하고 돌아오겠노라고 떠난 사람, 사랑하는 애인의 눈물을 달래며 기반이 잡히는 대로 곧 처자식을 초청하겠다는 말 한마디 남기고 떠난 사람, 서독과 중동에서 돈 벌어 오겠다고 떠난 사람, 오대양 육대주에 대한의 자손이 없는 곳이 없다. 부풀은 희망과 커다란 용기를 가지고 그리운 고향산천, 다정한 가족, 정든 친구들의 환송을 받으며 떠난 사람들이 있다.
 세상만사 뜻대로 안되는 일이 많아 고통스러운 나날들을 보내는 사람들이 우리 주위에 있다. 자녀교육을 성공한 사람도 있지만 이 중문화권에서 적응하지 못해 탈선하는 경우가 있다. 부모들이 자녀교육을 위해 신경을 쓰고 싶어도 미국 교육제도를 알지 못해 손을 못쓰는 부모가 있는가 하면 스트레스 많은 타국에 살아 남기 위해, 돈벌어 잘 살기 위해 밤낮으로 뛰다 보니 자녀와의 대화 단절로 더욱 자녀교육에 문제를 야기시키는 집도 많다.

돈벌이도 뜻과 같이 성질대로 모아지지가 않는다. 성질대로 돈을 벌기 위해, 도박장을 즐기다가 그동안 모은 푼돈마져 날린 사람도 있다.

석사 박사학위도 고국에서 바라는 대로 쉽게 이루어지지 않는다. 기반을 빨리 잡아 가족을 초청하고 싶어도 영주권 문제가 간단하지 않다.

오대양 육대주에 흩어져 있는 배달민족들, 그래도 미국을 모두 동경하고 있는 듯 보인다. 외국에 사는 우리 민족의 대부분은 '고국에 가야지' 하면서 산다.

이것이 귀소본능이다. 귀소본능은 이스라엘 민족 못지 않게 강한 민족이 우리 민족이다.

자녀교육을 성공한 사람들은 부모라도 가야지 하며 살고, 성공하지 못한 사람들은 역이민을 바라고 있다. 특히 조국이 선진국에 접근하면서부터 이런 현상이 눈에 띄게 나타난다는 것이다.

돈번 사람들은 조금만 더 벌어 조국에서 여생을 지내야지 하며 산다.

박사학위를 취득한 사람들은 자리가 없어서 못가고 학위를 취득하지 못한 사람들은 김포공항을 떠날 때 너는 이제 성공했다고 성급한 결론을 내리며 환송했는데 이대로는 김포공항을 피해 부산항, 인천항으로 들어간다 해도 국토가 너무 좁아 살곳이 없어 귀국을 하고 싶어도 못가는 신세도 있다.

영주권이 해결안돼, 눈빠지게 기다리는 처자식 생각에 한숨만 쉬는 홀아비들은 귀국하고 싶어도 지금까지 고생한 세월이 아깝고 손에 쥔 돈이 신통치 않아 귀국을 못하는 사람이 있다. 이들 중에는 영주권을 얻어 가족을 초청하기 위해, 이산가족의 쓰라림을 달래기 위해, 본국의 부인과 서류상으로 이혼을 하고 본의 아니게 이곳 영주권 소유자와 결혼한 사람도 있다. 이중에는 좋은 사람 만나 잘 되기도 하고 행복에 빠져 고국의 처자식을 잊은 낭군이 있는가 하면 악질을 만나 돈 빼았기고 고생만 죽도록 하는 사람도 있다.

타국에서 고생하는 사람은 물론 안정된 사람도 귀소본능은 감출 수 없다. 나이가 들면 들수록 그렇다. 살아 생전 귀국 못하면 죽어서라도 가야지 하며 간 사람이 한국의 초대 대통령 이승만 박사, 전 서울시장 김상돈 선생 외에 유언으로 남긴 사람들이 많다.

조국은 그리운 곳

　이민 생활은 힘들고 서글프다. 그러나 이민은 젊고 죽음이 없다. 금의환향을 안고 살기 때문이다. 이민 생활은 꿈을 안고 산다. 이민 생활의 서글픔은 성공으로 불태운다. 꿈 때문에 서글픔과 고통과 고뇌를 모두 화장해 버린다.
　고향의 부모 형제, 이웃, 산천, 그리움 모두 기억 속에 남아 있다. 지울 수 없이 기억 속에 남아 있는 자연, 친구들이 있는 곳이 조국이다. 어린시절 부모 손에 끌려 온 사람들은 이민이라 할 수 없다. 잔뼈가 조국에서 굳어진 후에 온 사람들이 진짜 이민이다. 늘 조국을 그리워하고 언젠가는 가야지 가야지 하면서 사는 사람들이 이민이다. 한국을 떠난 이유가 한 두가지가 아니다. 복합적인 요인도 많다.
　자녀 공부 때문에 온 사람, 좀더 잘 살아보려고 온 사람, 유학을 와서 공부가 끝나면 곧 가겠다는 것이 10년 20년이 지난 사람도 있다.
　미국인과의 사랑의 불씨 때문에 온 사람도 있다. 미국에서 시민권을 얻은 사람일지라도 마음은 조국에 있는 사람도 많다. 이민은 빈손으로 와서 고생을 하며 부를 축적한 사람들을 말한다. 돈을 싸서 들고온 사람들은 이민이 아니다.

호화판 생활을 하기 위한 사람일 뿐이다 이민은 눈물없이 될 수 없고, 아픔없이 될 수 없으며, 조국을 그리워함이 없으면 이민이 아니다.
　한국에 주둔했던 미군이나 외교관의 한국계 부인들은 사랑 때문에 미국에서 살고 있다. 행복하게 사는 부부도 많으나 불행하게 사는 부부도 많다. 행복한 부부들은 남자가 한국을 이해하는 사람이며 불행한 부부들은 남자가 한국과 한국인을 제대로 이해하지 못하는 사람이다.
　문화가 다르고 언어가 다른 세계에서 사랑만으로 더욱 육체적 사랑만으로 살기는 어렵다. 그런 인간 중에는 아내를 때리는 남편도 있다. 그래서 이혼율도 조국에서보다 높다. 대개 이민인들은 상인이다. 고달프게 열심히 일을 한다. 하루의 수익금인 달러를 세는 재미로 매일매일을 지내는 사람도 많다. 이런 상인에게는 주말도 휴가도 없다. 때로는 자녀가 곱게 자라도 주지만 많은 경우 탈선을 하여 이민 생활 무효라고 후회하는 사람도 많다. 여기서 정신이상자가 생기고 우울증 환자가 생긴다. 한 두사람이 아니다. 많은 사람들이 흑인촌에서 장사를 한다. 백인도 들어가기 싫어하는 곳에 들어가 흑백 완충역을 한다. 그러다가 흑인들의 질투의 대상이 되어 봉변을 당하고 생명과 재산을 몽땅 잃은 수도 있다.
　가발로 한몫 본 사람도 있다. 세탁소와 옷장사로 또는 간이 음식점, 식료품상으로 안정된 생활을 하는 사람도 있다.
　미국의 문화, 역사, 정치, 영어를 배우려 하지 않는 사람도 있다. 지나치게 조국지향적이며 귀소성이 강한 사람도 있다. 동포사회에는 단체도 많고 단체장도 많다. 많은 단체들이 자기 돈을 써가면서 단체를 끌고 나간다. 돈 있는 사람이 한인 회장을 하는 경우도 많다. 이민자들은 아직도 그들의 미래에 대한 설계가 없든지 분명치 않은 사람이 많다. 언제까지 미국에 살아야 하며 돈은 얼마나 더 벌어 금의환향해야 할지 결정을 못하고 있는 사람이 많다.
　조국은 너무 좁다. 조국은 밖으로 많은 사람을 내보내야 한다. 밖에서 모든 것을 찾아야 한다. 안에서 할 수 없는 것을 밖에서 해야 한다. 그러나 조국을 떠날 때는 다시 돌아오겠다고 하면서 떠났기에 귀소성을 버릴 수 없는 것이다.
　어쩔 수 없이 세월이 가면 이민 1세는 미국의 산하에 묻히고 이민 2세는 미국인에 가까운 한국인이 되고 이민 3세는 미국인이 되어 이땅에 살다 묻힌다.

  그러나 조국은 그리운 곳, 가고 싶은 곳이다. 나이들수록 귀소성이 강렬하게 작용하는 곳이 조국이다. 뼈라도 묻히고 싶어하는 곳이 조국이다.

고향 그리고 친구

 고향에 대한 향수는 귀소본능에서 우러나오는 어쩔 수 없는 하나의 정신적 갈등이다. 세월이 흐를수록 가야지 하면서 귀소본능이 강해진다.
 고향은 내가 태어나서 처음으로 대지의 공기를 드러마신 곳이요 눈을 뜨고는 처음 본 산천이다. 조상들이 사셨던 곳이며 선영이 있는 곳이기도 하다.
 세월이 흐를수록 고향에는 낯선 사람이 많아져도 아직은 낯익은 산천이 있다.
 지난해 오랜만에 고향을 찾아갔다. 그러나 고향에는 아는 친구가 거의 없었다.
 너나없이 고향을 등지고 객지로 떠났기 때문이다. 그래서 반가워하는 친구가 별로 없음이 아쉬웠다. 마을 뒤에 있는 들길을 걷고 있는데 노파 하나가 스쳐 지나가는 것이었다. 언젠가 보았음직한 얼굴이긴 하나 기억해 낼 수가 없었다.
 그런데 그 노파도 걸음을 멈추고는 뒤를 보고 있었다. 시선이 마주쳤다. 그냥 지나가려다가 어릴 때 같이 놀던 친구의 이름이 떠올라 "노수" 하고 불러 보았다.
 그러자 그도 "종환" 하고 불렀다. 우리는 서로 다가서서 손을 마주잡고 흔들면서 어쩔 줄을 몰라 했다. 어찌 이렇게 주름이 많이 생겼느냐고 묻는 나에게 그는 자네 검은 머리는 모두 어디 가고 백발에 대머리까지 되었냐고 되묻는다.

우리의 뇌리에서는 반세기 훨씬 전의 초등학교 다니던 생각을 하고 있었던 것이다. 세월은 우리를 속였고 우리를 변모시켜 놓았다. 젊었을 때 집을 떠났다가 늙어서 돌아가니 고향의 사투리는 변함이 없으나 살갗에는 주름과 죽음끼만 늘어났네. '집안 아이들을 보나 서로 몰라보고 웃으면서 손님은 어디서 왔느냐고 묻더라'는 하지장(賀知章)의 회향우서(回鄕愚書)의 시구가 다름 아닌 내 이야기 같으니 말이다.

내가 아는 교포 봉기 씨는 오랫동안 미국에서 살다가 모처럼 귀국길에 고향을 찾아갔다. 서산에 태양이 막 길길 무렵 고향 둑길을 걸어가고 있는데 낯익은 사람이 반대편에서 오더니 "야! 봉기야! 오랜만이구나"하기에 그도 질세라 반말로 다정하게 "너 참 오랜만이구나" 했다나. 그랬더니 상대방쪽에서 하는 말이 "너 내가 누군지 기억하니?" 하기에 봉기는 "야! 알지" 하며 "넌 내가 누군지 기억하니" 라고 되받았다. 상대편은 어안이 벙벙한 듯 "넌 봉기 틀림없지?" 하면서 "너 정말 나를 아니?" 하며 재차 묻는 바람에 이름이 생각나지 않아 우물쭈물하고 있는데 그 사람은 "내가 네 초등학교 담임 아무개지" 하더라나.

이쯤 되고 보면 봉기 씨의 얼굴은 홍당무가 무색할 지경인지라 쥐구멍이라도 찾아들고 싶었을 것이다. 아무리 그렇기로서니 고향에 사시는 초등학교 담임 선생님을 몰라 보다니 될 법이나 한 말인가. 설령 같이 늙어 가는 처지라 해도 상대편의 나이쯤은 짐작했어야 했다. 세월이 속일지라도 실망하는 일은 없어야할 터인데 기어이 속아넘어가 실수를 저지르게 된 것이라고나 할까. 정든 고향을 찾아갔을 때 마을의 일부가 변했고 주변환경이 변했으며 마을 사람들의 구성 요인이 바뀐 것처럼 찾아간 당사자가 딴 사람처럼 바뀌어 있을 경우 누가 실망하지 않으랴.

학창시절에 지나다니던 서울의 개천은 모두 복개되었고 주변에는 고층 빌딩들이 하늘을 덮고 있었다. 그러나 내가 어릴 때 걷던 농촌 길들은 별로 변함이 없었다.

문화 혜택이라면 개천가 이곳저곳에 비닐 봉투와 농약 병들이 뒹

굴고 있다는 것이었다. 땅도 옛땅이요 길도 옛길인데 사람들만 달라지고 있는 것이다.

그나마 어릴 때 함께 놀던 친구들은 흔적도 없이 사라지고 없으니 서운한 마음 달랠길 없었다. 한 마을에서 태어나 자란 친구들은 모두 흩어져 나는 미국땅에 있고 친구들은 고향을 떠나 어디론지 가버렸다. 백두산 정상에 떨어지는 빗방울이 동쪽으로 떨어지면 두만강에 모여 동해로 흘러가고 서쪽으로 떨어지면 압록강을 따라 서해로 흘러간다.

이렇듯 사람도 첫발을 내딛는 방향에 따라서 종착지가 확연히 달라지고 있다.

시류는 사람을 바꾸어 놓는 이상한 힘을 가지고 있다. 그래서 세월은 우리를 실망시키기도 한다.

어릴 때 함께 학교를 다니던 친구 하나가 초등학교를 졸업하고 서울로 고학의 길을 떠날 때 이별의 아쉬움 때문에 눈물을 흘리면서 그 친구의 짐속에 달걀 몇개를 넣어 준 일이 있다. 그런데 그 친구는 6.25 이후 지금까지 소식이 없다.

세월이 지남에 따라 요즈음은 내 가슴에도 정이란 간 곳 없고 무정과 무관심과 무감각으로 가득차 있는 것 같다. 세월이 우리의 모습을 속일지라도 마음만은 옛시절 그대로 남아 주었으면 좋으련만 검은 머리 사이에 서릿발이 비치더니 어느새 검은 머리카락은 사라지고 없다. 그나마 앞머리는 거의 민둥산이 되고 말았다.

이런 모습으로 찾아간 고향에는 그리운 사람들의 모습도 찾아보기가 힘들다.

그래서 허전한 마음으로 돌아오고 만다. 그러나 그럴수록 더 그리워지는 곳이 고향이던가. 고향은 항상 가보고 싶은 곳으로 남아 있다.

고향이 좋아

　고향은 항상 가고 싶은 곳이다. 고향은 그리움과 함께 위안을 주고 고향이란 말만 들어도 포근하게 다가오는 곳 그곳에는 어머니의 정이 남아 있고 어머니의 목소리가 배어 있다.
　개구장이 시절 저녁 늦도록 흙놀이를 하면서 어둠이 깔려도 저녁을 먹을 생각을 못하고 있을 때 '저녁 먹고 놀아야지' 하시는 어머니의 목소리가 남아있는 곳이기에 고향은 언제나 들리고 싶은 곳이다. 미국 퀘이커교 창시자 펜은 말했다. 시골생활은 바람직스럽고 동경할 만한 곳이라고. 거기서는 신의 작품을 볼 수 있으니 말이다. 그러나 도시에서는 인간들의 작품 밖에는 거의 볼 수 없다고 시골생활을 예찬했다. 이런 시골이 나의 고향이다.
　고향에 대한 향수는 동물들의 귀소본능과도 같다. 나이가 들수록 가야지 가야지 하면서 사는 귀소본능이 강해진다. 고향은 자기가 태어나 자란 곳이다. 조상들이 성장한 곳이며 조상의 묘지가 있는 곳이다.
　고향에는 낯설은 사람이 많아도 아직 일부 낯익은 친구들이 있고 낯익은 산천이 있는 곳이다. 몇명 안되지만 옛친구와 산천어들이 반기어 주기 때문에 타향살이에 지친 사람들이 가고 싶어하는 곳이 고향이다.

외국에 정착하여 영주권이나 시민권자로 살다보면 고향은 모국이 되고 모국에 대한 향수는 더욱 짙어진다.

북에 고향을 둔 실향민으로서 더욱 고향 소식, 가족의 생사 확인마저 어려웠던 것이 노태우 대통령의 7.7 성명으로 외국에 거주하고 있는 동포들에게는 생사확인은 물론, 고국 방문의 기회가 주어졌고 북에서도 환영하고 있다. 북쪽의 고향을 다녀온 사람도 많다. 모두 고마운 정책이어서 감사할 뿐이다.

아직도 조국에 사는 사람들은 북녘 고향 소식 및 가족 소식을 들을 수 없고 같은 국토에 살면서 휴전선이 가로 질려 가도 오도 못하니 더욱 고향이 그리울 수 밖에 없고 위정자들이 원망스러울 것이다.

타향 및 타국살이가 자의가 아니고 타의에 의해 결정되어 졌을 때 이산 가족의 아픔과 고통 및 비애는 엄청난 것이다.

지금도 사할린 교포가 그렇다. 가고 싶을 때 갈수 있는 고향과 모국은 국경을 넘을 수 있는 거주 이전의 자유가 있을 때만 존재한다.

마음대로 찾아 갈 수 없는 고향은 잃어버린 고향이다. 이것은 시대가 낳은 비극이다. 일제시대 가난으로 인한 유랑, 망국에 의한 이산, 일본 제국주의에 의한 강제 징용, 남북분단과 전쟁으로 인한 이산, 이 모든 것이 타의에 의한 슬픔이다.

고국을 그리워 하며 살고 있는 해외 동포들의 서러움은 대단하다. 늘 이방인으로 취급하기 때문이다. 먼저 온 자들이 텃세를 하기 때문이다.

고향이 고향으로 갖추어야 할 정신적 조건은 도덕적으로 깨끗해야 한다. 그러기 위해 집권자는 정치를 잘 해야 한다. 약육강식이 없는 경제 즉, 빈부의 격차가 심하지 않는 고른 사회가 되어야 한다. 유교적 전통인 권위주의가 상실되어야 한다.

참된 민주주의가 실현되어야 한다.

호남사람

  가 봐야 반가와 하는 사람 몇 없고 뜯기고 졸리기만 한다는 호탕한 친구도, 마음 속으로는 태어난 산천, 자라난 고향을 남몰래 그리워 하고 있을 것이다. 그것이 고향이다. 두고온 고향을 그리는 시인 박용철의 글 중에,

  고향을 찾아 무얼하리
  일가 흩어지고
  마을 앞 시내도 옛자리 바뀌었을라
  어릴 때 꿈을 엄마 무덤 위에
  남겨두고 떠나는 구름 따라
  고향을 찾아 무얼하리

  등의 일부 구절이 있다.
  이는 고향에 대한 망향가요 회심곡이다. 고향에 가 보았자 토속적인 초가지붕이 사라지고 붉은 원색적인 빛깔로 변함이 옛날을 더 그립게 한다.
  낯설은 타국에 살면서 많은 동포들은 죽기 전에 가야지 가야지 하면서 살고 있다.

나의 살던 고향은 꽃피는 산골
복숭아 꽃 살구꽃 아기 진달래
울긋불긋 꽃대궐 차리인 동네
그 속에서 놀던 때가 그립습니다.

홍난파의 고향의 노래를 모두 즐겨 부르고 있다. 유태인들이 세계 방방곡곡에 흩어져 살면서 죽은 뒤 가장 큰 소원은 예루살렘의 고토에 묻히는 일이라고 한다.

매년 이스라엘로 돌아오는 유해가 1천여구로, 가능하면 다윗왕이 묻힌 곳에서 가까운 곳으로 가려고 한다는 이야기다. 우리 민족과 유사한 현상이다.

고향이란 무엇인가? 그리워 돌아가고 싶은 곳, 태어나고 자라고 조상이 오래 누려 살던 곳이라는 점까지를 크게 포용하여 고향이란 정서적인 그리움의 보금자리요, 동시에 영적인 회귀의 거룩한 성역으로 본다.

이런 면에서 볼때 부모의 고향을 떠나 타향에서 고향이란 관념없이 자라는 세대는 불행한 듯 보인다. 서울을 위시한 큰 도시는 그리운 고향이 될만한 추억이 없기에 가고픈 고향은 아니라고 본다.

기계문명의 발달로 농촌의 고요함과 자연은 파괴되어 송사리 잡던 유유히 굽어 흐르는 강줄기 나 메뚜기 잡던 논뚝에는 공해 산물로 오염이 되어 옛모습 찾기가 어려운 것이 아쉽다. 낭만적인 것은 모두 사라졌으니 아무 곳이나 정붙이고 살면 그곳이 내 고향이겠지!

세계는 지구촌이라고 한다. 하늘을 덮고 지구를 깔고 잘만한 기개가 요청되는 현대인들은 마음을 넓고 크게 가지면 지금 서 있는 곳이 고향이 아니고 무엇이겠는가. 고향은 마음의 안식처요, 영원한 추억의 메아리가 가슴속 깊이 새겨진 곳이다. 우리의 인격을 가장 의심받게 하는 일이 있다면 자기의 고향을 속이는 일이다.

그야말로 뿌리의 부정이다.

나는 유별나게 고향을 잘 묻는다. 호남향우회장을 역임한 후부터 생긴 습성이다.

조국 정치면의 큰 인사 이동 난에 내 고향 출신이 끼어 있나를 유심히 들여다 보곤 한다. 별로 없는 것이 아쉽기는 하지만 어쩌다 같은 고을 출신의 이름이 보이면 나도 모르게 어깨가 으쓱해질 때가 있다. 그러나 이러한 나의 버릇이란 흔히 말하는 파벌의식이라든가 배타주의에서 일어난 피해망상증은 결코 아니다.

  그것은 가까이 있고 싶은 고향에 대한 애착이요, 멀리 있으면서 가까이 있기를 바라는 나름대로의 소박한 애향심에서이다. 사람들은 외지에서 고향 까마귀만 봐도 반갑고 이로 인해 정든 고향 산천초목을 상상해 보곤 한다.

  호남인들의 기질 가운데는 멋과 풍류를 빼놓을 수 없다. 호남지방을 여행하고 돌아온 사람들은 다방마다 서화가 걸려 있고 허술한 여관방이나 식당엘 가도 저명한 동양화가의 소품쯤은 예외없이 장식되어 있다면서 탄복을 하는 소리를 듣는다.

  창이나 붓글씨 등 취미 생활에 눈을 돌릴 수 있는 곳이다.

  호남지방의 여인들은 소백산맥의 서쪽에 넓은 곡창지대로 먹을 것이 풍부하기 때문에 음식 솜씨가 일품이다. 다른 지역 사람도 호남으로 시집을 가면 음식 솜씨가 일류로 변한다는 곳이다.

반도 말단 강진

　옛부터 강진은 산 좋고 물 맑은 문림옥향으로 알려 졌다.
　강진하면 세계적인 자랑거리인 고려청자의 발상지로 명성 높은 곳으로 대두된다.
　조선왕조 정조시대의 학자인 한치제의 저서인 해동역사 가운데 중국 송나라 시대의 유명한 학자 태평로인의 글인 유중금 속에 고려청자가 천하 제일 가는 우수한 것임을 역설했다는 내용이 나온다. 이런 고려청자의 발상지가 전남 강진군 대구면 사당리, 개율리, 용운리, 부동리 일대이다. 이곳은 탐진강이 흐르는 해안선을 따라 남쪽으로 약 24KM 지점이다.
　고려청자의 80%를 이곳에서 구운 것으로 알려 졌다.
　오늘날 강진군에는 고려청자 문화의 재현, 전승을 위한 사업이 추진 되어 1977년 부터 질의 복원 작업에 착수하고 있으며, 약 90%가 재현되고 있다고 한다.
　지금까지 발굴된 고려청자 도요지 가운데 최대 규모로 밝혀진 곳이 이곳 일대의 약 20만평이 되는 곳도 있다.
　고려청자의 도요지는 지금까지 전국적으로 300여기가 발굴되었으며 이 중 200여기가 강진군 대구면과 칠량면 일대에서 발굴되고 80여기가 전북 부안과 진안군 일대에 분포되고 나머지는 경기도 고양군, 용인군, 충남의 서산군 보령, 청양, 공주 대덕, 경북의 월성 등지에 몇기씩 흩어져 있다.
 강진군 대구면의 도요지는 1914년에 고려시대 최대의 청자 도요지이자 최후까지 청자를 구운 곳으로 추정되어 1939년에 고적 107호로 지정됐다가 1963년에 사적 68호로 지정된 곳이다. 강진 도요지는 고려 때 송나라와 교역을 하면서 10세기경 부터 14~19세기까지 약 400~500년간 성행했다.
 이곳은 청자제조에 필요한 질 좋은 점토와 유약원료가 풍부하여 비색수법이 다른 도요지에 비해 뛰어 나고 연료, 수질 등 모든 여건이 훌륭하며 해풍이 요의 성숙조절에 적합하고 편리한 해상교통과 범신에 의한 안전 수송이 가능한 점등 여러가지 유리한 조건 때문에 크게 활기를 띠어 다른 지역보다 질과 양면에서 좋은 청자를 많이 생산해 냈다. 이런 결과 현재 국립중앙박물관에 소장돼 있는 국보 60호인 청자사자뉴개향로를 비롯한 국보 20여점과 보물 30여점이 이곳 강진에서 출토한 것이다.
 이처럼 강진 도요지는 우리나라 도요문화의 전통을 실증하고 고도의 예술성을 국내외에 널리 선양한 문화적 가치가 높다.
 강진하면 칠량면 봉황리의 옹기촌을 빼놓을 수 없다. 옹기는 물을 넣는 기구로 큰 것, 중형(항아리), 소형(단지) 등이 많다. 한국의 옛집에는 항아리를 놓을 장소가 가정의 한 구석에 마련되어 있다.
 농촌이나 산 중의 어느 집이던 옹기는 모두 있다. 한국의 가정생활에는 절대적으로 필요한 필수품이다. 주부에게 옹기는 식생활에 절대로 필요한 관계를 가지고 있다. 옹기는 간장, 된장, 소금, 물, 쌀 등의 저장기구로 사용된다. 강진군 칠량면 봉황리에서 만든 옹기는 배편을 통해 동해의 포항, 강릉까지, 서해의 충청도 황해도까지 가서 판매되었으며 남으로는 제주도까지 판로를 개척했다. 팔기 위해 출항을 할 경우 안전무사를 위해 기원제도 올렸다. 옹기를 만드는데 주야로 5일간 1200도의 고열을 유지해야 한다. 대구면의 고려청자와 같이 옹기가 이곳에서 성행한 것은 토질, 유약, 연료, 해상통로 등의 유리한 조건 때문으로 본다.
 또한 강진에서 무의사의 극락보전 벽화를 들지 않을 수 없다. 벽화로 유명한 무의사는 월출산의 천황봉과 구전봉 좌우 남측 산록에 있으며 성전면 월하리에 속한다. 서기 617년 신라시대에 건립한 것으로 신비감이 놀라울 정도다.
 극락보전의 후불벽화는 국보 제298호로 제정되어 있다.
 강진은 다산 정약용(1762~1836)이 유배됐던 곳으로 1801년경부터 약 19년간 독서와 저술활동을 한 곳이다.
 따라서 이를 기념하기 위해 강진에 다산 연구원이 다산 유배지 강진읍 동성리에 문을 열었다.
 강진에는 탐진강에서 생산되는 구강태, 반지락도 유명하고 식욕과 정욕을 돋군다는 뱀장어 요리도 잊을 수 없는 곳이다.

제 7장 곱게 늙으려면

늙은 40대와 젊은 70대

사람이 태어나 자라서 늙어 간다는 것은 자연스러운 과정이다. 소년기와 장년기는 인생 주기의 일부일 뿐이다. 인생은 나이가 들어갈수록 성숙해 가면서 지식과 지혜를 얻고 차츰 온전한 인간이 된다.

"늙은 자에게는 지혜가 있고 장수하는 자에게는 명철이 있다."는 성경 구절이 있다. 그런데 시대의 변천에 따라 대가족에서 핵가족으로 변하게 되자 노인들을 경시하는 경향이 있다. 그러나 사람은 나이를 불문하고 모두 서로의 일부가 되어 서로에게 헌신할 수 있지 않겠는가.

젊은 때는 세월이 더디다는 생각을 할 때가 있었고 공부에 취미가 떨어지면 학창생활이 지루하기도 했다. 군복무가 어쩔 수 없는 국민의 의무 때문에 하는 것 이었다면 군대생활이 지루했을 것이요, 직장에서 야간 근무를 할 때는 밤의 길이가 낮보다 훨씬 길다는 것도 경험할 수 있었다. 하나 세월이 빠르고 인생이 짧다는 것을 깨닫게 된 것은 나이들고 철이 들면서부터다.

이 짧은 인생을 어찌 살아야 할까. 짧은 인생을 가장 값있게 산 예수를 들을 수 있을 것 같다. 그는 지상에서 33년이라는 짧은 생을 살았다. 33년 중에서도 3년 동안 활발한 업적과 기적을 남기고 승천하셨다.

그에 비하면 우리의 활동 영역은 5대양 6대주로 그 무대를 넓힐 수도 있을 것이요, 또한 내가 외국에서 살아온 세월만 해도 40년 이상이 된다.

어릴 때는 현재를 위해 살고, 청년기에는 희망찬 미래를 보고 살며, 노년기에는 과거를 회상하면서 산다고 할 것이다. 어린이들은 과거도 미래도 자기들과 상관 없는 듯 행동하고 청년들은 인생이 늙어 간다는 사실을 모르고 살고 있다.

나이가 들었다고 절망을 하겠는가. 은퇴는 불가피한 일이지만 일은 계속하는 것이 좋다. "오래 살았다는 것 밖에는 남긴 것이 없는 늙은이 보다 더 불명예스러운 것은 없다."는 세네카의 말에 수긍이 가면서 무엇인가 발자국을 남겨야 한다는 생각을 하게 된다. 일을 찾아서 즐거운 생을 보내야 한다. 하는 일이 즐거울 때 인생은 즐겁고, 하는 일이 의무일 때 그 인생은 노예와 같은 삶이 되리라.

은퇴의 최대의 비극은 아까운 재능을 묻어 버린다는 사실이다. "백발은 영화의 면류관이다." 성경의 말씀이다. 많은 업적들이 노년기에 성취되었다.

"70의 젊음은 40의 늙음보다 때때로 더 생기있고 희망적"이라 했다. 홈즈가 한 말이다. 힘드는 일이라 해도 할 수 있다는 자신감과 희망을 가지고 밀고 나가면 성취할 수 있다. 세계적인 코미디언 번즈는 65세 때에 찰스톤의 콘테스트에서 우승을 했고 80세에 '즐겁게 살련다', 84세에 '세번째의 정직을', 87세에 '100세 이상 살려면' 이라는 책을 썼다. 괴테는 80세에 '파우스트를 완성했고, 조지 버나드 쇼는 93세에 유명한 극작품을 썼으며 알버트 슈바이처는 89세가 되어서도 아프리카에서 병원을 경영했다. 에이먼드 베벨라가 아일랜드 대통령에 취임한 것은 91세 때였고, 콘라드 아데나워가 독일 수상이 된 것은 88세다.

미켈란젤로는 88세 때 시스티나 예배당 천장 그림을 그렸고, 피카소는 92세 까지 그림을 그렸다.

나이 들수록 취미생활을 하고 일을 해야 한다는 것이 나의 생각이다. 나이를 먹는 것은 할 수 없지만 정신적으로 노화될 것까지는 없지 않은가. 늙은 사람일지라도 앞으로 일년을 못살 것 같다고 생각하는 사람은 거의 없을 것이다.
 이스라엘 민족은 노인을 보는 견해가 사뭇 긍정적이다. 노인들을 역사와 전통 문화의 계승자요 안내자로 존경한다. 따라서 노인들은 후손들로부터 존경받을 생각을 하지 않을지라도 대우를 받고 있다.
 한국의 노인들은 자식들에게 유산을 물려주고 자녀들로부터 효를 기대한다. 그런가 하면 미국의 노인들은 자식에게 유산을 물려주기 보다는 비영리 단체인 교회나 학교 또는 장학기관에 기부하고 떠나는 경우가 많다. 따라서 자녀들의 효도에 기대기보다도 사회복지제도에 기대고 있다. 즉 자식 대신 국가가 효자 노릇을 하는 셈이다. 미국에 살고 있는 이민 1세들은 이민 역사가 짧아 국가에 세금을 내지 않았으면서도 도움을 받고 있다.
 한국 전통 문화는 노인에 대한 생각이 부정적이다. 즉 노인이란 신체적으로나 정신적으로 결손 상태에 머물고 있는 사람으로 생각하고 있다. 노인 세대를 보는 동양의 사고방식을 재고할 필요가 있다고 본다. 노인 세대를 긍정적으로 받아들이고 건설적인 시야로 살펴 보아야 한다.
 올바른 전통은 가족을 오랫동안 함께 묶어준다. 조부모는 가족 이외의 사람을 돌봄으로써 사회에 공헌을 할 수 있다.
 세월이 흐름에 따라 가족은 끊임없이 흩어지고 있다. 그러나 조부모는 가족을 단합시키는데 많은 공헌을 하고 있다. 조부모는 자녀를 키우는 방법을 부모보다 더 잘 알고 있다. 특히 아이가 위기상태에 놓였을때 침착하게 대응하는 방법을 알고 있다. 조부모가 된다는 것은 우리 생애에서 풍성한 수확을 거두는 시기에 이르게 되었다는 것을 의미한다. 단순히 여러해를 사는 것만으로 늙은 사람은 없다.
 사람은 욕심과 집착 때문에 늙는다고 한다. 세월은 피부를 주름지게 하지만 열정을 버리는 것은 영혼을 주름지게 한다.
 믿는 만큼 젊어지고 의심하는 만큼 늙는다. 공경받아야할 사람은 그가 완전하고 공경받아 마땅해서가 아닐 경우도 있다. 부모와 조부모인 것만으로도 공경받아야할 자격이 있다. 내 조국이 아무리 보잘것 없고 자랑할 것이 없어도 내 조국이니 사랑해야 하는 것과 같다. 아무리 나이 들어도 가슴에 희망을 품고 있는 한 그는 늙지 않는다.

세대 차이에 대하여

 연월일이란 시간단위는 예나 지금이나 다름없건만 그 집합개념인 세대란 말처럼 내 사고를 혼란스럽게 만드는 것은 없을 성싶다. 보통 한 세대라고 하면 30년 정도로 알고 있다. 그러나 "10년이면 강산이 변한다"는 통설은 옛말이 된지 오래다.
 지금은 "쌍둥이도 세대차이를 느낀다"는 코미디 말이 인구(人口)에 회자(膾炙)되고 있는 모양인데 정말로 그런 것일까. 기성세대란 40~60대들을 일컫는 말이다. 한국역사의 슬픈 한 장면이었던 일제의 식민지시대와 해방의 혼란, 6.25의 비참함과 가난을 체험했다. 기아와 빈곤 속에서 보릿고개란 말의 뜻과 굶주림의 슬픔을 안다. 식량이 없어 열매, 산채, 심지어 나무껍질을 주식대용으로 먹었던 시절의 배고픔을 안다. 지금의 북한사람들의 식량사정이 그렇다고 본다. 그래서 지금까지 그 시대를 살았던 사람들은 먹을 것에 대한 집착이 강하다. 과거에 못보던 값비싼 치즈와 고기는 버려도 밥알은 못 버린다. 곡식이 그렇게 소중했던 것이다. 값으로 따질 상황이 아니었다. 한알의 쌀의 가치가 너무나 소중했기 때문이다. 구세대라고 일컫는 기성세대는 한국 땅에서 가난을 몰아내기 위해 산업화를 적극 추진했다.
 놀라운 경제 기적을 성취했고 그 이면에 기형적인 사회구조도 만들었다.
 불평등의 격차가 심화된 것이 이 때였다. 그래도 불확실한 변화를 싫어 했기에 노사 분규 같은 것에는 일종의 공포심을 갖고 있었을 것이다. 그 세대는 6.25전쟁이나, 4.19의거 또는 5.16사태를 거치면서 투철한 반공의식을 견지하게 되었고 질서를 무엇보다 중요시했다.
 이 기성세대는 대체로 중견간부 이상의 지휘계통에서 일하면서 지시를 내리는 데엔 익숙하고 부하직원의 자율 권한을 주려 하지 않았다. 독선적이고 권위주의적이었으며 자신의 주장만 내세우고 아랫사람들로부터 추앙 받기를 좋아했다.
 협의과정에서 반대 주장은 자신의 권위에 대한 도전으로 받아들였다. 그래서 그 세대는 젊은 세대로 일컫는 신세대에게 좋은 이미지를 심어주지 못했을 것이다.
 오로지 외국문화의 모방에 급급하였고 물질주의, 배금주의에 현혹되어 우리 고유문화의 가치를 제대로 평가하지 못하였다. 경제 치중의 정책으로 다른 부문의 문화가 퇴조하고 군인이 정치 마당에 앞장섰기 때문에 젊은 계층 신세대에게는 군관에 대한 불신을 안겼던 셈이다.
 그러면 신세대라고 일컫는 2,30대들은 어떤 사람들인가? 이들은 일제의 모멸적 기억도 없고 8.15의 혼란 시기나 6.25의 참상 그리고 절대빈곤을 경험해보지 못한 풍요의 시대에 살아 온 세대다. 따라서 탈 냉전에서 탈 산업주의를 슬로건으로 걸었다. 먹고 살기에 불편함이 없는 시대에 살았기 때문에 국가적인 충성에 관심을 두기보다는 개인의 행복과 발전에 더 큰 비중을 두고 실용적인 기술 습득에 매달리었다. 대학가에는 진리탐구와 낭만 대신에 반체제 정치구호가 등장했고 축제 때에는 으레 데모가 단골 메뉴로 뒤따랐다.
 이들의 주장 중 평등화, 민주화는 설득력을 높였다. 이념적 갈등이나 후진국의 열등의식을 버리고 비굴하지 않게 살자고 자기네들 목소리를 높였다.
 신세개는 인간관계보다는 실무 혹은 능력 위주의 생활방식에 익숙했기에 상급자의 눈치를 보려고 하지 않는다. 이런 행동 양식이 기성세대에 좋게 보일 리가 없다. 젊은 세대는 너무 타산적이고 자기밖에 모르며 같이 모여 우애를 다지는 시간을 낭비로 생각하고 참석하지 않으려는 경향으로 기울었다. 윗사람을 생각하기 보다는 자신을 먼저 챙긴다. 따라서 기성세대가 보기에는 정이 안가는 세대이다.

이들은 회사 내에서의 직업인과 회사 밖에서의 개인의 영역을 엄격히 구분하는 젊은이들이다. 자유를 회사 밖에서 침해당하려 하지 않았고 회사 안에서도 명령보다는 동료의식으로 창의적인 일을 고안해 내는 것을 가치 있게 여겼다.

기성세대는 망설이다 시간을 보낸 경향이 있겠지만 젊은층 신세대는 말하기 어려운 말도 잘 한다.

근래에는 자고 나면 커다란 사건들이 발생하고 있다. 차를 타고 고속도로를 달리다 보면 스쳐 지나가는 차창 밖의 풍경처럼 뇌리에 잠깐 자리 잡았다가는 다음 사건에 떠밀려 잊혀지고 만다. 이렇게 빠른 속도로 흘러가는 역사의 소용돌이 속에서 민첩성과 융통성은 가져야 할 것이다. 그러나 자기들의 목소리만 높힌다면 생각의 공통분모를 찾아 화합하기는 어려울 수밖에 없을 듯하다.

신세대는 기성세대를 부정하고 불의한 세대로 보지만 기성세대는 신세대를 탓하고 문제집단으로 본다. 조화가 필요한 시대다. 물과 불은 상극이다. 그러나 중간에 냄비를 놓고 반찬을 만들면 맛있는 음식이 물과 불의 조화로 만들어진다. 기성세대와 신세대간에는 서로를 인정해주는 화합과 조화가 필요하다.

대체적인 견해로 지금의 한국 사회를 기성세대라고 친다면 미국 사회는 신세대에 해당할 것이다. 한국인 사회 세대는 오랜 역사와 전통에서 비롯된 배달의 얼을 정신적 지주로 삼는다. 반면 미국인 사회 세대는 역사는 짧지만 복합문화권이라서 그럴까. 사회 저변엔 젊은 기백이 넘쳐흐르고 있다.

오래 전에 한국을 떠나 미국에 와서 살고 있는 나는 어느 사회에 속해 있는 세대일까? 이번 주말엔 좀 시간을 내어 한국의 바다와 맞닿은 태평양 연안의 '우정의 종각' 공원이 있는 팔로스버디스 쪽으로 차를 몰아보아야 하겠다.

노인을 보는 시각

　오래전부터 필자에게 어느 노인회에 나가느냐? 환갑이 언제냐 하는 소리를 하는 것을 보면 이마의 주름과 머리카락의 눈내린 모습은 어찌할 수 없나 보다. 정신적인 노인이 되기 전에 노인에 대한 문제를 살펴보고자 한다.
　한국의 가족이 직계중심의 대가족 제도에서 부부중심의 핵가족제도로 돌진하고 있다. 이민 1세의 노장층은 그동안 전형적인 친자중심의 가족 관계를 맺고 살아온 대가족제도하에서 살아왔다. 그들은 그들의 청장년시절 노부모에 바쳤던 효성만큼 자기들의 노후에 자녀들이 봉양해줄 것을 기대하고 노후생활을 위한 준비없이 오직 자녀를 위해 살아왔다. 그러나 요즈음의 일부 청년 부부는 노부모의 기대를 의식하지 아니하고 부부중심으로 가족생활을 영위하려는 경향이 농후하다.
　다행히 미국에서는 부모에 대한 젊은 부부의 봉양대신 훌륭한 사회복지제도의 혜택으로 국가에서 대행하고 있음은 우리 이민 노부모들에게는 큰 힘이 되고 위로가 된다. 생의 의욕이 솟는다. 이곳이 노인을 위한 지상천국이다. 이런 제도는 자녀들에게도 커다란 도움이 되고 힘이 된다.
　이곳의 노인들 중에는 두메산골에서 피나는 고생을 하면서 자녀들을 일찍이 유학을 보내 의사, 변호사, 학자, 전문인 등이 되도록 뒷바라지를 했고 그들의 초청으로 이곳 낯설고 말설은 타국에 온 분도 많다. 이들 노부모와 이곳에서 교육을 받은 아들 며느리와의 관계가 석연치 않다. 사고방식이나 세대차이 때문에 갈등이 생기고 더욱 손자 손녀들과는 완전히 문화적 배경의 차이로 같이 호흡하기에 어려운 문제에 봉착하고 있다. 결국 고독을 삼키면서 아들, 며느리와 따로 살아야 하고 그것이 피차 편하게 된다. 그러나 부모는 자녀들 입장과 환경을 이해하고 자녀는 부모들의 전통사상과 유교적 유산을 이해하도록 노력해야 하며 부모를 위해 자녀들이 의무적으로 이행해야 할 재정적인 의무를 국가에서 해줌을 감사히 생각하고 보다 높은 차원에서 많은 애정을 부모에게 나타내야 할 줄 안다. 모두가 세월이 가면 늙는 법 주는 대로 받는다는 원리를 기억하고 부모 섬기기에 살아 생전에 노력해야 될 줄 안다.

노인에 대한 사고방식이 한국은 부정적인데 비해 이곳은 긍정적임을 알아야 한다.

한국에서는 노인하면 신체적 정신적 및 생물학적 결손상태로 보고 보수적이며 이성이나 성생활에는 무감각한 사람으로 보거나 손자 손녀들에게 옛날 이야기나 잘해주는 사람으로 보았고 이들을 존경해야 한다는 경로사상 정도였다.

또한 생산력 저하 문제와 사회 발전의 억제 요인이라는 사회문제로 부각시켰고 그렇게 배웠다.

그러나 미국의 교과서는 노인에 대한 개념이 용모에 대해서는 부정적이지만 노인의 속성은 긍정적이다. 즉 노인은 부지런하다든가 지혜롭고 인자하다고 기술되어 있다. 또한 노인들은 건설적이며 생산적으로 노력을 하고 있으며 경험의 다양성에 대해서는 높이 찬양하고 있다. 위와 같은 점들을 감안하여 경로사상만 강조할 것이 아니라 노인들은 경험이 많고 지혜롭고 인자하며 부지런하다는 사실과 가정과 사회 및 국가를 위해 생산적인 노력을 하고 있음을 높이 찬양하여 사회에 공헌도가 지대함을 알리고 있다. 이를 알아야 하고 우리의 사고방식을 수정해야 한다.

<뉘라서 날 늙다는고 늙은이도 이러한가
　꽃을 보면 반갑고 잔 잡으면 웃음난다
　춘풍에 흩날리는 백발이야 낸들 어이하리>

노인들의 인생

　세네카의 말과 같이 '노령은 불치의 병이다.' 또한 죽음으로 둘러싸여진 섬이라고 한 사람도 있다. 그러기 때문에 사람들은 늙음은 죽음 보다 무섭다고들 말한다.
　의학의 발달로 인간의 수명이 점점 증가하고 이에 따라 노인층의 인구가 두터워지고 있다. 동시에 노인층에 관한 연구도 활발히 진행중이다.
　최근에 보고된 영국이 낳은 시인 바이런은 36세의 마지막날에 '나의 생애는 단풍 들었다. 사랑과 꽃과 열매는 사라지고 구더기 버러지 그리고 슬픔만이 나의 유일한 것이다.'라고 젊은 나이에 역설한 바 있다. 이렇게 현대인은 조숙할 필요가 없다. 노인들의 특성에 관한 몇가지를 살펴보자. 노인들이 꾸준히 독서하고 사고력을 강화하며 창의적인 생활을 계속하면 지적능력을 향상시켜준다. 이치를 따지는 능력과 기억력등은 노쇠로 인하여 일부분은 감소될지라도 지적인 능력은 그대로 유지된다.
　나이가 들면 뇌세포의 일부 기능은 상실되지만 활발한 독서나 사고력 강화로 70세까지 뇌의 세포 사이를 연결해 주는 지선이 발달하는 것을 여러 신경계 학자들이 밝혀냈다. 나이가 들면서 사람들은 감당하기 어려운 감정을 극복하는 심리적 메카니즘이 강해진다는 사실을 다트머스 의과대학 조지 베일런트 교수는 최근 조사 결과를 발표했다. 젊은 사람들은 거부반응이 충동적 행동으로 자신을 방어 하지만 중년 이후 나이든 사람들은 유머, 관용, 창의성으로 자신을 보호한다고 한다. 나이든 사람들은 젊은 사람보다 똑같은 조건의 환경에서 압력이나 중압감을 덜 느껴 어려운 장면을 수월하게 넘긴다. 그 이유는 뇌의 알람 역할인 걱정 불안에 관련되는 세 포덩어리가 40대 후부터 줄어들어 분노, 근심, 충동성이 감소되기 때문이라고 한다. 이같은 사실은 컬럼비아 대학교 정신분석학자 스티븐 루스가 밝혀냈다. 나이가 들수록 인간관계가 안정되고 소중해진다. 특히 오랫동안 결혼생활을 지속하게 되면 그 결혼이 성공할 확률이 높고 부부생활이 행복한 사람들은 자녀가 집을 떠난 뒤에 둘만의 생활에서 더 큰 만족감을 갖게 된다.

중년을 넘은 84%의 사람들이 보다 동정적이 된다. 자녀가 자란 후에도 자녀를 돌보던 그 감정이 남아 있어 타인에게 따뜻해진다고 포드햄 대학교의 찰스 페이히 신부는 말했다. 그 결과 중년이 지난 사람들은 사랑을 베풀 수 있는 방법으로 지역사회와 사회문제에 관심을 갖고 공헌하게 된다.

노인 세대에 손자 손녀는 자기 자식과는 다른 희열감과 기쁨을 준다. 손자 손녀들을 새 세대와 연결하면서 인생의 흐름을 즐거움으로 받아들인다.

나이든 사람은 자신들이 원하는대로 보낼 수 있는 시간이 많다고 느끼는 동시에 자신의 인생에 그다지 많은 시간이 남아 있지 않다는 것을 깨닫는다. 이것은 시간이 얼마나 귀중한지 인식시키고 어떻게 유익하게 사용해야 하는지를 가르쳐 준다. 자신의 시간을 가치있게 쓸 줄 아는 사람일수록 더 오래 산다고 한다.

노인이 되면 육체적으로는 순발력을 잃지만 정신적인 면에서는 훨씬 강해진다.

그것은 일생동안 겪었던 경험을 숙고하고 재평가할 수 있는 시간을 가짐으로써 내적충실 즉 슬기로움을 갖게 되었기 때문이다. 따라서 키케로는 이성과 판단은 노년기에 이르러 성취된다고 했다. 고로 노인들이 없어진다면 그 어떤 나라도 존재하지 못할 것이라고 했다.

곱게 늙으려면

　나이가 들어가면 운동신경이 둔해지고 거동이 불편해진다. 넘어지기 쉽고 넘어지면 회복기간이 짧지 않다. 힘이 빠지고 일하다가 잘 부딪혀 상처가 가실 날이 없다. 늙음을 억지로 밀어내지 말고 인생의 황혼을 여유있는 마음으로 자연스럽게 받아들여야 하리라 본다.
　세월 앞에 영원한 것은 없다. 시간과 공간 그리고 배경에 따라 젊음도 아름다움도 변한다. 젊은이에게는 생명력과 깨끗함과 순수함이 이미 그 안에 마련되어 있으나 나이가 들수록 추해지고 아름다움을 잃어버린다. 그래서 노년을 아름답게 맞이해야 한다.
　사람들은 자신의 노화 현상을 괴로워하며 약점으로 생각한다. 젊게 보이고 싶다는 일념에서 검은 머리로 염색하는 것이 사람들의 심리이다. 외국 어느 극장에서 있었다는 이야기가 생각난다. 뒷자리에 앉아 있던 남성 한 사람이 소리 높혀 말했다. '나이든 여성 외에는 모자를 벗어 주시오." 장식이 요란한 모자를 쓰고 앉은 여성 관객들 때문에 무대가 잘 보이지 않았던 것이다. 그순간 장내의 모든 여성이 일제히 모자를 벗었다. 나이 들었다고 표시하고 싶은 여성은 한 사람도 없었던 것이다. 자신이 나이 든 사람임을 나타내고 싶은 여성이 한 사람도 없었다는 점에서 여성들의 심리를 잘 나타낸 에피소드다.
　필자의 흰 머리카락을 보고서 염색을 하라는 친구도 있다. 귀담아 두지않고 흘려 보냈다. 이제는 흰 머리카락마저 날라가 버려 속 알머리는 사막화 되었고 주변머리만 좀 남았다. 이젠 하이모를 쓰라고 하는 사람이 나타난다. 이 말에도 신경을 끊고 있다. 이유는 경제적인 문제도 있지만 그로 인해 필자를 알아 보지 못하는 사람이 있으면 어쩌나 하는 생각도 들기 때문이다.
　흰 머리카락 때문에 의문이 생긴 적이 있다. 결혼식 때 필자 결혼 주례해주신 양주동 박사의 주례사 중에 검은 머리 파뿌리되도록 잘 살라고 했는데 주례사대로 잘 살았다.
　이제 머리카락이 파뿌리 되고 파뿌리 마저 뽑혔는데 이혼해도 된다는 말인지 묻고 싶으나 주례자는 고인이 되고 말았다. 친구에게 물으니 쫓겨나지 말고 이사갈 기미가 보이면 미리 차에 타고 있으라 한다.
　그러나 나이가 드는게 나쁜 것만은 아니다. 인생의 해석이 달라지는 좋은 점도 많다. 조금 더 너그러워 질 수 있고 느긋해 진다. 기다릴 수 있는 여유도 생긴다. 사람이 그럴 수도 있지 라고 말하게 된다. 인간을 보는 눈이 따뜻해 진다.
　욕심도 내려놓는 지혜가 생긴다. 나도 한 때 그랬었지 라고 말할 수 있게 된다.
　세월을 살면서 나이 값을 하게 된 내적인 성숙이 인간미로 더 해 가는 것이다.
　이런 좋은 점들은 세월과 함께 시간이 흘러야만 만들어지는 것 같다.
　우리 주변에도 나이에 상관없이 고령의 연세에도 활기차게 전문직을 지켜가고 있는 분, 건강하게 사회활동, 봉사활동을 하시는 분들이 많다. 그들은 신체적 노화가 약점이 아니라는 것을 보여주는 케이스다.
　호적상의 나이와는 상관없이 생리적 나이가 젊은 사람이 내 주변에는 많다.
　바라건데 지금과 같이 사회활동, 신앙생활, 집필활동을 지속했으면 한다. 곱게 늙기를 희망한다. 성인병이 접근하지 못하도록 주의해야 하리라고 본다.

지하철 좌석

　밤 9시경이 지나서 숙소인 충무로 3가 부근의 나의 숙소로 가야 했다. 늘 그렇듯이 광화문 교보문고와 종로 입구의 영풍문고를 3시간 정도 헤매고 다니다가 책방을 나서니 다리가 천근 만근이다. 서점에서 책구경을 할 때는 느끼지 못한 피로감이 엄습했다. 지하철 5호선을 탔다. 앉을 자리가 없다. 사방을 두리번거려 봤지만 빈자리는 없고 서 있는 사람이 앉은 사람보다 많은 듯 보였다.
　필자의 앞에는 눈을 지그시 감고 있는 젊은 학생이 앉아있다. 피곤에 지쳐 있는 모습이다. 무거운 책가방을 자기 무릎 위에 올려놓고 눈을 뜰 기색이 보이지 않았다. 눈을 감고 있었으니 70이 넘은 노신사를 못 보았으리라 본다. 만일 보았다면 나를 젊은 사람으로 착각했을 것이다. 착각했다면 몸은 고달팠지만 젊게 보아주니 한편 고맙기도 했다. 나는 누가 보아도 노인임이 분명한데 늘 젊은 기분으로 젊게 살려고 노력하고 있다. 따라서 노인회에 가입할 나이가 거의 20년이 초과 되었지만 그런 단체는 나의 부근에서는 멀리 있다. 다소 부담스러운 집필양을 감당하고 소화시키고 있는 점은 신앙생활로 술과 담배 커피를 멀리하고 늘 젊게 살려는 정신 때문에 건강이 유지되고 성인병이 접근하지 못한 것으로 본다. 그러나 나이가 나이이고 가는 세월을 무시할 수 없는 듯이 서 있으니 피로감이 온몸을 지배한다. 그렇다고 마음대로 땅바닥에 앉을 수는 없다. 누가 인정해 주지 않아도 국제신사인데 말이다. 이제 하차하여 다른 자하철로 바꾸어 승차해야 한다.

주변에 세일하는 물건이 많아 눈요기 때문에 잠시 피로감이 가신다.

다른 차로 옮기니 하차하는 손님이 승차하는 손님보다 많다. 빈자리로 급히 이동하는데 필자와 다른 사람이 그 빈자리를 잡기 위한 경쟁이 붙었다. 상대는 나보다 젊은 사람이어서 나에게 양보했다. 자리에 앉아보니 욱신 거리던 다리도 편해졌다. 몸이 해이해 지니 눈을 감고 싶다. 허나 잠들면 내려야할 정류장을 놓칠 수 있다. 눈을 뜨고 있으려니 자리 경쟁을 벌린 나의 모습이 처량했고 나를 아는 사람이 보았다면 스타일 구기는 행위로 좀 창피했다.

그래도 미국에서는 몇몇 단체장을 했기에 약간은 알려져 있는 몸이기 때문이다.

다음 정류장에서 무거운 책가방을 든 여학생이 승차했다. 몸살 감기라도 하는 듯한 쇠약한 여학생이다. 이 여학생은 쌀쌀한 날씨인데도 이마의 땀을 이제 씻는다.

이 모습을 본 가방을 받은 부인 옆의 노신사가 일어서면서 그 여학생에게 자리를 양보한다. 그는 곧 내린다고 하면서 사양하는 여학생을 안다시피 해서 앉히는 것이다. 내가 일어설 것을 하는 생각이 들어 마음이 편치 않았는데 자리를 양보한 나보다 젊어 보이는 노신사가 하차한다. 잠시 다시 마음이 편해 졌다.

노신사는 은퇴한 교육자로 보였다. 자리를 양보하면서 공부가 얼마나 힘드냐? 몸이 건강해야 공부를 지속할 수 있다는 말을 던지는 것으로 봐 그렇게 짐작이 간다. 한국의 교육제도 특히 대학 입시제도가 학생들의 건강을 녹초로 만드는 건강말살 교육으로 보여 안타깝다. 미국의 고3 학생들은 건강을 위한 놀아리 교육을 하고 있다. 건강증진 교육이다. 그 대신 대학생이 되면 밤 하늘에 별 볼 생각을 말아야 한다.

한국을 방문할 때마다 점점 경로사상이 무너지는 듯 하여 걱정스럽다. 우리의 아름다운 유교적 전통사상이 퇴색해 가는 것이 안타깝다. 노인과 젊은 사람의 관계가 상하관계에서 평등관계 즉 횡적인 사회로 변하는 시양문화가 동양문화권에 침투되어 가는 것이 아쉽다.

　노인이 여학생에게 자리를 양보함으로 주변의 젊은 이들은 몸둘 바를 몰라 쩔쩔 매고 있는 듯 보였다. 필자도 먼저 일어나지 못한 아쉬움이 있었기 때문이다.

　충무로 3가에서 내려 엿 한봉지를 구입했다. 과거 초등학교 시절에 즐겨 먹던 엿이였기 때문이다. 엿을 누구를 주기 위해 산 것이 아니다. 한국에는 나의 손자 손녀가 없다. 숙소인 나의 호텔방은 혼자만이 사용하는 방이였기에 부인도 친구도 없다. 지난날의 향수를 그리며 즐겁게 엿을 먹어 본 것이다.

건망증

　천재 물리학자 아인슈타인이 개를 좋아했다. 그는 큰 개, 작은 개 두마리를 길렀다. 연구실에서 기르고 있었다. 개들이 밖으로 나가려고 끙끙 거린다. 이를 본 아인슈타인은 창문에 구멍을 뚫었다. 그 구멍으로 작은 개의 출입이 자유로워졌다. 그러나 그 구멍으로는 큰 개의 출입은 불가능 했다. 따라서 옆에 또 하나의 큰 구멍을 만들었다. 큰 개의 출입을 위해 다시 하나 더 만든 것이다. 이로 인해 창문이 엉망이다. 작은 구멍을 좀더 크게해서 두 개의 출입을 자유스럽게 하면 되련만 거기까지 천재의 머리도 생각하지 못했다. 필자 같은 둔재도 아는데…
　그리고 보면 '천재와 둔재의 차이는 종이 한장 차이'라는 말이 실감 난다. 머리가 안도는 경우나 잊어버리기를 잘하는 경우 등은 모두 공통점이 있다. 약간의 건망증은 정신건강에 좋다. 작은 일이나 잡념을 떨쳐 버리는데 도움을 준다. 그러나 건망증으로 중대한 약속을 어기게 되면 무책임한 사람으로 인정되고 신용을 잃게 된다. 또한 건망증이 심해지면 구제불능의 인간으로 바보 취급을 받게 된다.
　머리속 스크류가 헐거워 지거나 집중력이 강해 그 일에만 몰두하다 보면 보통일을 쉽게 잊어버리는 건망증 증세는 대인 관계에 있어 남에게 본의 아닌 피해를 끼칠 수 있다. 즉 일에 몰두하다 보면 약속을 쉽게 잊을 수 있다. 필자도 집필에 총력을 기울이다 보면 그 날해야할 일들을 몽땅 잊어 버리는 경우가 있다. 약속시간에 나타나지 않아 전화가 온다. 깜빡했다고 급히 달려간 적이 있다. 그래서 다음날 일정을 자다가도 생각이 나면 기록하기 위해 침대 옆에 메모지와 펜을 준비해 놓고 있다.

　기록에 있는대로 그 날 할 일을 한다. 써가지고 온 기록을 보지 않은 경우도 있다. 참 딱한 일이다. 그러나 필자의 건망증은 애교다. 건망증이 심한 친구가 있다. 교회 간다고 했는데 성당에 가 앉아 하루종일 목사님 오실 때를 기다리고 있는 친구. 자기가 형인가 동생인가 혼란을 일으키는 친구도 있다. 건망증이 심한 사장이 조금 전에 쓰던 볼펜을 찾는다. 옆자리에 있는 비서에게 물었다. 내 볼펜 어디 갔지? 비서는 '가져가지 않았는데요' 하고 사장님을 바라보니 문제의 볼펜이 보인다. '사장님 귀에 꽂고 계십니다' 그래? 어느 쪽 귀에 꽂고 있지? 이쯤되면 비서를 잡는 사장님이다. 우리 집에는 자동차 및 집 열쇠가 두개 있다. 한 set은 필자의 것이다. 다른 한 set은 처의 것이다. 그런데 가끔 필자의 처는 자기 열쇠는 가방 속에 넣고 내가 가지고 있는 것이 자기 것이라고 한다. 나는 약하기 때문에 내 것을 몰수 당한다. 그런가 하고 나도 내것을 찾아도 나오지 않는다. 처도 이상한지 자기 가방을 뒤지다가 자기 가방에서 찾아낸다. 그 때 아내는 계면쩍어서 그런지 이상한 웃음을 웃으면서 내것을 반납한다. 이런 경우가 한두번이 아니다. 우리 부부는 이런 면에서 꿍짝이 맞는 배필이다. 아내는 나보다 다섯살이나 밑인데도 건망증 증세는 나 보다 높다. 어느 친구는 출근을 위해 와이샤츠에 넥타이를 매고 웃옷을 입고 지하철을 탔다. 주위 사람들이 이상한 눈으로 자기를 자꾸 보아서 자기도 자기 옷을 보니 바지는 파자마를 입고 있었다.

　얼굴이 홍당무가 되어 걸음아 나 살려라 하며 집에까지 급히 가서 바지를 갈아입고 출근하니 지각을 해도 너무 늦은 지각을 한 것이다. 이런 친구들에 비해 이 글을 읽는 사람은 기억력이 약간 쇠퇴해 가는 정도이니 염려할 것 없다.

　웃을 일이 적고 경제난에 허덕이면서도 가끔 웃을 수 있는 기회가 좀더 있었으면 좋겠다. 살기가 힘드니 짜증만 나고 화낼 일이 자주 생긴다. 세계 경제가 각국마다 어렵다. 이를 모두 자기에게 책임이 있는 거 처럼 심각한 표정을 짓고 있다.

그렇다고 누가 자기를 인정해 주지도 않는다. 이민생활을 하다보면 난관도 많고 시련도 많다. 그러나 그 고개를 넘어야 한다. 혼자서 문제를 풀어나가야 한다.

남에게 의지하려다가는 좌절되는 경우가 많아진다. 세상살이 모든 것이 마음먹기 나름이다. 어차피 넘어야할 산이라면 마음 단단히 먹고 웃으며 나가야 한다. '쥐구멍에도 볕들 날'이 있다고 하지 않았나. 인생 행로가 단거리 경주가 아니다. 마음 느긋하게 먹고 난관을 극복해 나가야 한다. 어려운 고비를 넘기 위해서는 모든 것을 긍정적으로 보고 아름답게 보아야 한다. 낙관적인 생활태도를 갖는 것이 현명한 자세다. 돈이 전부가 아니다. 물질적인 풍요가 우리 정신생활을 여유 있게 만드는 것은 아니다. 세상만사가 어차피 새옹지마, 길흉화복이 변화무쌍하게 나타난다. 백두산 천지의 구름 떼가 천지를 삽시간에 덮었다가 벗어난다. 기후가 우리 생활과 같이 변화무쌍 하다. 먼날을 바라 보면서 주체성을 갖고 미래지향적인 삶을 엮어 나가는 것이 슬기로운 인생을 성공하는 방법이다. '동중정' '정중동' 즉 움직임 속에 고요함이 있어야 하고 고요 속에서 움직임이 있어야 한다.

만사를 모두 머리 속에 우겨 넣으려 하지말고 작은 일, 시시한 일들은 내보내고 적당히 건망증을 유지함은 건전한 생활을 하는 한 방법이 될 것이다.

유머 감각이 없으면 감정이 메마르고 사는 일이 각박해지기 쉽다. 우리 생활의 소화제인 유머 감각을 개발시켜야 한다. 이것이 정신순화에 공헌하리라 본다.

새해 나이

　새해가 온다. 아이들은 좋겠지. 노인들은 반갑지 않겠지. 싫어도 떡국을 먹어야 하고 한살 더 추가해야 한다. 언제부터 인지 나도 모르게 새해가 오면 개구리와 같은 동면기가 그립다. 지구가 지나치게 빨리 자전과 공전을 하기 때문에 밤낮이 교차되고 묵은 해가 지나가고 새해가 오나보다. 지구가 회전하는 속도가 너무 빠르기에 현대인들 중에는 '지구야 멈추어라, 내리고 싶다'라고 외친 사람도 있다.
　나이를 든 사람들에게 공통적인 느낌은 젊어 보입니다 하면 좋아하고 나이보다 늙게 평가하면 섭섭해하며 냉냉해진다.
　미국 사람들은 더욱 그러하다. 노인에게도 젊은 부인(YOUNG LADY), 젊은 사람(YOUNG MAN)이라 하면 반가워하고 할머니 할아버지라고 하면 내가 왜 할머니 냐고 역정을 내신다. 사실 손자 손녀가 있는 할머니이면서 말이다.
　필자는 나이에 비해 일찍이 귀밑에 서릿발이 내리더니 온 머리카락이 백발이 된지 오래다. 고된 세파에 허덕이면서 그리고 강풍에 시달리며 살다보니 전면의 이마 위는 흰 머리카락까지 빠져 버린지 옛날이다. 만나는 사람마다 할아버지라고 한다. 나 보다 7~8세 많은 한 선배가 나의 나이를 묻기에 왜 몇년 전에 회갑잔치를 위해 초청장을 보냈는데 오지 않았느냐 했더니 정말로 받아들여 정중히 사과를 했고, 사과를 받아 들었다. 허나 나를 늙게 보고 인정함이 나를 슬프게 만들었다. 회갑이 되려면 10년이나 남아 있을 무렵의 이야기다. 따라서 50대에 60대로 넘어간 것이다.
 이제 가끔 만나는 사람이 옛모습 그대로 변하지 않고 있다고 한다. 더 늙지 않는 비결이 있느냐고 묻는다. 대답은 간단하다. 어느 날 갑자기 왕창 늙더니 더 늙을 틈이 없어서 늙지 못한 모양이라고 했다.

세대간의 갈등해소

　추수감사절 젊은 장로들이 오락 순서를 마련하고 자매들이 음식을 마련한 파티에 50대의 장년 60대 이상의 노년층 그리고 아이들까지 전세대가 같이하는 잔치에 참석하였다. 오락 프로그램은 30내기 40대들이 갖은 지혜를 짜내어 각 세대들이 좋아하는 노래와 함께 가을에 띠우는 편지가 녹음이 되어 방송되었다.
　조용히 감상해야 할 노래와 시 및 수필에 무관심의 정도를 지나 떠드는 소리가 노래소리 보다 훨씬 컸다. 할 수 없이 주최측은 스피커의 볼륨을 높이고 높이다가 최고의 위치에 멈추었다. 아이들은 더욱 요란하게 앞뒤좌우로 운동장에서 뛰듯 날뛰고 장년과 노인들의 잡담소리에 견디다 못해 사회자는 스피커의 볼륨을 낮추라고 명령했다. 그 명령을 들은 어느 40대의 자매가 세대차이니 이해 하라는 충고가 떨어졌다. 요즈음 세대차라는 말이 자주 들린다. 세대는 대략 30년을 한 세대라고 한다. 30세가 되면 자녀를 갖게 되고 다시 30년을 더해 60세가 되면 손자를 보게 되는데 이런 이유에서 한 세대를 30으로 본 것이다.
　한세대라는 말을 좀더 실감나게 표현한다면 '아버지와 아들사이'를 볼 수 있다.
　따라서 할아버지와 손자는 두 세대라고 보는 것이다. 한 세대인

30년의 세월이 지나고 나면 많은 변화가 뒤따르게 된다. 생활 환경과 습관의 변화, 새로운 문화의 형성, 가치관의 변화, 지식의 증가, 사회 구조의 변화 등으로 아버지가 자란 환경과 아들이 자란 환경은 큰 차이가 있다. 한 세대가 지나고나면 생각하는 발상의 배경과 근원 자체가 다르기 때문에 우선 의사 소통에서 부터 갭(GAP) 또는 차이를 느끼게 되는데 이것을 또한 세대차라고 할 수 있다. 세대차의 문제는 다음과 같은데 있다고 본다.
　사람은 누구나 자기중심 혹은 자기본위의 사고를 하기 마련이다. 고의성이 없는 한 자기가 옳다고 판단되는 것을 행동으로 옮기기 때문에 언제나 자기의 언행이 정당한 것이다. 만일 나중에 나타나는 결과가 잘못되었다 할지라도 현재로서는 자신이 옳은 것이다. 그리고 자신의 의견이 다른 사람 생각에는 전혀 타당하지 않은 것임에도 자신은 그것이 객관적으로 정당하다고 생각하는 것이 자기중심적인 우리 인간의 습성이다. 세대차 이전에 우리 모두에게는 이러한 개인차가 먼저 존재하고 있다. 인간사이에서 일어나는 많은 마찰, 갈등, 불화는 바로 이 개인차에서 빚어지는 것이다. 이러한 개인차를 이미 바탕에 둔 상태에서 세대차마저 한겹 더 입혀지고 나면 그 세대차를 이해하고 극복하기란 정말 어려운 것이다.
　이런 개인차 위에 세대차에서 오는 여러가지 문제들을 상호 이해하며 도움을 주고 받는 일에 가장 큰 장애가 되는 요소는 자기만이 옳다고 생각하는 지극히 이기적이고 편협한 아집이다. 세대차는 과학의 급속한 발달과 홍수 같이 쏟아져 나오는 지식의 급증 그리고 매스컴의 획기적인 발달로 인하여 날이 갈수록 그 연령의 차이가 좁혀지고 그 심도는 점점 깊어만 간다. 따라서 형제지간에도 세대차를 느낄수밖에 없는 시대가 되었다.
　세대차는 그 간격만 좁아질 뿐 계속 달리기만 하고 대화로써 해결점을 찾지 못하는 평행선이어서는 안된다. 평행선은 두선이 아니면 한선이라도 상대쪽으로 약간만 구부리면 만나도록 되어 있다. 신세대는 구세대를 향하여 구세대는 신세대를 향하여 조금씩만 꺽이고 양보를 하면서 서로 만나면 문제의 실마리는 풀리는 것이다. 개구리가 올챙이 때를 생각하고 사회적, 문화적인 면에서 좀더 진보적인 입장을 구세대가 취하는 것이 신세대를 이해하고 그들을 향해 접근하는 길이 되는 것이다.

또한 신세대는 구세대를 통해 삶의 지혜를 배우고자 하는 겸허한 자세를 가져야 한다. 구세대가 쌓은 경험과 연륜에서 나오는 충고를 신세대가 받아들일 때 시간과 정력의 낭비를 줄이고 보다 빠른 속도로 성장하고 보다 좋은 세대를 창조해 나갈 수 있는 최선의 방책이 된다. 보라! 경험자가 그 길은 막혔다고 했을 때 이를 불신하고 그 길을 갔다오는 시행착오를 범하는 것보다는 구세대의 말을 듣고 구세대가 가보지 못한 새로운 길을 택하는 것이 현명한 처세다. 이런 뜻에서 신세대는 구세대와 같이 달리는 평행선을 구세대 쪽으로 약간 구부릴 때 세대간의 격차, 세대간의 갈등은 좁아지고 화해가 되며 우리 사회는 더욱 활기차고 빠르고 힘차게, 밝고 건전하게 희망찬 미래를 향하여 전진할 것이다.

한미 경로사상

　미국의 식당구석에 흰머리 노인이 외롭게 홀로 앉아 식사하는 모습을 흔히 볼 수 있다. 공원 벤치 위에도 노인이 혼자 앉아 있는 모습을 볼 수 있다.
　이런면에서 미국은 늙은이의 지옥이라 한다. 미국 대도시 아파트 베란다에 하루 종일 홀로 앉아 있는 노인 군상들을 볼 수 있다. 그들의 표정에 기쁨이 없고 생명의 즐거움을 찾아볼 수 없다. 인생의 패잔병으로 고독과 허무감만이 남아 있다.
　X-MAS가 되어도 찾아오는 이 없고 혼자서 이따금 날아드는 카드나 뜯어보고 가족을 생각한다. 이러한 고독에 지쳐 자살하는 노인도 있다.
　그러나 사람은 빵으로만 사는 것이 아니다. 인생의 진정한 행복은 정이 오고 가는데 있다. 미국의 노인들은 정을 나눌 대상이 없다. 그래서 슬프다.
　이에 비해 한국은 노인의 왕국이다. 노인은 집안의 어른으로 권위가 당당하고 위풍도 대단하다. 모두 노인을 위하고 존경한다. 귀여운 손자 손녀를 보면서 생의 행복과 기쁨을 느낀다. 한국의 노인은 미국의 노인과 같이 외롭지 않고 설 땅이 있고 보람을 느끼며 살아갈 수 있다. 그러나 불행하게도 한국에 대가족제도가 붕괴되고 핵가족 시대가 도래하고 있다. 농경사회가 산업화, 공업화 및 정보화 되면서 나타난 현상이다. 한국도 이제 노인의 천국시대는 지나갔다. 그러나 미국과 같은 늙은이의 지옥으로 만들어서는 안된다.

경로사상은 동양의 아름다운 전통이요, 소중한 유산의 하나다. 인생의 산전수전을 다 겪은 노인에게는 경험에서 오는 지혜가 있다. 모든 것을 종합적으로 판단하는 슬기가 있다. 노인의 경험과 젊은이의 박력, 노인의 지혜와 청년의 정열이 합할 때 시행착오가 없이 모든 것이 성사된다. 젊음의 스테미너도 좋고 과감한 추진력도 좋다. 그러나 노인의 원숙한 예지를 우리는 또한 존중할 줄 알아야 한다. 우리는 젊은이를 아끼는 동시에 늙은이를 소중히 여길 줄 알아야 한다. 인생의 노후가 패배감과 고독감과 좌절감으로 전철되는 슬픈 그림이 되어서는 안된다.

태양이 솟아오르는 모습도 아름답지만 해지는 풍경도 또한 아름답다. 시작도 중요하지만 끝도 중요하다. 우리나라를 어린이 왕국으로 만드는 동시에 노인의 안식처로 만들어야 한다. 경로사상을 우리의 고유한 전통, 소중한 유산으로 길이 간직해야 한다. 희망의 젊음으로 시작한 인생이 패배의 늙음으로 끝나서는 안된다.

제 8장 청춘의 삶과 부부 갈등

새것만 좋은 것은 아니다.

어린이와 젊은이들은 새해를 좋아한다. 나이 한살 더 먹는 것을 좋아 한다.
노인들은 가는 세월을 아쉬워 한다. 여생이 얼마 남지 않음을 슬프게 생각한다.
가는 세월은 나이가 들수록 속도를 낸다. 세월의 가는 속도는 10대는 10마일로 달리니 늦다고 하고 40대는 40마일, 55세는 55마일로 달린다고 한다. 고속도로일지라도 55마일 이상 달리는 것은 속도위반이다. 80세가 된 사람은 80마일로 달리기 때문에 현기증이 날 지경이라고 한다. 급속도로, 속도위반으로 막 달려가기 때문에 노인들은 지구야 멈춰라, 내리고 싶다고 한다. 쉬었다가 가고 싶어 한다.
사람들은 새 것을 좋아 한다. 새 옷이 좋고 새로운 음식 새로운 집이 좋다. 새 단장이 좋다. 그러나 모든 새 것이 좋은 것만은 아니다. 포도주는 오래된 것일수록 값이 비싸다고 한다. 골동품 중에는 새것보다 훨씬 값이 높은 것이 많다.
새 구두는 헌 구두보다 새 것이어서 보기는 좋지만 헌구두보다 발이 불편하다.
새 구두를 신고 장거리를 가다가 발병이 날 수도 있다.

사회가 고도화 될수록 물질문명은 계속 발달하여 어제 나온 물건이 오늘은 쓸모없게 되고 내일은 또다시 새로운 제품이 쏟아져 나오는 세상이다. 컴퓨터를 사다놓고 아직 배우지도 못했는데 기계를 바꾸라고 한다. 이렇게 기계만 세번 바꾸었다. 아직도 컴퓨터가 초보다. 카메라도 몇대 있는데 디지탈이 나오면서 매뉴얼 카메라는 골동품이 되고 말았다. 새 것에 밀리고 있다.
 우리 주변에 있는 모든 것이 새 것으로 대치되니 우리의 문화 유산도 사라지는 것이 아닌가 염려가 된다. 우리는 전통과 문화 속에서 살아야 하고 지켜야 한다.
 새 것만을 선호하고 옛것을 푸대접해서 되는건가? 알 수 없다.
 요즈음 신혼 부부들은 새 것만을 선호한다. 지금까지 사용하던 책상, 의자 등의 가구들이 손때가 묻어 친근감을 느낄 수 있고 좋으련만 신혼 부부들은 새 것으로 방을 가득 채운다. 장가 가고 시집 가는 것이 새 집 사고 새 가구 사기 위해서 가는 것 같다. 경쟁적이다.
 신혼 부부만 새 것을 좋아하는 것은 아니다. 많은 사람들은 새 집을 사면 쓸만 하건만 헌 것을 가지고 가면 재수 없다는 듯이 대부분 쓰레기통에 보낸다.
 고 가구등 고물을 팔 수가 없다. 고물을 사고 파는 사람이 없기 때문이다. 팔기는 커녕 버리는데도 돈을 주어야 한다. 기성세대들은 아버지 할아버지가 쓰던 책상을 물려 받았다. 어머니가 쓰던 장롱을 딸이 가져 간다면 좋으련만 그러하지 못함이 아쉽다.
 언론에서는 이런 호화 사치생활을 자제해야 한다고 목청을 돋구지만 일반 대중의 반응이 냉냉하다. 이런 사치 과소비 현상은 특정한 부유계층만의 전유물은 아니다. 이런 현상이 사회 전반에 포진하고 있다.
 신혼 부부가 집을 못 장만하고 남의 집에 셋방살이를 하면서도 커다란 장롱과 피아노까지 가지고 간 경우가 있다. 셋집의 방이 좁아 가구를 놓고 보니 피아노를 둘 곳이 없다. 피아노 교습으로 생활을 유지하는 신혼 부부는 아니어서 비가 오면 피아노에 습기가 스며들지 않도록 비닐로 습기를 막아 준다고 한다. 참으로 이상한 세상이 되었다. 집도 없으면서 가구를 이렇게 새 것으로만 채워야 하는 것이 정상이 되었는지 이해가 않된다. 과소비는 결코 돈 많은 사람들이나 재산 있는 몇몇 사람들만이 하는 행위가 아니다. 요즈음 신혼 부부들은 100불을 벌고 110불을 쓰고 있다. 남이 피아노를 가졌다고 나도 가져야 하고 이웃집이 자가용을 구입했다고 기죽을 수 없어 월부로 피아노를 사고 자동차를 구입하는 것이 과소비다. 분수를 지키고 수입에 맞게 생활하기 위해서는 허영과 허례허식을 과감하게 헌 신짝 버리듯 던져 버려야 한다. 기성세대들은 그렇게 했고 그렇게 살아왔다. 모두 제자리로 돌아가자. 작은 욕심으로 만족할 줄 알고 작은 물건에도 애착을 지니고 작은 행복을 느낄 때 큰 행복이 되고 인생의 보람을 느끼게 될 것이다.
　세월의 흐름을 아쉬워하는 노인들을 존경하는 사회가 되었으면 한다. 옛것도 소중히 여기는 생활 철학이 요청된다.

젊은이여 꿈을

　제6공화국 말기 무렵의 한 암울한 장면이었다. 그 당시 모국의 신문을 펼쳐 보았을 때의 우울한 심정을 가누기 어려웠던 사람은 나만이 아니었을 것이다. 학장과 학생처장(○○대학)이 학생들에 의해 삭발을 당했는가 하면 일국의 총리가 교수로서의 의무를 다하기 위해 대학을 찾아가 마지막 강의가 끝나기가 무섭게 학생들로부터 달걀 세례를 받고 이리 끌리고 저리 밀리는 참변을 당했다. 또한 서울의 명문대 저명 교수가 사표를 던지고 지방대학으로 조용히 떠난 이유는 도시에서 찾을 수 없는 사제간의 정을 지방대학에서는 찾을 수 있기 때문에 정이 통하는 지방대학으로 갔다는 내용의 기사도 보였다.
　필자는 교단에서 반세기를 보냈다. 그러기 때문에 젊은이들을 좋아한다. 젊은 학생들의 사고방식에는 생동감이 있고 진보적이며 미래지향적이어서 더욱 매력을 느낀다. 허나 교권은 학생들이 허물어뜨려서는 안될 절대적인 권위임을 잊어서는 안된다. 학생운동이 가장 격렬했던 1968년 경의 소위 뉴 레프트(극좌익)운동이 구라파 일대를 풍미했던 무렵 불란서 파리 학생혁명 소위 5월 혁명이 일어났을 때 노동자들이 학생운동을 지원했고 여기에 국민의 대부분이 호응했다.

파리 거리는 시민들로 넘쳐흘렀다. 그 엄청난 지원을 받은 학생운동이었지만 학생들 중 누구도 스승에게 행패를 가하거나 냉정한 자세를 취한 사람은 없었다.

당시 꽁방디라는 학생운동의 영웅이 그때 탄생했다. 그 꽁방디의 어떤 성명서나 말에도 스승에 대한 비난이나 질책은 없었다. 물론 불란서 대학교수들의 질이나 도덕적 기준이 우리보다 앞서리라는 것은 자명하지만 말이다. 같은 무렵 독일 학생운동은 불란서보다 훨씬 격렬했다. 그곳에서는 루치케라는 학생운동의 영웅이 있었고 학생들이 총장이나 학장을 선출하는 일까지 있었다.

학생측으로 보아서는 학생 중 총장자리도 얻을 수 있어서 성공적인 운동이었다고 평가했으나 그 시대 교수에 대한 횡포는 한 건도 없었다. 학생운동은 구라파에 비해 일본 학생운동이 더욱 격렬했다. 1960년 안보파동 때 수천 수만의 학생들이 국회의사당으로 몰려들었다. 여학생이 한명 죽고 천여명이 부상을 당했다. 그러나 스승에 대한 폭력을 행사한 바는 없다. 그들은 기존체제와 가치체제를 위해 저항했다. 스승의 권위에 대해서는 저항하지 않았다. 이상의 학생운동으로 보아서 학생들에게 바라고 싶은 것은 첫째 현재의 학생들은 21세기의 주역이라는 사실을 감안하여 세계 선진국인 미국, 일본, 독일, 프랑스, 영국, 소련 등과 겨루기 위해서 공부를 해야 한다. 실력을 쌓지 아니하면 그들과 경쟁할 길이 없다. 최근에 중국이 근대화 공업화 현대화에 박차를 가하고 있지만 60년대 후반 문화혁명 기간 중에 자라던 사람들이 현재의 주역이기 때문에 실력 부족으로 고통을 받고 있다. 당시에는 모택동 어록 외에 다른 책을 보지 않았기 때문이다.

21세기 초엽에 이런 중국의 전철을 밟지 않기 위해서는 우리는 좀더 배우는데 열중해야 한다.

둘째 현재의 학생들은 가족이나 친구로부터 부여받은 사명보다도 역사적으로 부여받은 사명이 더 크다는 사실을 이해해야 한다. 학생들이 공부할 수 있는 여건을 만들어 주는 것은 같은 또래의 공단 동료나 농촌의 젊은이들이다. 재벌이나 정부재정이 도운 듯 보이나 그 이면에는 고생하는 노동자들의 숨은 공이 크다. 그들은 21세기를 잘 이끌어 달라고 기원하고 있다. 위탁하고 있다. 현대 젊은이들의 목표와 희망은 미래에 있어야 한다. 지금 당장이 아니다. 이런 엄숙한 역사적 사명을 겸허한 마음으로 받아들여야 한다.
  셋째 젊은 세대들은 기성세대에 대해 많은 비난을 가하고 있다. 이런 비난을 수용하기 어려운 점이 많다. 50세가 넘은 사람들은 현대의 발전된 사회를 이루는데 많은 고생을 했다. 여자는 서독 간호원으로 남자는 서독 광부로 뛰었고 월남전에서 중동에서 피나는 고생을 했다. 처음 가발 수출을 위해 농촌에 있는 아주머니들 처녀들의 생머리를 짤라 수출고를 높힌 적도 있다. 기성세대들이 지상천국을 만들어 젊은 세대에게 넘겨줄 의무는 없다. 민주화의 미흡한 점도 다음 세대들이 더욱 발전시키면 된다. 서울의 고층빌딩이 건설될 무렵 중앙청 앞의 정부청사를 짓는데 다른 나라의 기술자들이 와서 기술감독을 해주었던 시대도 있었다.
  바라건데 현대의 젊은 학생들은 꿈을 가져야 한다. 한반도가 갈라지고 반조각이 난 남쪽에서 다시 건설을 위한 꿈을 가져야 한다. 이런 큰 꿈을 이루고자 노력할 때 스승의 머리카락이나 자르고 달걀이나 던지는 무모한 짓은 삼가해야 한다. 이런 학생운동은 신한국 창조에서는 사라져야 한다. 허나 아직도 과격 시위 모습이 보도되는 것을 보면 이래서는 안되는데 무엇인가 시위문화도 성숙해야 하는데 하는 아쉬움이 남는다. 국민으로부터 불신을 받고 있는 운동이어서는 않된다.
  다시 태어나는 운동이 전개되어야겠다. 이것이 신한국 창조의 운동이다.

젊은 사람들의 자세

　젊은이는 미래가 있기에 우리의 희망이요, 꿈이다. 젊은이는 새로운 것에 도전하는 모험심이 강하다. 젊은이는 진취력이 강하며, 실패를 두려워 하지 않는다. 젊은이는 미지의 세계를 향하여 꾸준히 나아간다. 현실에 만족하고 안주하려고 하는 사람은 젊은 기백이 없고 늙은 사람과 같다. 젊은이 일지라도 나이와 상관없이 기백이 없는 사람은 젊은 늙은이 즉, 조로현상을 나타낸 것이다.
　가슴에 미지의 세계에 대한 도전과 모험이 충만해 있는 사람이면 나이가 많더라도 젊은이라 불러 마땅하다. 젊은이는 미래를 창조하는 사람이다. 미래를 창조하기 위해 끝없는 도전과 모험을 해야 한다. 뒤돌아 볼 것 없이 앞만 보고 가야 한다. 내려갈 곳을 생각치 말고 올라갈 곳만 보고 등산해야 한다. 얽매인 가족이 없기 때문에 주저할 것 없이 앞으로 매진해야 한다. 안전이나 현상유지에 신경을 쓴다는 것은 젊음을 상실한 것이다. 노인들이나 하는 자세다.
　실패를 미리 염려하는 것은 젊은 기상을 상실한 행위이다. 오로지 얻을 수 있는 것, 성취할 수 있는 것만을 생각하는 것이 젊은이의 자세다.
　안주하는 생각, 안락한 생활을 유지하는 것으로 만족하려는 안이

한 생각은 젊음이 몰락하려는 징조다. 현실에 만족하는 현실주의, 향락주의, 적당주의는 젊음의 몰락현상이다. 나태는 젊은 기백의 상실이요, 늙음의 징조다. 나태는 권태에 연결되고 이는 활동의 정체를 뜻한다. 활동은 살아있음을 증명한다. 따라서 활동의 정체는 죽음을 뜻한다. 살아 있는 한 움직여야하고 활동해야 한다.

다음은 독일의 위대한 정치가 비스마르크의 말이다. '젊은이에게 충고할 오직 세 단어는 일하라. 일하라. 일하라.'이다.

나이보다 빨리 늙는 사람이 있다. 반면에 나이는 많아도 항상 활동하여 젊어 보이는 사람이 있다. 젊은이들은 판단보다는 창조하는 것에 더욱 적합하고, 권고 보다는 실행에, 확정한 일 보다는 새로운 계획에 더욱 적합하다.

빨리 늙은 사람은 더 이상 창조하지 않으려는 비학구파다. 모든 것을 더 이상 생각지도 않고 창조하지도 않으며 아래사람이나 다른 사람에게 위임을 하는 사람도 빨리 늙는 사람이다. 일선에서 뛰는 사람은 젊다. 후선으로 물러서는 사람은 젊음을 상실한 사람이다. 일에는 정년이 없다.

돈 좀 있다고 현실에 안주하며 지나치게 호화스러운 생활을 하려는 사람, 지나친 과시욕, 사치풍조 모두 현실에 만족한 사람들이다. 더 이상 발전을 정체시키는 자세다. 젊음을 상실한 사람들의 모습이다.

현실 만족은 패배를 뜻한다. 이 정도면 되겠다는 사고방식은 젊음의 상실 현상이다. 현실 만족은 마땅히 거부해야 한다. 이는 젊은이의 행동 자세가 아니다.

항상 젊은이는 시작하는 마음으로 도전해야 한다. 목표를 늘 보다 큰 곳에 두어야 한다. 여기에 젊음이 지속된다.

더 이상 생각하지 않고 창조하지 않고 남이 하듯이, 아니면 모방만 하겠다는 자세는 자살 행위이다.

청춘은 일생에 한번 밖에 오지 않는다. 이런 청춘을 가지고 아무것도 안하는 것보다는 자기 청춘을 낭비하는 것이 낫다는 예말이 있다. 젊은이들이여, 위대한 일의 대부분은 청년기에 이루어 졌음을 상기할 필요가 있다.

청춘의 삶

　누군가 말했다. '청춘이란 인생의 한 시기가 아니라 마음의 상태'
라고.
　마음먹기에 따라 젊음은 오래 유지될 수 있다. 낡은 체질, 낡은
사상, 낡은 두뇌는 청춘을 오래 간직하기 위해 조만간 폐기 처분해
야 한다.
　젊은이들은 강한 호기심과 기력을 가지고 있다. 새로운 유행을
주저없이 받아들이고 있다. 이것이 발전하는 원동력이다. 전통적이
고 보수적인 면은 늙은 사람들이 좋아한다. 현실적이고 진보적인
면은 젊은이가 좋아하고 젊은이의 전유물이다.
　젊은이들은 창의력이 강하다. 저력과 끈기가 있다. 젊은이들에게
는 희망이 있고 미래가 있다. 그들의 미래는 밝고 아름답다. 미래를
생각하지 않으면 아무것도 얻을 수 없다. 과거는 지나간 장례식과
같고 미래는 불청객처럼 찾아온다.
　젊은이들은 큰 꿈이 있고 소망이 있다. 따라서 젊은이들은 인생
의 봄이요, 꿈이다. 미래의 주인공은 젊은이들이다. 젊은이들은 무
한한 가능성이 있다. 기성세대가 하듯 하면 창의성이 없다. 발전이
없다.
　젊은이들은 스승보다 부모보다 우수한 사람이 되어야 한다. 세계

는 젊은이들을 부른다. 시대는 젊은이들을 안방에 놓아두지를 않는다.

미래를 향해 눈을 뜨는 미래지향적인 사람이 되기를 충고한다. 미래는 현재에 의해서 얻어진다. 현재를 충실히 살아야 미래가 아름답다.

입만 열었다 하면 '옛날에는 나도…' 또는 '내가 자랄 때는' 하고 지나간 시절을 그리워하는 사람이 있다. 과거의 눈을 가지고는 미래의 희망을 보지 못한다.

과거가 그의 발목을 붙잡고 미래를 향한 걸음을 옮기지 못하게 한다. 과거지향적인 사람은 낡은 사람이요, 늙은 사람이다. 젊은이의 시야가 아니다.

세계의 흐름을 볼 때 과거의 강국은 오늘의 강국이 아니다. 오늘의 강국이 미래의 강국이 되라는 법도 없다. 역사를 들춰 보면 세계의 주역들이 계속 바뀌고 있다. 강력한 제국도 시간이 흐르면 쓰러지고 만다. 최근에 중동 이라크, 이집트, 아프리카 리비아에서 주권이 변하고 있다.

이것이 우리에게 역사가 주는 교훈이다. 세계의 주역들이 역사책의 페이지 속에 묻혀 버린다. 주역이 조용히 뒤로 물러선다.

근대사를 보더라도 스페인은 영국에게 주역의 자리를 내 주었고 영국은 미국에 바톤을 물려 주었다. 이 바톤은 서서히 일본과 중국 등 태평양 국가들에게 넘어가고 있다. 문명 중심지의 뚜렷한 동진 현상을 볼 수 있다.

우리도 세계무대에 올라가고 있다. 새로운 주역이 기다리고 있다. 우리는 새로운 국제화 시대의 주역이다.

떠오르는 해는 지는 해를 모방할 필요가 없다. 그들은 늙었고 우리는 젊다.

젊은이가 늙은이의 흉내만 낸다면 세계사의 주역은 변할 수 없다.

'내 배가 부르니 만석꾼이 부럽지 않다' 는 속담이 있다. 이는 현재 중심적인 인생관이다. 지금 당장 편하고 만족하면 그만이라는 사고방식에는 미래지향적 의식이 스며들 틈이 없다.

그러나 우리는 미래를 내다 볼 줄 알아야 한다. 세계는 1일 생활권으로 접어들었다. 세계는 부른다. 젊은이들을.

삶의 목표를 가진 인생은 자기 인생에 최선을 다하는 인간이다. 걷는 자만이 앞으로 나아갈 수 있다. 바쁜 인생은 슬퍼할 틈이 없다. 순간순간에 최선을 다하는 인간은 삶의 목표가 분명한 인간이다.

인생이란 진지한 것이다. 청춘은 더욱 값진 것이다. 거짓으로 인생을 살아서는 안된다. 자기 자신을 속여서는 안된다. 자기기만은 죄악이다.

젊은 시절에는 자기 주위에 둘러싸인 여러가지 장애물을 제거하고 자기 삶의 목적을 탐구해야 한다.

이 세상에는 자기가 아니면 안되는 특별한 일이 반드시 있다. 그것은 젊은이들에 의해 발견되기를 바라고 있다. 젊은이들은 스스로 그것을 찾아내야 한다. 그것은 주어지는 것이 아니다. 탐구해 내야 한다. 단 일초라도 헛되이 보내서는 안된다. 한번 가면 영원히 올수 없는 것이 시간이요, 세월이며 젊음이다.

탄생은 존재의 시발점이요, 죽음은 존재의 종착역이다. 우리는 한번 태어나서 한번 살다가 한번 죽는다. 우리는 두번 태어날 수 없고, 두번 살 수 없고, 두번 죽을 수 없다. 나의 생명은 유일한 것이요, 나의 생애는 일회용이다. 남이 나를 대신해서 살아 줄 수 없으며, 남이 나를 대신해서 죽어 줄 수도 없다.

우리 모두는 각자 자신의 판단과 책임 하에서 자신의 인생을 살고 자신의 인생을 창조할 수밖에 없다. 그러므로 인생은 그것이 누구의 것이건 엄숙하고 진지한 것이다. 있는 자의 인생도 진지한 것이고, 없는 자의 인생도 진지한 것이다.

인생은 도박이나 방종의 놀이터가 아니다. 입학시험에는 재수생도 있고 삼수생도 있다. 운동에는 시합 전에 연습을 할 수 있고 해야 한다. 허나 인생에는 재수생도 없고 연습도 없다. 매일 매일 시합이요, 하루하루가 결승전이다. 오늘 하루가 잘못되었다고 다시 오늘을 살 수는 없다. 오늘은 오늘 뿐이다. 가면 다시 오지 않는다. 오늘은 내일이 아니다. 오늘 하루가 마지막이란 심정으로 인생을 살아야 한다.

따라서 스스로 자신의 인생의 주인이 되어 피땀으로 자신의 인생을 건설해야 한다. 빅톨 위고는 이렇게 말했다. '오늘의 문제는 싸우는 것이요, 내일의 문제는 이기는 것이며, 모든 날의 문제는 죽는 것이다.' 라고.

　인생은 하루하루가 투쟁이다. 연습이 아니다. 패배하면 죽는다. 인생의 종착역에는 어차피 죽음이 기다리고 있다. 그러나 인생의 종말이 죽음으로 끝난다고 해서 아무렇게나 되는 대로 살아갈 수는 없다.

　인생이란 엄숙하고 진지한 것이다. 순간순간을 헛되이 보낼 수 없는 것이 인간의 가치이다. 그것은 최고의 가치요, 최고의 조건이다. 그러기에 인생은 누구나 성공한 인간, 승리한 인간, 영광의 인간, 보람의 인간, 행복한 인간으로 살고 싶어한다. 패배의 인간, 슬픔의 인간, 타락의 인간, 치욕의 인간, 불행한 인생을 살고 싶어 하는 사람은 하나도 없다. 위고의 말과 같이 정말 오늘의 문제는 싸우는 것이요, 내일의 문제는 이기는 것이라는 철학관을 가지고 살아야 한다.

　이렇게 살기 위해 우리는 뇌를 써야 한다. 뇌는 쓸수록 발전한다. 농기구를 사용하지 않으면 녹이 쓰는 것과 같이 뇌는 쓸 수록 상상력과 창조력이 생긴다.

　한 보고서에 의하면 인간은 자기 능력의 15% 정도 밖에 사용하지 않는다고 한다.

　20% 정도 발휘하면 천재 소리를 듣고 30%의 자기 능력을 사용하면 한 시대의 영웅이 된다고 한다. 따라서 천재나 영웅은 누구에게나 잠재되어 있는 능력을 스스로 개발하고 발굴해 낸 사람이라고 볼 수 있다. 끊임없이 자기 개발과 자신의 내부에서 잠자고 있는 잠재능력을 일깨움으로써 인간은 천재가 될 수 있다.

　끊임없이 창조적으로 자기를 개발해야 한다. 자기 자신을 이겨낸 사람이어야 다른 사람을 이길 수 있다. 현상유지는 퇴보다.

젊은 세대에게 부탁한다.

　나는 기성인의 한사람으로서 젊은이들에게 충고하고자 이 펜을 든 것이 아니다.
　기성인으로서 너무나 많은 부끄럽고 부족한 점이 많기 때문이다. 우리 세대보다 나은 세대가 되어 달라고 부탁하고 당부하고 싶다.
　왜냐하면 젊음은 인생의 봄이요, 꿈이요, 희망이기 때문이다. 미래는 젊은이 것이요, 젊음은 새로운 창조를 위한 힘이다. 이것이 추상적인 가상이 아니다.
　오직 젊음만이 무한한 가능성을 지니고 있는 것이다. 현 사회가 암울하면 암울할수록 모든 것이 낙엽지는 가을이 올지라도 겨울을 지나 봄을 기다리는 마음으로 젊은 세대에 기대를 갖는 것이다.
　기성세대의 부끄러운 점을 나열하자면 끝이 없다. 해방을 맞이하여 기성인들은 서로 싸우다가 한반도를 두동강 내 놓았다. 그로인해 6.25 전쟁으로 수백만의 사상자, 부상자를 냈다. 그러나 아직도 통일을 못하고 있다.
　정치가 암울하고 국회가 난장판이다. 젊은이들에게 불신의 풍조를 물려준 것도 부끄럽다. 동포 사회도 단체가 순조롭지 못하게 굴러가고 한인회가 하나가 아니라 둘이다. 조국에 투표권을 달라고 외친 목소리가 부끄럽다.

이런 모든 비극적인 모습은 기성인들이 너무 안일주의 사고방식에 젖어 내 한몸, 내 한가족을 살피느라고 침묵을 지키고 눈치만 보아온 비굴함 때문이라고 본다.

기성인들은 젊은 세대와 문화적인 차이로 대화의 고갈 상태 속에서 살고 있다.

대화의 단절은 기성세대의 대화방법의 미숙에서 오는 경우가 다반사다.

물론 한미양국의 이질 사회에서 살아온 젊은 세대들의 사고방식이 문제일 수도 있다. 기성세대는 젊은 세대가 부모나 스승보다 나은 사람이 되기를 원하고 젊은 세대를 정신적으로나 육체적으로 부모에게 의지하는 어린애가 아니고 독립된 개체라는 것을 인정하려고 하지 않는다. 아이가 젊은 세대로 넘어가면서 부모에 대한 반항심이나 비판도 생길 수 있으나 기성세대는 이를 인정하지 않고 불순하고 무례한 문제아로 간주하기 쉽다. 자녀와 대화가 단절되면 자녀는 부모를 무조건 봉건적이요 구세대 사람으로 낙인 찍는다.

사춘기 학생들은 부모가 완고하여 대화가 안 통한다고 한다. 부모와 자녀는 서로 자신의 의견이나 가치관만이 옳다고 주장한다. 남의 의견을 경청하려고 하지 않는 근성이 있다. 이 때 부모 세대가 일보 양보하는 것이 문제 해결에 도움이 되리라 본다. 자녀는 무조건 부모에게 복종해야 한다는 사고가 문제다.

부모 세대에서는 부모나, 상관, 임금에게 할 소리를 정정당당하게 하지 못하고 맹종했던 방식은 결코 미덕이 될 수 없다.

이런 부모 세대의 타성은 버려야 한다. 기성 세대에 대한 비판 없이는 참다운 발전을 할 수 없다. 비판의 최종 목표는 실천이어야 한다.

비판의 실천은 건전한 사회 건설을 위해 똑바로 나가겠다는 뜻이다.

기존 세대에 대한 불만과 거역은 확고한 자의식의 확립과 창조적인 힘으로 승화한다는 뜻이다. 젊은 세대로부터 정신적 육체적 열기가 솟아나야 한다.

피기도 전에 지는 꽃처럼 세상은 다 그렇고 그렇다는 식으로 살아가서는 안된다.

조국의 참다운 평화 통일을 염원하면서도 사실상 실생활은 기성인들과 다름없이 기회주의적인 사고방식에 젖어서는 안된다.

인생이란 무엇인가? 어떻게 사는 것이 참되게 사는 것인가. 하루하루를 세상 돌아가 듯 아무렇게나 살아갈 것이 아니라 모순과 갈등과 번민 속에서 새로운 삶을 창조해 내야 하는 것이다.

만약 젊은 세대가 정의를 위해 투쟁하려는 의지가 없고 불의를 보고 분노하는 열의가 없고, 삶에 대하여 진지하게 사색해 보는 진실성 없이 그저 세상만사를 기성세대의 잘못이나 탓하면서 공허한 인생을, 사상을, 부조리한 세상사를 논하기만 한다면 이것은 그야말로 값싼 감상에 지나지 않는다.

젊음이 갖는 패기는 때로 무모함이 될 수도 있으나 이것 또한 젊음의 특권이다.

가치관없는 젊은이는 되지 말자. 생각만하고 실천하지 않는 나약한 지성인이 되어서는 안된다. 물질만능주의에 젖어 자신만 아는 이기주의자가 되어서도 안된다.

불의를 보고 항의할 수 있는 정의감이 있어야 한다.

가슴속에 정열이 부글부글 끓는 젊은이가 되야 한다. 사회에 대하여 인간에 대하여 정열이 없다면 그 젊음은 이미 빛을 잃은 젊음인 것이다.

부모보다, 스승보다, 선배보다 월등한 인간이 되어 우리 세대가 저질러온 과오를 덮어주기 바란다.

그리하여 여러분이 주인공이 될 세대에는 한국인이라 하면 정치적으로도 경제적으로도 도덕적으로도 조금도 부끄럽지 않은 떳떳하고 당당한 시대의 주인공들이 되기를 희망한다.

부부 결합과 유전

　부부란 늘 의견 차이가 있기 마련이다. 그로인해 목소리가 한 옥타브 높아지고 혈압까지 올라간다. 혈압이 올라가면 이성을 잃고 말이 거칠어진다. 그 지경이 되면 한쪽이 침묵을 하거나 양보해야 평화가 유지된다.
　이런 의견 차이는 남녀의 성별이 다르고 사반세기 이상 다른 환경에서 각자가 성장했으니 다를 수밖에 없다고 보겠다. 다른 것이 정상이라고 본다.
　사막에 단비가 내리듯 이따금 가정내에 전쟁이 일어나도 좋다. 그 전쟁이 휴전이 되고 평화를 유지할 수 있다면…
　그 잔유물이 마음 한 구석에 쌓여서는 안된다. 잔유물이 축적되다 보면 부부관계가 위험수위까지 치닫는 수도 있다.
　우리 부부는 애초부터 결합하기에는 너무나 많은 악조건이 있었으나 그 난관을 무사히 통과하고 결혼까지 골인한 것이다. 결혼생활, 거의 반세기 토닥거리고 아웅거리며 살고 있다. 그 불씨는
　첫째, 처 될 사람은 어려서부터 '차씨'와 '호남사람'은 가까이 하지 말라는 말을 듣고 자란 모양이다. 장인될 분이 황해도 해주에서 전기회사 소장으로 계실 때 직원 중 한 사람이 호남사람이었고 그 사람 성씨가 차씨였다고 한다.

그분이 회사에서 말썽을 부린 모양이다. 그분이 당시 교통이 안 좋았을 텐데 호남에서 황해도까지 올라가 말썽을 부려 나의 앞날을 암울하게 만들었는지 알 수가 없다. 아마 그분이 호남사람도 차씨도 아니였을 것이다.

둘째 난관은 처될 분의 여고 생물 선생이 징글징글했다고 한다. 그래서 만천하의 생물 선생은 호감이 안가는 존재로 뇌리에 각인되어 있다는 것이다. 불행하게 필자도 생물 교사였다. 그 생물 선생이 누구인지 알 수 없으나 생물학계에서는 연령으로 짐작해서 선배인 것은 틀림없으나 그 선배 때문에 이 똑똑한(?) 후배가 불이익을 당했다.

셋째, 장모되실 분이 필자의 사진을 어디서 구했는지 알 수 없으나(절대로 준 적이 없음) 집안 어른 양 판사 아버지를 찾아가 이 사람이 사윗감으로 어떻냐고 여쭈어 보니 일언지하에 깡패 두목 같군 하더라는 것이다.

내 인상이 고약하게 생긴 것은 부정하고 싶지는 않다. 그후 그분 앞에서 다시는 필자에 관한 이야기는 하지 않았다고 한다. 장모님은 은근히 칭찬을 받고 싶었던 모양이었던 것으로 짐작된다.

이미 장모님은 나의 뒷조사를 철저히 했다는 사실을 장모님 90세 잔치에서 폭로했다. 필자의 뒷조사와 미행을 22번이나 했다는 것이다. 이 미행을 전혀 필자는 알지 못했다. 결과는 장모님 눈에 합격한 것이다.

그 후 장모님이 딸에게 필자가 남편감으로 어떻냐고 물었으나 별로라는 반응을 보인 모양이다. 그 이유는 이미 기술한 호남인, 차씨, 생물 선생 등의 내용 외에 서울대 출신도 마음 밖에 있었다. 서울대 출신은 자존심이 강하고 남을 배려하는 마음이 전혀 없다는 이유다. 사실 양심선언 컨데 맞는 말일 것 같다.

학창시절 당시의 등교할 때는 만원버스에서 시달린다. 먼저 자리를 잡고 앉은 연대생들은 가방을 받아 주는 등 사나이 기사도 정신을 발휘하고 친절을 베푸는데 어쩌다 본 서울대 생은 앞의 여학생을 못 본척 눈을 감거나 딴곳을 보고 있었다는 것이다. 그때 얄미워서 버스가 한쪽으로 쏠릴 때 가방 모서리로 꾹 찌르곤 했다는 것이다. 서울대 생들은 일반적으로 이런 모습을 보이는 것이 사실인 듯 하다.

따라서 이런 이야기가 있다. 남녀가 데이트 할 때 여자가 춥다고 하면 고대 생은 웃옷을 벗어 여자에게 입혀주고 연대 생은 꼭 껴안아 준다고 한다.

허나 서울대 생은 나도 추워하면서 반응이 없다는 것이다. 그래서 어머니의 권유에도 서울대 생이라는 것이 탐탁하게 여겨지지 않았든 모양이다.

사실 필자의 눈에도 몇번 만난 적은 있었으나 별생각이 없었고 그저 소가 닭보듯, 닭이 소 보듯 했다. 장모님과 내가 가정교사를 하던 집의 아주머니는 두사람을 결합시키려고 상당히 노력한 듯 했다. 두분은 직조 공장을 같이 운영하고 있었다.

어느 여름 방학 때 광릉 휴양지를 간적이 있다. 화투 놀이를 하다가 지는 사람은 팔에 매를 맞기로 했다. 내가 이길 때는 상대의 눈에서 눈물이 날 정도로 힘차게 때렸다. 당시는 그 여인이 내것도 아닌데 보아줄 필요가 없다고 생각했기 때문이다. 지금은 그렇게 때릴 수도 없지만 만일 그런 현상이 발생하면 당장 경찰에 신고할 것이다. 내가 상대를 큰 존재로 보지 않는 이유는 두집의 경제력의 차이도 있고 외아들 외딸이 결합했을 때 두 어머니를 한집에 모셔야 하는데 두 사둔끼리 마찰없이 잘 조화를 이루고 화목할 수 있을까 하는 염려도 있었다.

그러나 이는 필요없는 기우였으며 결혼 초부터 두 어머니 즉 사돈끼리 화목하고 행복하게 같은 집에서 살았다.

또한 당시 노총각 이였지만 결혼하고 싶은 생각은 없었고 공부나 실컷 하고 싶은 것이 전부였다. 그리고 가진 것은 없어도 눈은 대단히 높았다. 필자의 처는 결국 효녀이기 때문에 어머니의 결정에 순종하였고 필자도 가정교사로 있는 집의 아주머니 말을 따랐다. 여기서 필자에 대한 정보가 그대로 상대방에게 전달 되었고 지금 생각하니 깡패두목 같이 생긴 나의 사진도 가정교사집 아주머니편으로 전달된 것으로 안다.

어찌되였던 결혼을 했고 당시 모든 사람들이 원하는 대로 첫 아들을 낳고 자연의 균형을 위해 다음은 딸을 낳았다. 그러나 남매로는 만족치 않고 스페어(spare)가 하나 필요할 것 같아 아들을 출산했다. 즉 2남 1녀가 된 것이다. 아들 낳고 싶으면 아들 낳고 딸 낳고 싶으면 딸을 낳고 보충병은 아들이어야 하기 때문에 아들을 낳은 것이다. 생물학자로서의 실력을 발휘한 것이다. 대단한 실력이다. 쉬운일이 아니다. 딸만 있는 사람, 아들만 있는 사람들은 돈을 보따리에 쌓아가지고 와서 내 강의를 들을지어다.

아이들을 보니 멘델 법칙의 위대함을 깨닫게 되었다. 먼저 성격 면을 보자.

장남의 무뚝뚝하고 자상하지 못하며 감성지수가 낮은 것은 자기 아버지의 유전인자가 많이 지배한 것 같다. 지능지수와 유머감각도 아버지의 DNA를 많이 받은 것 같다. 누구의 유전인자인지 알 수없는 손재주와 의사로서의 수술은 잘한 모양이다. 다행이다. 딸의 당당한 모습이나 남에게 지지 않으려는 활달한 기질이나 배짱은 아버지를 닮고 그래도 여자라고 다정다감함은 자기 어머니를 닮았다고 보아야 옳은 판정일 것이다. 막내의 효심이나 다정다감함은 어머니의 유전인자가 우성으로 나타난 것 같다. 뚝심과 파고드는 모습은 필자를 닮은 것도 같다. LA시 검사로써 돈 많은 유명한 배우를 결국 형무소에 넣고 마는 끈기를 보였다.

처의 이야기는 아이들의 장점은 자기를 닮고 단점은 아버지를 모두 닮았다고 한다. 화살이 나에게로만 날아드니 딱한 노릇이다. 이는 분명히 공정한 평가가 아니어도 그렇게 통한다.

둘째 경제적인 면을 보자. 첫째 아들은 경제적 여유가 있어서 그런지 운동을 좋아하고 어디엔가 구경가기를 좋아 한다. 그래서 관광명소를 온가족을 끌고 잘 돌아 다닌다. 운동은 아버지를, 관광은 어머니의 기질이 있는 것 같다.

딸의 둔한 운동신경과 씀씀이는 어머니를 닮았다고 보아야 타당할 것같다.

막내 아들은 빚을 안고는 못사는 듯 집 모게지 같은 외상은 기한 내에 처리한다.

이는 아버지의 경제관과 비슷하나 운동신경은 어머니를 닮고 손재주도 어머니 편이다. 아버지와 어머니의 의견이 서로 달라 결론을 내리기 어려울 때 아이들의 의견을 물어 다수결로 결정하자고 하면 장남은 아버지 편 막내는 어머니 편이다.

딸은 너희들(부모)이 알아서 처리하라는 듯 기권이다. 따라서 투표결과는 무승부다. 조화를 이룰 수밖에 없다.

셋째 아이들의 학교 성적 문제다. 큰 아들은 아버지를 닮아서 전교 수석으로 졸업했다. 졸업생 700여명 중 수석이니 대단한 실력이다. 필자는 분명히 전교 일등으로 졸업했다. 학교도 그 지역에서는 최고의 명문고교다. 물론 학생수가 몇명 안되고 그 지역에 하나 밖에 없기 때문에 최고 명문이 자동적으로 된 것이다.

 큰 아들은 시험 볼 때마다 잘 보았냐고 물으면 꼭 한자락 깔고 이번 시험은 망쳤다고 한다. 허나 결과는 올 에이(All A)다. 이것은 어머니를 닮은 평가태도다. 늘 미래의 결과를 염려한다. 그러나 딸과 막내는 언제든지 시험을 잘 보았다고 큰 소리부터 치고 보자는 것이다. 이런 성적 평가는 아버지를 약간 닮은 것 같다.

 막내의 손재주는 부모를 닮은 것 같다. 장남의 손재주는 돌연변이인 듯 물건을 사면 잘 조립한다. 따라서 물건을 사도 조립할 생각을 안하고 장남이 올 때까지 기다린다.

남편들의 변화를 바라면서

　한국의 역사는 남성주도의 역사였고 남성주도의 사회였다. 이를 부계사회라고도 했다. 미국의 역사도 남성위주의 사회였다가 여성의 지위가 향상되고 발언권이 강해지면서 남녀 평등권을 주장하게 되었다. 여성의 권위가 상승한 시기가 오래된 것은 아니다. 옛날부터 지금에 이르기까지 전통적이며 보수적인 한국의 남편들은 권위주의적이고 자기중심적이며 독선과 독재에 기울어져 사는 편협한 그리고 폐쇄적인 삶의 태도에서 탈피하지 못하고 있다. 이 수렁에서 과감히 벗어나야 행복한 결혼생활이 이루어진다. 남편들의 생활태도나 사고방식이 변해야될 시점에 우리는 머물고 있다. 남편들의 보수적인 기질이나 처신으로 삶을 밀고 나가며 일방통행으로 자신의 이익이나 편리를 우선적으로 추구해 살아가는 한 문제 해결이 풀리기 어렵다.
　아내가 자연스럽고 인간적인 자신의 인간화를 위한 배움과 성장과 성숙의 노력을 조심스럽게 시도할지라도 무조건 침묵을 지키고 있지 않는 한 남편들은 마치 아내가 자신의 권위에 도전해 오거나 위협을 가해오는 듯한 피해망상적 해석을 내리고 초특급의 강경한 억압 내지는 말살 정책을 펼쳐 마치 강경한 군사독재를 여한없이 발휘하는 슬픈 희극을 연출하고 있다는 사실을 알지 못하는 한 가정의 행복은 기대키 어렵다.
  남편들이 현대적 사고, 융통성 있는 행동, 아량 있는 삶의 예술이나 처신을 하기 위해서는 내면세계에서 부터 수정하고 변화를 위해 부단한 노력을 기우려야 한다.
  현대가 바라는 민주적인 남편상으로 물들어가고 서서히 변해야 한다.
  가정내 남편과 아내사이를 인간적인 협조, 공동 노력 및 공평한 나눔 그리고 보살핌으로 가득 채워야 한다. 가정내 민주화란 근본적으로 남편과 아내가 각자 자신의 독특한 역할과 기능을 수행해 나가야 성취되는 것이다.
  부부가 수평구조 위에서 각자의 인간화를 유감없이 추구해 나가는 행동과정이 중요함 뿐더러 상대를 인격체로 인정할 줄 아는 질서감각이 우선되야 한다. 규칙의 세계라고 표현하는 성숙한 사고가 오늘 행복한 가정을 위해 절실히 요청되고 있다. 부부가 수평선에서 평등관계를 유지하고 서로 보완하고 충고하며 화목해 질 때 그 가정은 사랑의 집이 된다. 현대 남성들에게 절대적으로 부족한 심리적 자상함이나 정서적인 다정다감함이 보충되어야 한다.
  가정의 단란을 추구하는 섬세한 성격도 배양해야 한다. 남성들의 전유물 처럼 향유해 오던 편견, 오만, 권위, 독선 및 감정적 결점등이 차분한 논리와 분석의 시련에 견디어낼 수만 있다면 가정에서는 서광이 비칠 것이다.
  남성들의 보수적인 전유물들이 객관적으로 보아서도 수정이 되고 발전되어 간다면 결혼생활은 자유스러워지고 풍요로워 질 것이다. 독선적인 군대 상관과 같이 우격다짐으로 자신만의 생리, 의견, 감정이나 고집만이 이 세상에서 타협할 수 없는 소중한 것처럼 믿어버린 나머지 이기적이고 독선적이며 폐쇄적인 생활태도에 빠져들어 자기 탐욕에만 급급해서는 않된다.
  위와 같은 정서풍토나 상황 속에서 고립되어 외롭게 서있는 아내가 있게 된다면 그 외로운 아내는 마음의 방황, 갈등, 공허 그리고 참기 어려운 결혼생활의 고통을 이길 수 없어 시들은 꽃과 같은 결혼생활을 영위하게 될 것이다. 아내가 행복하지 못한 가정은 남편 역시 행복할 수가 없다.

부부 싸움

　세상살이 모두가 따지고 보면 서로 인정받기 위해 사는 생활이다. 사원이 회사에서 열심히 일한 대가를 사장으로 부터 인정받을 때 기쁨이 있고 인정받지 못할 때 슬픔과 분노가 발생한다. 자녀들이 열심히 공부를 하여 좋은 성적을 나타냈을 때 부모로 부터 인정이나 칭찬은 공부에 대한 의욕이 생기고 생의 보람을 느끼게 한다. 작은 일에서든 큰 일에서든 타인으로 부터 인정을 받는 것은 보통 사람의 생에서는 활력소가 된다. 성인군자 같은 도통한 사람들은 남이 무어라고 하던 자기가 옳다고 생각되는 일만 하는 사람이 있으나 이들은 보통 평범한 사람이 아니기 때문에 예외로 치자. 남이 나를 인정해 주었다고 우쭐할 필요는 없으나 인정 못받은 쪽보다는 즐거운 현상임은 틀림없다.
　가정을 위해 일하고 직장이나 사회를 위해 봉사하며 국가를 위해 애국함도 세상사람들이나 윗분으로 부터 인정을 받을 때 더욱 일하고 봉사한 보람을 느낀다.
　가정에서 부부간의 인정도 중요하다. 아내가 혼자 있을 때 아무 소리 없다가 남편이 옆에 있을 때 신음소리를 한다던가 남편 역시 부인이 시야에 나타났을 때 피곤함을 직접 간접으로 역설함도 서로가 힘들다는 뜻으로 표현한 것이며 힘들게 일한 노고를 인정받기 위한 신호다. 이런 신호를 잘 처리해야하고 상호 노고에 대한 인정이 따라야 한다. 상대방의 심정과 육신의 피로를 알아주지 않고 인정해주지 않을 때 가정의 평화가 금이 가고 문제가 발생하기 쉽다. 상대가 알든 말든 귀머거리 모양 관심이 없는 부부라면 사랑이 없는 형식적인 부부요 물리적인 부부이며 무관심형 부부이다. 부부전쟁이라는 것도 냉정히 살펴보면 자기가 옳다는 것을 상대방으로부터 인정받고 싶어 벌이는 투쟁이다. 인정을 받아야할 때 인정을 못받으면 토라지기 쉽다. 한번 토라지면 회복하는데 상당한 기간동안 지속되고 침묵 즉 함구하는 냉전 부부가 있다. 대화가 단절된 상태에서 어디 두고 보자 누가 이기나, 누가 먼저 말을 거나 이런 고집은 어느 한쪽에서 자존심을 굽히고 들어가야 하고 서로 굽히고 들어오기를 바라는 소망은 있으나 그 잘난 고집과 자존심이 허용치 못해 상처를 크게 받는 경우가 있다.

　와장창하는 소리가 나면 남편은 부인의 귀중품을 던지고 부인은 남편의 귀중품을 던지는 강심장의 부인도 있다. 어느 식품점에서 남편이 자기 심중을 이해해 주지 않으니 화가 나서 작은 반 갤론짜리 김치병을 골라 내던졌더니 부인은 큰 일 갤론짜리 김치병만 골라 던지는 바람에 식품점 안이 김치 바다가 된 후에야 문을 잠그고 부인에게 손을 들었다는 이야기도 들었다. 파괴형 열전 부부에게 남는 것은 재산 파괴에 의한 재정손실 이 뒤따른다.

　좀 도가 지나치고 야만적인 사나이 중 주먹을 연약한 부인에게 휘두르며 자기의 옳음을 인정해 주도록 강요하는, 시대가 용납치 못할 인생, 쓰레기 같은 열전 부부도 있다. 열전 부부 사이에서 전쟁이 지나간 후 남는 것은 부서진 가구 때문에 재정적인 손해, 구타에 대한 육체적 재정적 손해 뿐만 아니라 이런 상대와 계속 백년해로를 해야 하는가 하는 회의감이 두고 두고 상처의 찌꺼기로 남는 정신적 피해가 있다. 지상에서 사는 시간이 길지도 않는 세상살이, 얼마나 살겠다고 냉전과 열전을 벌려야 하나? 살다가 어느 한쪽이 먼저 가게 되면 지난날을 애달프게 생각해도 소용이 없다. 살아 생전 서로가 서로를 아끼고 인정하고 사랑하며 살아야 하리라. 이런 이유로 유행가 가사에 '있을 때 잘해' 라는 구절이 있는 것 같다.

동족 의식으로 새로 태어남

　유행가 가사 중에 '나는 다시 태어나도 당신만을 사랑하리라' 라고 이어지는 노래가 있다. 아내를 사랑하는 애처가들이 좋아하는 노래요 가사다. 나이가 들수록 아내가 제일이라는 감정을 갖는 이가 대부분이라고 본다.
　나이가 들수록, 더욱 이산 가족으로 휴전선이 가로막혀 가도 오도 못하는 실향민일 경우는 더욱 고향이 그리워진다.
　　한국인과 같이 귀소본능이 강한 민족은 살아 생전에 못가면 죽어서라도 조국에 묻히기를 갈망하고 있다. 이런 현상은 이스라엘 민족에게서도 찾아볼 수 있다. 조국이 못살아도 조국은 조국이요, 못 배우고 가난해도 부모는 부모지만 조국이 번영하고 잘되어가면 더욱 향수를 느끼게 된다.
　조국이 잘 되어야 할터인데 일주일이 멀다하고 큼직한 활자의 사건이 터지고 있다. 6공 말기의 일이다. 페놀을 비롯한 수질 오염 사건이 터지고 전국의 강들이 모두 죽어간다는 소식이다. 부동산 투기꾼들이 신개발지에 떼지어 나타나 부를 축적하고 없는 자와의 위화감을 조성하고 있다는 정보다.
　빈부격차에 대한 불만, 정치에 대한 불만으로 거의 연일 데모다. 화염병이 날리고 최류탄이 눈물을 짜아낸다. 때리고 맞고 죽는자가 나타난다. 죽였다고 항의 데모가 더 거칠어지고 울분을 참지 못해 생명을 지나치게 가볍게 생각한 결과 분신 자살자가 줄을 이었다. 살아서 투쟁을 해야할 목숨을 버리고 부모에 한을 남기고 세상을 떠난다. 무엇인가 잘못되어도 한참 잘못된 현상이다. 유흥가의 패싸움이 있는가 하면 대낮에 인신매매가 성행하고 있다는 기사도 있다.

외제품의 범람과 선호도, 사치풍조의 증가, 혼수감이 적다고 구박받은 새댁의 죽음, 정치인들의 뇌물사건, 가진자와 못가진자의 갈등, 지역간의 갈등 등등 모두가 조국의 병든 현실의 자화상이다. 이것이 한국병이다.

적어도 같은 땅덩어리 안에서 같은 언어와 같은 문화권 안에 사는 사람들만이라도 상호 기쁨을 나누며 웃는 얼굴로 생존해 나가는 공동체 의식이 필요하다.

이것이 더불어 사는 의식이요, 동족의식이다. 이 동족의식이 결핍되면 그 나라의 장래는 암담하다. 이는 인류의 역사가 엄숙히 교훈을 주고 있다. 역사를 통해 아무것도 배우지 않는 민족이 흥한 예는 없다는 사실을 역사를 통해서 배우고 있다.

조국의 암울한 상태에 질 수 없다는 듯 동포사회도 이혼의 유행, 아내구타 증가, 도박성행, 계 파동, 젊은이들의 갱단 활동, 어린이 학대, 마약 인구 증가, 노인사회의 분열 등을 볼 수 있다.

젊은이, 성인, 노인 할것 없이 모두 자기 자리를 찾지 못하고 있다.

우리나라는 자고로 금수강산이라고 했다. 물 좋고 인심 좋은 나라였는데 강물이 죽어가니 어찌 인심인들 좋겠는가. 정치는 어디 있으며 종교는 무엇하는 것인가. 온 나라가 불타고 있는데 누구하나 진압 방법을 제시하는 사람이 없다. 좋은 처방이 없다. 서로 물고 늘어져 함께 자멸하자는 소름끼치는 세태만이 판을 치고 있다. 우리는 다시 태어나야 한다. 모두 너도 살고 나도 사는 삶의 터전 위에 최소한의 동족의식을 갖고 우리는 다시 태어나야 한다. 한 발자국씩 뒤로 물러나 대화의 장을 성공시켜야 한다. 이로 인해 금수강산은 새로와지고 이곳에 새로핀 민주화의 꽃도 오래 지속될 것이다. 나만 살고 나만 똑똑하다는 자세가 문제다.

모든 사람들이 자기 자신을 빼놓고는 모두 안다는 자세다. 그래서 선인들은 '네 자신을 알라'고 했으며 소크라테스는 '나는 내가 무지하다는 사실 이외에는 아무것도 모른다'는 겸손한 말을 남겼다.

제 9장 웃음 요법

젊어지는 비법

세월을 이기는 장사는 없다고 했던가. 그러나 요즈음은 꾸미기에 따라 젊어 보이기도 하고 나이보다 오히려 더 늙게 보이기도한다.

미국 여성은 젊은 사람들 보다 노인들이 화장을 더 열심히 한다. 젊게 보이기 위함이다.

생명공학자들은 인간 수명의 70%는 개인의 행동이나 습관 등 환경적 요인에 의해 결정되고 이 또한 정신적 요인과의 결합에 의해 결정되어지므로 실제나이는 별 의미를 갖지 못한다고 한다. 실질적으로 중요한 것은 그 사람의 전반적인 건강상태를 반영하는 '생물학적 나이' 또는 '생체나이'라는 것이다.

시카고 프리츠크 의대 마이클 로이젠 교수가 개설한 인터넷 사이트 '진짜나이(www.realage.com)'는 이와같은 생물학적 나이 개념을 토대로 '젊어지는 비법' 12가지를 제시한다. 다음은 '진짜 나이'를 제시하는 젊어지는 방법이다.

1. 비타민을 복용하라: 비타민, 칼슘, 엽산을 꾸준히 복용하면 건강해지기 때문에 6년 젊어진다.
2. 담배를 피하라: 담배를 끊으면 8년 젊어진다. 간접흡연도 피해

야 한다. 시대가 점점 담배 피울 공간을 좁혀가고 있다.

3. 혈압을 관리하라: 혈압을 적정수준으로 잘 관리하면 고혈압 환자에 비해 25년 젊어진다.

4. 스트레스를 줄여라: 스트레스를 받으면 32년 늙어진다. 11가지 비법으로 생체나이를 줄여봤자 스트레스를 해소하지 못하면 오히려 마이너스가 된다.

5. 이와 잇몸을 건강하게 유지하라: 6.4년 젊어진다.

6. 규칙적인 운동을 하라: 3박자 운동(유산소, 근육, 지구력)을 꾸준히 하면 9년 젊어진다. 하루 20분씩만 걸어도 5년 젊어진다.

7. 안전벨트를 매라: 안전벨트로 상징되는 안전의식은 생명을 3,4년 연장시킨다.

8. 하루 25그램의 섬유질을 꾸준히 섭취하면 2.5년 젊어진다. 단백질도 동물성 단백질 보다 식물성 단백질이 건강에 더 좋다는 것이다.

9. 건강상태를 항상 점검하라: 만성질환을 잘 관리하고 수준 높은 의료혜택을 받으면 12년 젊어진다.

10. 자신의 진짜나이를 확인 하라: 진짜나이 사이트에 소개돼 있는 진짜나이 테스트를 받고 그 결과에 따라 행동하면 26년 젊어진다.

11. 의도적으로 웃어라: 웃음은 스트레스를 감소시키고 체내 면역 시스템을 강화하는 효과를 가졌다. 웃는 사람은 8년 젊어진다. 가끔 주위에서 듣는 유머는 분위기를 바꿔 놓는다. 험악하거나 어색하거나 긴장되거나 거북하거나 예민한 공기로 분무기를 내뿜어서 한 번에 바꿔 놓는다.

12. 평생 공부하는 자세를 가져라: 평생동안 지적 활동을 하는 사람은 2.4년 젊어진다. 책을 많이 읽는 사람의 표정이나 인상은 안 읽는 사람과 크게 차이가 있다.

웃음과 울음

  타인을 웃기고 울린다는 것은 쉬운일이 아니다. 따라서 남을 웃기는 희극배우나 코미디언은 존경을 받을만 하다.
  많은 현대인들은 울음보다는 웃음을 더 좋아한다. 남을 잘 웃기는 사람을 유머감각이 풍부한 사람이라고 흔히 말한다. 미국 사람은 비극배우보다는 희극배우를 더 선호하고 있다. 반면 한국의 성인들은 연속극을 보면서 눈물을 자주 짜고 있다. 휴지가 연속 눈 주위로 간다. 휴지를 소모하면서도 그 연속극을 좋아한다.
  유머감각이 풍부한 사람의 IQ는 일반 보통인 보다 상당히 높다는 연구 보고서가 나왔다. 내용을 알지 못하면 웃음이 나오지 못한다.
  한국의 부모들은 웃음에 대한 거부반응 때문에 자녀들의 유머감각 지도 과정에서 허점과 미약한 점이 많다. 이로 인해 가정에 유머가 없게 된다. 웃음이 메마른 곳이 되기 쉽다. 유머로 인해 가정의 분위기가 부드럽고 화목하게 되는 현상을 놓치고 있다. 이런 화목한 현상은 가정의 평화를 위해서나 화평을 위해 필요하다.
  가정에 유머가 없는 것은 자녀들의 두뇌 발전을 위해 바람직하지 못하다. 유교적 전통사회에서 살아온 한국인들은 웃음보다는 눈물과 슬픔에 더 쉽게 공명하고 있다. 슬픔과 원한으로 가득한 한국의 역사가 그렇게 만든 듯 보인다. 우리민족은 슬픈 사람들이었기에 웃는 것 또는 남을 웃기는 것에 거부반응을 나타내는지도 모르겠다. 웃음이 헤픈 사람을 점잖지 못한 사람, 싱거운 사람이라고 낙인을 찍는 경우가 있다. 아이들이 웃고 히히덕거리면 시끄럽다고 야단친다. 좀 큰 아이들은 더욱 나이 값을 못한다고 야단을 맞는다. TV나 신문 또는 만화 등을 보면서 웃으면 싱겁게 논다고 핀잔을 받기 일쑤다. 고로 웃음도 마음대로 웃지 못하는 지경에 이른다. 스트레스에 압도되기 쉬운 현대인들은 유머와 웃음이 필요하다.

현대를 살고 있는 미국사회는 긍정적, 낙천적, 낭만적 생활 자세를 요청하고 있다.

따라서 전통적인 한국인 부모들은 체질개선을 해야 한다.

미국의 여성들은 파트너를 선택하는데 있어서 남성의 유머 감각을 중시하는 것으로 연구 결과가 드러났다고 미국과 캐나다 과학자들이 '진화와 인간 행동' 잡지 최신호에 발표했다. 여성들은 남성이 웃음을 자아내도록 만든다면 남성의 다른 결점을 간과해 버리려고 하는 것으로 나타났다고 양국 연구자들은 말했다.

슬픔보다는 웃음에 공명하는 현대인이 되어야 한다. 새가 재잘거리는 것을 들으면 새가 운다고 보지 말고 새가 아름답게 노래한다고 들어야 하고 해석해야 한다.

바람소리를 들을 때도 휘파람 소리를 들은 듯 생각하고 표현해야 한다. 밝은 면을 보고 느끼고 생각하는 것이 생산적이요 건설적이다.

웃는 것은 건강에 좋은 것, 필요한 것, 젊어지는 것이다. 이런 체질개선을 현대는 바라고 있다. 이것이 밝고 아름답게, 즐겁고 평화스럽게 사는 길이다.

성씨의 이상한 해설

　우리의 과거 역사를 보면 민족적 대아를 잊고 씨족의 이해에만 얽매인 문벌 중심의 소아적 혈연의식이 있어 역사 발전에 큰 장애 요인이 된 적도 있었음을 과거사에서 볼 수 있다. 오늘날은 서구화, 산업화의 물결속에서 날로 쇠퇴해가는 우리의 뿌리의식이 약화되어 가고 있다.
　성씨에 대한 혈연의식이나 뿌리의식을 넘어서 성씨와 직업 및 직위에 연결되는 발음 나는 한국어를 살펴보면 재미있고 미소를 자아내는 경우가 많다.
　부씨는 아무리 높은 자리에 올라가서 사장, 이사장, 위원장이 되어도 부사장, 부이사장, 부위원장이 되며 첫째가 못되고 차석이 된다. 손해를 보는 억울함이 있다. 임씨 성을 가진 분은 종교생활을 열심히 하고 신학교를 나와 신부가 되어도 임신부가 되니 임신한 여인의 호칭을 받게되어 부르기 난감하다.
　성씨는 침례명을 붙혀 부를 때, 고인이 되기 전 현세에서도 성인 대접을 받는다. 카도릭에서 말하는 성인이란 믿음과 성덕이 뛰어나 분명히 천국에 올라간 고인을 칭한다. 그러나 신자 중에 요한이나 요셉과 같은 세례명을 받았다면 성요한, 성요셉으로 부른다. 굳건한 신앙인으로 죽어서 받을 성요셉, 성요한이란 이름을 살아서도 부르게 된다. 성씨 소유자는 카도릭 신자가 될만하다. 살아서도 존경을 받기 때문이다. 차씨 또한 법조계의 검사직에 임명되어도 차 검사가 되어 자동차 정비 검사인듯 들린다. 우리집에도 이런 차 검사가 한명 있다. 다행히 승진이 되어 차 차장검사가 된 모양이다. 따라서 이제 자동차 수리를 위한 검사역은 면한것 같다. 장씨 또한 의과대학을 졸업하고 사람 병을 다스리는 의사가 되면 장의사가 되며 죽은 자를 장례지내는 일을 하는 집으로 오인된다.

신씨는 현재 회장으로 있을 때는 신 회장으로 그런대로 괜찮으나 회장직을 물러 나도 영원히 신회장이 된다. 필자는 신 회장 뒤를 이어 모 단체의 회장이 된 경험이 있는데 신씨 보고 신회장이라고 모두 말하니 나는 구회장이란 말인가?

구씨 성을 가진 사람은 새로운 회장이 되어도 항상 지난 날의 회장이 된다.

이와 마찬가지로 전씨도 늘 지나간 전회장이 되고 만다.

원씨도 그 회사나 단체를 처음 조직했을 때의 회장인 듯 원회장이 된다.

현씨는 물러나도 그 단체 그 회사의 현직 현회장으로 영원히 남게 되는 듯 하다.

억울하면 성을 고칠 수 밖에 없다. 허나 구씨성을 가진 사람은 미국에서 결혼생활을 하게되면 대부분 남편성을 따라야 하기 때문에 구회장, 전회장의 억울함을 탈피할 수 있다. 그러나 남자들은 남의 집으로 입적하지 않는 한 방법이 없다.

이씨도 사장이 될지라도 이사장이 되기 때문에 집행부를 돕는 이 사회의 이사장으로 오인 되기 쉽다. 반씨 또한 절반 대접 밖에 못 받는 인상을 준다. 반 선생, 반 목사 등은 마치 보조 선생이나 부목사 같은 인상을 받기 쉽다.

형씨는 아들도 형이요 동생도 형이어서 누가 형이고 누가 동생인지 분간하기 어렵다. 또한 아들도 형이요 아버지, 할아버지도 형이니 집안의 위계질서가 혼란스럽게 된다. 남씨는 여성이라도 남자같이 남선생이 된다. 또한 집 식구일지라도 '남'이라 불리워진다. 여씨는 남자이어도 여선생 여회장으로 불리워진다.

전화로 여 CPA를 좀 바꾸어 달라고 했더니 안내양이 여자분을 바꾸어 준다.

아니 여자말고 남자 CPA를 바꾸어 달라는 등으로 복잡한 혼선을 일으킨 바 있다.

백씨는 사장이 되면 백사장이 되어 여름 해수욕장의 모래벌이 연상된다.

노씨는 새파랗게 젊어도 노선생, 노회장, 노형으로 통하니 일찍부터 늙은이 대접을 받게된다. 아버지와 아들 모두 회장일 경우 아버지 노회장과 아들 노회장 사이에 혼선이 온다. 아버지 노회장은 부르기 좋으나 아들 노회장은 시기상조이며 부르기 거북하다.

성씨를 소리 나오는 대로 숫자로 표시하면 가장 낮은 성씨가 반씨요 높은 성씨가 경씨다. 반씨는 이분의 일이요 한씨는 하나가 된다. 이씨는 둘과 통하고 사씨는 4(넷), 오씨는 5, 육씨는 6이 된다. 구씨는 9가 되고 백씨는 100이며 천씨는 1,000 이다. 만씨는 천씨의 10배인 10,000 이 된다. 조씨는 '0'이 12개나 되며 조씨보다 경씨는 조씨보다 '0'이 3개나 많다.

고씨 중에 이름이 '무신'이가 있으면 고무신이 되고 남씨 중에 '비'가 있으면 남비가 된다. 주씨 중에 전자 아가씨가 있으면 주전자가 되어 물담는 그릇이 된다.

양씨 중 이름이 재기가 있으면 양재기가 되어 놀림감이 되기 쉽다.

언론계 기자들은 이상한 뜻을 풍기는 성을 가진 사람들이 있다. 이씨는 이기자(승리하자)가 되고 반씨는 반기자로 환영하자는 뜻으로 생각된다.

배씨는 배기자로 힘들지라도 견디어 살아 남자는 뜻이 된다. 노씨는 노기자로 신참기자 일지라도 노기자가 되어 고참기자인 듯 오인되기도 한다.

조씨는 조기자로 복아댐의 뜻으로 통할 수 있다. 구씨는 구기자로 냄비나 종이를 찌그러뜨리고 버리기 위해 구기자는 소리로 들린다.

남씨는 여기자 일지라도 남자같이 남기자로 불려지고 여씨는 남자여도 여기자로 불리우게 된다. 주씨는 주기자로 죽이자로 발음이 되어 살인하자는 소리로 들린다. 여성 안씨는 안기자로 불려지기 때문에 포옹하자는 말이 된다. 싱거운 소리는 이 정도로.

웃음 요법

 웃음이란 높은 감정반응으로 기쁘거나 만족스러울 때, 슬프거나 어처구니 없을때, 남을 업신여기거나 비웃을 때 안면근육을 함께 움직여서 일정한 표정을 짓는다. 이러한 반응을 총칭하여 웃음이라 한다.
 다음 선인들의 정의를 보자.
 * 플라톤(Plato,그리스 철학자)- 질투의 감정에 쾌감이 가미된 것이 웃음이다.
 * 데카르트(Descartes,프랑스 철학자)- 자기와 비교해서 타인의 단점과 불완전성을 보고 자신의 우월성을 느끼는 것이 웃음을 유발한다.
 * 홉스(Hobbes,영국 철학자)- 돌연히 나타난 승리의 감정.
 * 칸트(Kant,독일 철학자)- 무엇인가 중대한 것을 기대하고 바짝 긴장해 있을 때 예상 밖의 결과가 나타난다. 그 순간 갑자기 긴장이 풀려 우스꽝스럽게 느껴지는 감정의 표현.
 * 쇼펜하우어(Schopenhauer,독일 철학자)- 추상적으로 생각했던 일과 현실 사이의 불일치를 갑자기 파악했을 때 웃음이 유발된다. 예를 들면 귀부인이 바나나를 밟고 넘어진다거나 어린이가 어른의 바지를 입었을 때 등이다.

* 혹자는 놀람과 기대의 어긋남에서 웃음이 생긴다고 했다.

요즈음 너도 나도 할 것없이 살기 어렵다고 야단들이다. 불경기 탓이다. 어려운 인생살이 괴롭다고 힘겹다고 넋두리만 일삼고 짜증낸다고 해결되지 않는다.

징징거리면 남이 도와주기는 커녕 도리어 그를 외면하고 피하기 마련이다.

어차피 피할 수 없는 멍에, 내가 져야할 십자가라면 피동적이 아니라 진취적 능동적인 자세로 과감하게 걸머지는 도전적인 삶이 필요하다.

견디기 어려운 역경에서도 미소를 머금은 삶을 엮어나가도록 의도적으로 노력할 필요가 있다. "웃는 낯에 침뱉지 못한다"고 밝은 표정, 밝은 삶을 지향하면 얽혔던 실다발 같은 일도 쉽게 풀리고 남들도 즐겨 도와 주려 한다.

링컨의 말이다. 나는 어려운 환경에 있지만 웃어야 한다. 밤과 낮, 나를 짓누른 고통 때문에 내가 웃지 않았다면 나는 죽었을 것이다. 웃는 사람은 산다.

우리 동양의 일소 일소(一笑 一少), 일노 일노(一怒 一老) 또는 소문만복래(笑門萬福來)의 사상은, 비교적 낙천적인 미국인이 갖는 웃음요법(Laughter Theraphy)과 일맥상통하지 않나 싶다.

옛날 이야기 책을 보면 자식 걱정으로 해뜰 날이 없는 늙은 어머니가 있었다. 큰아들은 우산장사이고 작은 아들은 얼음장사를 하고 있었다. 그래서 이 어머니는 해뜬 날에는 우산이 팔리지 않아 큰아들의 장사가 안되어서 걱정, 반대로 비오는 날이면 날씨가 선선해서 작은 아들의 얼음이 안 팔리나 이마에 주름살을 짓고 한숨을 일삼았다. 그러나 생각을 바꾸면 세상이 달라진다.

"세상일이란 마음먹기에 따라 달라진다. 그런 공연한 걱정은 버리고 이렇게 생각하면 된다. 해 있는 날이면 작은 아들의 얼음장사가 잘되니 좋고 궂은 날에는 큰아들의 우산이 잘 팔려서 또한 고마운 일이라고…"말이다.

우리말에 사서 고생이란 말이 있듯이 근심거리를 만들어서 스스로를 불행한 자로 자처하는 것은 어리석은 짓이다. 우리는 행복하기 때문에 웃는 것이 아니라 웃기 때문에 행복한 것이다. 낙천적인 삶의 자세-"내일은 해가 뜨겠지" 하는 희망의 삶을 매일 살아가는 미래지향적인 사람이 되려는 노력은 매우 소중한 생활인의 슬기라 하겠다. 행복은 내가 만들어 가는 것이다. 그 곳에서 웃음이 터져 나올 것이다.

최근에 증상치료에서 원인치료로 추세가 바뀌고 있는 미국 의학계에 일고 있는 새로운 바람이 웃음 요법이다. 배꼽을 잡고 크게 웃을 때 스트레스 호르몬인 코티졸과 에프네프린 및 도파민 같은 양이 급감소된다는 것은 이미 세간에 잘 알려져 있는 의학적 사실이다.

우리 몸의 얼굴에는 16개나 되는 안면근육을 있는대로 움직여주며 웃어제끼는 1분의 박장대소(拍掌大笑)는 15분의 운동효과를 내주어 암세포가 정상세포로 복귀, 또 심장마비, 돌연사에 탁월한 예방효과를 보이고 있다는 정보가 나타나고 있다. 캘리포니아주에 있는 스탠포드 의대 윌리암 프라이(William Fry) 교수는 미국에서 웃음 치료학의 체계를 세운 의사인데 그는 일찍부터 웃음과 유머가 건강에 효과가 있다는 것을 발견하고 '치료제로서의 웃음' 이라는 책을 펴냈다.

웃을 때는 엔돌핀 같은 좋은 호르몬이 분비되기 때문에 각종 면역기능이 높아지며 동맥은 이완되어 혈액순환이 좋아지고, 상체의 근육운동과 심장박동수가 높아져 호전현상의 불이 환하게 켜진다는 것이다. 따라서 폐의 기능도 강화된다고 보고했다. 또한 다른 세포의 도움없이 종양과 바이러스를 공격하는 백혈구의 양을 증가시킨다. 그외에 호흡기관에서 염증을 막아주는 항체 면역 글로빈 A를 증가시킨다. 그리고 임파절 주변에 모여 해로운 미생물체를 대항하는 항체를 생성하는 B세포를 증가시킨다. 항체가 감염되거나 제기능을 발휘하지 못하는 세포를 물리치도록 돕는 보조세포 등을 증가시킨다. 이렇게 미소는 우리의 건강에 지대한 공헌을 한다.

좋은 웃음은 집안의 햇살이다. 만일 사람이 자신에 대해 너무 심각하면 그 사람은 결국 심각한 질병으로 끝날 확률이 높다. 웃음은 거의 참을 수 없는 슬픔을 참을 수 있는 어떤 것으로, 더 나아가 희망적인 것으로 바꾸어 줄 수 있다.

유머와 위트 및 넌센스

　유머는 이런 것이다. 말하는 사람과 듣는 사람이 함께 즐길 수 있게 만든다. 소리내어 웃음소리를 내는 것이 아니고 마음에 스며드는 웃음과 즐거움을 안겨주는 묘약이다. 유머는 인생을 관조하는 넉넉함 너그러움 없이는 생산되지 않는 고급스러운 마음의 표현이다. 말의 명품 1호이다.
　유머가 넘치는 세상에서 얼굴에 웃음을 띠우며 따뜻한 손을 마주잡은 채로 살고 싶다. 헛똑똑을 과시하려고 뾰족한 말을 주고받음은 자타를 해친다. 서로 너그러운 유머를 주고 받을 때 평화로운 우정이 우리를 에워싸지 않겠는가.
　유머와 위트는 갈증날 때 한잔의 생수처럼 시원하다. 메마른 땅에 내리는 단비처럼 달콤하고, 비 온 뒤에 무지개처럼 흐뭇한 여운을 주어서 좋다.
　꽁꽁 얼어붙은 분위기도 유머 한 마디로 화기애애하게 바꿔버린다. 유머는 거리낌없이 함께 웃는 익살스러움이다. 풍자는 남에 대한 공격과 독성을 지니고 있는 반면 유머는 그저 웃고 즐기는 천진한 말이라는 점에서 다르다. 또한 유머와 넌센스는 다르다. 유머가 익살스러운 농담, 해학, 지적인 기지로 이해된다면 넌센스는 무의미한 말, 헛소리, 어리석거나 터무니없는 말이라고 할 수 있다.

유머가 잔잔한 웃음을 자아낸다면 넌센스는 허탈한 웃음을 웃게 만든다. 유머가 깊은 생각이 바탕에 깔렸다면 넌센스는 사려가 깊지않은 사람의 혀 끝에서 나온다. 가끔 본인은 유머라고 생각한 발언이 다른 사람의 마음에 상처를 주는 것은 그것이 넌센스였기 때문이다.

이태조가 한번은 무학대사를 비롯한 몇 사람을 초청하여 큰 잔치를 벌렸다. 그리고 오늘은 군신의 관계를 떠나서 마음껏 먹고 마시고 흉금을 털어 놓고 즐겁게 놀자고 주문을 했다. 그리고는 옆에 있는 무학대사에게 짐짓 "당신은 꼭 돼지 같소" 하고 험한 농담을 던졌다.

그러자 대사는 "군왕께서는 성인 군자이시옵니다" 라고 대답했다. 그러자 태조는 못마땅하다는 듯이 "아니 스스럼없이 놀자고 당부했는데 무슨 대답이 그러냐" 고 야단을 쳤다. 당황한 대사는 황급히 말을 이었다. "아니옵니다. 원래 돼지의 눈에는 돼지만 보이고 군자의 눈에는 군자만 보이옵니다"라고 하자 어색했던 좌중은 크게 한바탕 웃었다.

우리는 '악처' 하면 크산티페를 꼽는다. 그녀는 큰 소리를 바락바락 지르면서 바가지를 긁은 다음 남편에게 물세례까지 퍼부었다. 소크라테스는 옷이 흠뻑 젖고 비 맞은 장닭 신세가 되었다. 그래도 그는 천연덕스럽게 "천둥이 친 뒤에는 폭우가 내리지" 하고 유머를 했다.

고종의 생부 홍성 대원군이 실권을 장악하고 있을 때 시골에 묻혀 사는 청년 한 사람이 벼슬을 얻으려고 대원군을 찾아갔다. 대원군은 무슨 생각에 잠겼는지 뒷짐을 진 채 동물원의 호랑이 처럼 왔다갔다하고 있었다. 청년은 눈이 빠지도록 인사 올릴 기회만 엿보고 있다가 엎드려 큰절을 했다. 고개를 쳐들고 보니 자기에게 눈길을 주기는커녕 여전히 왔다갔다하고 있지 않는가. 그는 하는 수 없이 다음 차례를 노리다가 다시 한번 넓죽 인사를 올렸다.

그랬더니 대원군의 입에서 청천벽력 같은 불호령이 떨어졌다. 이놈 죽은 사람도 아닌데 산 사람에게 절을 두번씩이나 하다니, 저놈을 당장 잡아 쳐 넣어라하고 노발대발하고 있었다. 청년은 너무 놀랐다. 이제 죽을 몸이라 생각했으나 침착하게 말했다. "첫번째 드린 인사는 문안드리는 인사이고, 두번째 인사는 물러간다는 인사이옵니다" 대원군은 분명 그런 것이 아닌 것을 잘알고 있었지만 그의 뛰어난 기지를 가상히 여겨 그의 소원대로 벼슬을 주었다고 한다.

이렇게 번쩍이는 기지는 생사를 바꿀 수도 있고 출세의 길이 열리기도 한다.

위트는 기발한 아이디어를 가진 기지다. 위기를 순간적으로 모면하는 뛰어난 책략이라고나 할까. 때로는 상황을 급반전시키는 언어의 마술이며 정곡을 찌르는 언어의 묘수 바로 그것이다.

경직과 유머

　미국에서 조사된 여론 수집의 결과에 의하면 최고의 신랑감은 뛰어난 유머 감각이 있는 사람이다. 그러나 한국에서의 남편감 자질로 꼽는 것은 성격이나 능력, 학벌, 건강, 재력 등이 우선 순위로 나타난다.
　정치인도 유머감각이 뛰어나야 인기가 있다. 레이건 대통령의 유머 감각은 수준급이었다. 1981년 저격을 당했을 때 간호사가 지혈을 하기 위해 레이건의 몸을 만지기 시작했다. "우리 낸시(영부인)에게 허락을 받았나?" "네, 이미 낸시 여사님께 허락을 받았습니다." 그리곤 부인 낸시 여사가 나타나자 "여보, 나 총알 피하는 걸 깜빡 잊었어." 미안해.
　수술이 시작되기 전 주치의가 "미스터 프레지던트, 수술을 시작하겠습니다"라고 하자 "(의사들을 둘러보며) 여러분은 모두 공화당원이겠지요?" "최소한 오늘 만큼은 전부 공화당원입니다." (급박한 순간에서 간호사나 의사들의 재치도 1등급이다.) 1984년 재선에 도전한 레이건은 73세였다. 경쟁자인 먼데일 민주당 후보가 TV토론에서 슬쩍 고령을 건드렸다. "나이에 대해 어떻게 생각합니까?" 그러자 레이건은 "이번 선거에서 나이를 문제삼을 생각은 없습니다." "그게 무슨 뜻입니까?" "당신이 너무 젊고 경험이 없다는 사실을 정치적 목적으로 이용하지는 않겠다는 뜻입니다." 웃음과 박수가 쏟아져 나왔다. 먼데일도 결국 함께 웃었다.

연설의 서두도 미국과 한국간에는 차이가 있다. 미국에서는 joke로 연설을 시작하는 것을 가장 효과적으로 생각하고 있는데 그 이유는 첫째 그것이 예로부터 습관화되어 있기 때문이고, 둘째 미국인들은 격의 없는 분위기를 좋아한다는 점, 셋째 청중들로 부터 좋은 사람이라는 감정을 갖게 하기에 가장 적합하다는 점등을 들 수 있다.

한국인은 웃음이 적다. 유머를 많이 간직한 사람을 싱거운 사람이라고 한다.

그래서 같은 배우라도 희극배우는 격하한다. 그러나 미국에서는 그렇지 않다. 밥 호프의 인기도에서도 짐작할 수 있다. 밥 호프의 이야기 중 더운 여름 워싱턴을 방문했더니 모두 피서 가고 도시가 비어 있고 링컨 기념관에 있던 링컨 동상도 안 보이고 빈 의자만 있더라고 호들갑을 떤 이야기가 아직도 기억에 남았다. 이런 유머 때문에 그는 역대 대통령들과도 친분이 두텁다.

세계에서 가장 오랜 전통과 권위를 자랑하는 왕실 중의 하나인 영국 왕실의 엘리자베스 2세 여왕도 품위 있는 농담을 잘하는 것으로 알려져 있다. 몇 년 전 여왕이 미국을 비공식 방문했을 때의 일이다. 캘리포니아 연안을 배를 타고 샌프란시스코 쪽으로 항해하는데 그곳 기후에 어울리지 않게 비바람이 치고 날씨가 몹시 나빴다. 예상했던 선상에서의 환영 만찬을 취소하고 육지에서 주정부 고관들과 지방유지들이 마련한 만찬 석상에서 여왕은 이런 말을 했다. 영국의 기후가 나쁘다는 사실을 알고 있으면 여왕의 말에 즉각 웃음이 나올 수 있다.

"이곳에 오기 전에 나는 영국이 미국에 우리의 전통을 많이 전한 것은 알고 있었습니다. 그런데 그 중에 날씨까지 끼어 있는 줄은 미처 몰랐지요." 여왕다운 유머가 아닌가!

그러면 미국 사람들은 어떨까. 아무리 기발한 유머를 말하고 전해도 전혀 반응이 없다는 것이다. 유머를 이해 못해서일까? 정 반대이다. 웬만한 유머를 다 알고 있기 때문에 웃기기 힘들다는 말이다.

유머감각이 뛰어난 김창준, 임용근, 신호범, 강석희, 조재길, 최석

호 의원 같은 한인 1세들의 정치적인 성공에 고무돼 앞으로 한인들, 특히 2세들의 정계도전이 활발해질 것으로 예상된다. 이들에게 꼭하고 싶은 조언은 유머감각을 갖추라는 것이다. 딱딱한 이미지를 없애고 얼굴 근육을 부드럽게 하지 않고서는 유권자들에게 다가서기 어렵다.

웃으면 혈액순환이 잘 된다.

　스마일 운동이 범사회적으로 번지는 때가 있었으나 한국사람들은 잘 웃지 않는다.
　그래서 단체 사진을 찍을 때는 사진사가 모두 김치라고 외치라는 것이다.
　웃으면 살이 빠진다고 한 농담 같은 진담이다. 미국 국민의 3분의 2가 비만으로 고민하고 있다. 반면 북한은 만성적인 식량부족으로 아사자가 속출하고 있다는 소식이다. 식욕을 억제하고 다이어트를 하다보면 살은 빠지지 않고 스트레스가 높아져 오히려 폭식을 하게 되는 수도 많다. 이런 사람들에게는 웃음요법이 다시없는 희소식이다.
　워싱턴 주 벨뷰에서 사는 '케이티 남베보'는 "웃으면 살이 빠진다."란 책에서 자기는 웃음으로 4년 동안에 35파운드를 줄였다고 했다. 어느 날 TV에서 웃으면 살이 빠진다는 뉴스를 듣고 시작했다. 크게 소리를내고 미친사람 모양 웃었다. 창자가 당겨 배가 아프고, 눈물이 나고, 기운이 싹 빠지도록 웃었다. 한번에 30초 내지 5분간, 하루에 열번 정도로 , 식욕이 감퇴하고 체중이 줄기 시작했다.
　미국엔 지금 웃음 클럽이 1,000개나 되고 세계적으로는 3,000개나 된다고 한다.
　모여 웃고 놀며 스트레스를 풀고 육체적 정신적 안녕과 행복을 추구하는 클럽이다. 웃음이 우울증을 해소해주는 항울제가 된다고 한다. 인터넷 유튜브에도 웃는 운동 비디오가 많이 나와 있다.
　버지니아의 팻치 애덤스 의사는 "우울증, 권태, 고독감 따위 때문에 음식을 많이 먹게 되고 따라서 살이 찌게 되지만, 웃으면 순간적으로나마 고통, 공포, 노여움이 사라지고 즐거움과 행복을 느끼게 된다"고 한다.
　메릴랜드 의과대학 연구팀이 최근 심장학회에서 발표한 연구 결과를 보면, 웃으면 스트레스로 인해 수축된 혈관이 팽창해 혈액순환이 원활하게 된다. 웃으면 온몸의 신진대사가 활성화되고 스트레스가 풀려 식욕이 억제된다.
　메릴랜드대 심리학 및 신경과학 교수 로버트 프로바인 박사는 '웃음의 과학적인 조사'라는 책에서 "웃음으로 에어로빅 운동효과를 내자면 한참동안 계속해서 미친 사람 모양 큰 소리를 내며 폭소해야 된다. 웃음이 있는 인생은 웃음이 없는 인생보다 낫다. 웃음에는 부작용이 없다. 웃음은 다 좋은 결과를 낸다"고 했다.
　10분간 폭소하면 10분간 걷는 것과 비슷한 효과를 낸다. 1분간 폭소하면 에어로빅이나, 조깅이나, 바이킹하는 것 만큼 근육이 완화되고 혈액순환이 활성화되는 효과가 난다고 했다. 웃으면 근심, 걱정 따위 부정적 생각이 사라지고 즐거움과 행복을 느끼게 된다. 웃는 얼굴을 보면 덩달아 웃음이 난다. '웃음'이라는 단어만 봐도 그냥 웃음이 난다. 웃는 얼굴에 침 못 뱉는 이유는 웃는 얼굴을 보면 저절로 웃음이 나오기 때문이 아닐까? 웃음은 웃음을 불러오기 마련이다. 웃음을 통한 건강 관리서인 '하루 5분 웃음 운동법'이라는 책에 의하면 1-2분간의 박장대소는 두 시간 반 이상 달린 효과가 있고, 웃음은 또 인체 내에서 몸을 병들게 하는 독소를 순간적으로 중화시키는 역할도 한다고 한다. 웃음을 통해 몸과 마음의 건강관리를 할 수 있는 방법을 담고 있는 이 책은 각 질환에 따른 웃음운동법, 마음웃기 운동법, 일상생할에서 할 수 있는 웃음운동 등을 소개하고 있다.
　행복한 사람이 웃는게 아니고 웃는 사람이 행복하다고 한다. "웃음은 돈 안들이고 건강을 유지할 수 있는 최고의 보약이다. 하루

15초만 크게 웃어도 이틀을 더 산다는 연구결과도 있다. 또한 웃을 때마다 산소공급이 2배로 증가하여 혈액순환 등 건강에도 도움이 된다. 웃음없이 보낸 하루는 낭비한 하루이다. 웃음은 살맛나게 한다. 웃음은 사람을 살린다…'

배꼽을 뺀다고 표현하는 웃음 즉 폭소는 긴장을 완화시켜주고 혈압을 낮추며 혈액순환을 도와주고 상체운동이 될뿐만 아니라 위장과 가슴근육 그리고 심장까지 운동하게 만든다고 한다. 사람이 650개의 근육중 231개의 근육을 웃음이 움직이게 하니 어떤 운동과 비교를 하겠는가.

횡경막이 심하게 위로 아래로 올라갔다 내려갔다하며 온 장기를 자극하는 것이다. 따라서 웃음을 횡경막의 경련현상으로 정의하기도 한다.

암을 치료하는 어떤 병원에서도 30분씩 환자들이 함께 둘러서서 가짜로 웃기 시작하고 웃다보면 또 웃음이 나와 계속 웃는 시간을 갖는 것이다. 암 치료에 어떤 약보다 굉장히 효과가 있는 것이다.

여자가 남자에 비해 더 오래 살 수 있는 이유는 여자들이 웃는 것도, 우는 것도 남자에 비해 더 많이 큰 소리로 웃고 울기 때문이라고 한다. 남자들은 대개 빙그레 웃는 경우가 더 많은 것을 볼 수 있다. 또 남자들은 슬픈데도 우는 것을 부끄러워하고 참는 경우도 많은 것을 본다. 어떤 모임에 가봐도 대체적으로 남자들은 토론을 많이 하지만 여자들은 사소한 것까지도 까르르 넘어갈 때가 많다.

그래서 여자들쪽이 더 시끌벅적하기 일쑤다. 그나마도 나이가 먹어 가면서 자꾸 웃음을 잃어간다. 웃을 일이 없네요라고 말하는 것을 많이 듣게 된다.

이 땅의 옛사람들은 잘 웃지 않는 것을 원칙으로 삼은 것 같다. 지금 사람들은 잘 웃는 것을 원칙으로 삼은 듯 보인다. 웃으면 살이 빠진다는 말도 있다.

폭소 한번이 에어로빅 5분의 효과와 같다고 한다.

웃음과 건강

　웃음이 건강을 가져다주는 신비한 보약이고, 심지어 상당 부분의 병을 고치는 치료제로 각광을 받고 있다는 것은 우리들에게 호기심을 갖게 하기에 충분하다.
　이것은 가끔 한번씩 유행처럼 지나가는 대체 민간요법이나 신비적 요소를 가진 건강법이 아니라 정통 의학에서 의학적 근거를 바탕으로 한 웃음의 재발견이라는 것이다.
　웃음 건강학이 각광을 최근에 받게된 것은 노만 커신스(Norman Cousins)라고 볼 수 있다. 그는 미국의 유력한 잡지 토요 리뷰(Saturuday Review)의 편집장을 지낸 언론인이었다. 그 사람은 50세로 1964년 8월 강직성 척수염이라는 희귀한 관절염에 걸려 의사로부터 회복될 가망이 없다는 진단을 받았다.
　이 병은 500명 중에 한 사람이 회복될 수 있는 치명적인 병이다. 이 병은 골절 마디마디에 염증이 생겨 심지어 손가락도 굽히지 못하는 극심한 고통이 수반되는 병이다. 의사는 이 질병이 중금속 오염으로 인해 발생했다고 지적하고 있다.
　커신스씨는 이런 극한적인 절망의 순간에 언젠가 읽었던 캐나다 의사 한스 셀리(Hans Selye) 박사가 저술한 <삶의 스트레스>(1954)라는 책이 생각났다.

이 책에서 저자는 부정적인 사고나 감정은 육체에 화학적 변화를 가져오며 부신 호르몬을 마르게 한다고 했다. 그리고 스트레스는 많은 질병의 원인이 된다고 지적하였다. 커신스는 이 원리를 굳게 믿었다.

전문의 일수록 과학을 맹신하는 경향이 있고 안정이니, 웃음이니, 희망이니 하는 의학 외적 요소엔 관심을 두지 않는 면이 있으나 그의 주치의 윌리엄 힛지그(William Hitzig)씨는 좀 달랐다. 오랜 친분을 통해 서로 마음을 나누는 사이기도 했거니와 희망과 용기, 즐거운 정서가 질병 치료에 큰 도움이 될 것이라는 긍정적인 견해를 갖고 있던 의사였는지라 커신스씨의 견해에 호의적이었던 것이다.

그는 바로 코메디 영화를 보기 시작했다. 웃음의 효과는 나타났다. 병실을 병원에서 호텔로 옮겨 친구들과 같이 웃음을 자아내는 영화를 보았다. 혼자보다는 여러 사람이 모여서 웃을 때 33배나 더 웃을 수 있다고 한다.

그는 병마에서 벗어난 후 "질병의 해부"라는 책을 1968년에 발간하여 베스트 셀러가 된 바 있다. 그는 말년에 UCLA 의대 교수로 있다가 75세까지 건강하게 살았다. 1989년에는 "희망의 생물학"이라는 저서도 남겼다.

웃음이 건강과 치료에 큰 효과가 있다는 것은 커신스씨가 처음 발견한 것은 아니다. 구약성경에 마음의 즐거움은 양약이라고 했고, 세계 각국에서 웃음이 병을 고친다는 얘기가 전해 내려오고 있다. 서기 1300년 경에 프랑스의 의과대학 교수였던 헨리 드 몬더빌레(H. De Monderville)는 다음과 같이 가르쳤다.

"의사는 환자의 기쁨과 행복같은 생활의 전체적인 국면을 돌보아 주어야 하며, 환자의 친척이나 가까운 친구가 그를 흥겹게 하도록 허락해야 한다. 그리고 환자에게 우스개 소리를 들려줄 누군가를 초청해야 한다."

17세기의 영국의 의사 토마스 시던햄(T. Sydenham)은 "마을에 좋은 광대들이 오는 것은 당나귀 20필에 실은 약보다 건강에 더 좋다."고 말했다.

영국의 프란시스 베이컨(F. Bacon)은 마음의 즐거움이 건강에 좋다고 했고 로벗 버튼(R. Burton)도 웃음이 피를 깨끗이 하고 젊고 활기차며 건강한 삶을 할 수 있다고 했다. 임마누엘 칸트(I. Kant)

도 비슷한 말을 그의 저서에 기록했다.
　웃음의 임상적 연구로 잘 알려진 로마 린다 의과대학을 1902년 설립한 엘렌 화잇(E. White) 여사는 질병의 90%는 마음에서 발생하는 것이므로 마음의 즐거움과 기쁨이 건강에 중요하다고 강조했다. 지그문트 프로이드는 1905년 <유머와 무의식의 관계>라는 책에서 유머, 위트, 웃음은 걱정, 공포, 분노와 다른 부정적인 감정을 극복하는 방어기제가 된다고 했다. 이런 프로이드의 지적에 따라 정신분석학을 공부한 심리학자나 정신과 의사들은 환자들을 치료하는 일에 웃음을 폭넓게 이용해 왔다.
　스탠퍼드대 의과대학의 윌리엄 프라이(William Fry) 교수는 미국에서 웃음치료학의 체계를 세운 의사인데 그는 일찍부터 웃음과 유머가 건강에 효과가 있다는 것을 발견하고 <치료제로서의 웃음>이라는 책을 펴냈고 1971년과 86년에 웃음과 심장, 순환계의 임상적인 상관관계를 밝혔다. 그는 특히 폭소는 건강에 대단한 효과를 보인다고 평가했다.
　웃음을 임상적으로 연구한 선구자 중 미국의 베라 로빈슨(V. Robinson) 박사를 꼽는다. 그는 캘리포니아 주립대(Fullerton) 간호대학의 교수였다. 그녀는 의료진들에게 웃음의 사용이 왜 중요한가에 대한 논문으로 박사학위를 받았고, 후에 최초의 웃음요법 교과서인 <유머와 의료진>이라는 책을 발간하였다.
　캐나다의 심리학자 허버트 레프코트(H. Lefcourt)와 정서 반응에 대한 연구 결과를 밝혔는데, 특히 웃음과 유머에 대하여 집중적으로 조명했다. 이들 학자들의 주장에 따르면 스트레스를 해소하는 많은 방법 중에 유머와 웃음이 가장 탁월한 결과를 가져다준다고 한다.
　웃음요법에 대한 의학적인 근거는 로마 린다(Loma Linda) 의과대학교의 두명의 교수에 의해 전환기를 맞게 되었다. 리 버크 교수와 스탠리 탠 교수는 웃음과 면역체에 대한 연구로 전세계 의학계의 비상한 관심을 불러 일으켰다. 이들은 웃을 때 체내에서 병균을 막는 항체인 인터페론 감마 호르몬이 많이 분비된다는 것을 발견했다. 1996년 4월 캘리포니아주 산타 모니카에서 개최된 심리신경면역학 연구학회의 연례모임에서 버크 교수는 이 발견을 발표하여 이 방면의 의학계 권위자가 되었다.

웃음의 치유적 능력에 대하여 홍보하고 있는 사람을 꼽으라면 캘리포니아 데이비스에 살고 있는 패티 우턴(P. Wooten)씨를 꼽는다. 그녀는 이미 간호사들을 위한 웃음교본을 두권 저술했고 1996년도 세계웃음요법학회 회장을 맡았었다.

그녀는 그녀의 책에서 "전통적인 의과대학에서 웃음을 치료제로 가르치지는 않지만 상황은 바뀌고 있다."고 지적하면서 앞으로 간호대와 의대에서 웃음요법이 정규 과목으로 채택될 것이라고 전망하고 있다.

정신과 생리의 상관관계를 연구하는 심리신경면역학은 현재 활발하게 연구되고 있는 의약분야 중의 하나이다. 물론 현재까지 나온 여러 가지 임상학적 보고서에도 불구하고 웃음요법이 기존의 치료법을 대체하는 것은 아니다. 하지만 병원에서 기존의 치료법에 의해 치료를 받고 있더라도 웃음요법을 이용하면 더 빨리 회복되는 결과를 볼 수 있다는 것이다. 이런 면에서 웃음요법은 기존의 의료기관을 전면 부인하는 다른 대체의학과는 구별된다.

커신스씨를 통해 불붙은 웃음의 의학적 효력에 대한 연구는 현재 전 세계적으로 확산되고 있으며 이젠 미신적인 대체의학으로 치부해 버리기에는 그 규모나 연구 성과가 너무도 엄청나게 커지고 말았다.

웃는 방법과 효과

올해 초 발표된 자료에 따르면 우리나라 성인들은 하루 평균 열 번, 한번에 8,6초를 웃는다고 한다. 하루 '90초', 팔십 평생에 달랑 '30'일만 웃는다는 얘기다.

그러나 걱정 근심은 하루 3시간6분, 일평생 10년 이상 고민만 하다가 죽는 셈이다. 4~5세 아이들은 하루 300번 이상 웃는다. 어른도 아이들처럼 웃자.

에빙하우스의 망각곡선에 따르면 10분 후부터 망각이 이뤄져 1시간 후에는 50%, 하루 뒤에는 70%를 잊어버린다고 한다. 잊어버리는 게 결코 나쁜건 아니다.

그런데 나쁜 기억을 자꾸 되살리는 것이 있다. 바로 입에서 튀어나오는 말이다.

최근 우리 사회엔 상처를 후벼 파고 소금 뿌리는 말이 너무 많다. 인사라고 던지는 말이 "자네 어디 아파? 안색이 안 좋아." 아무 일 없던 사람도 갑자기 아파지기 시작한다. 개업집에 가서도 "요즘 불경기라던데, 김밥집이 잘 될까? 하여튼 축하해." 그 말에 김밥천국이 김밥지옥이 된다.

더욱 문제는 사회지도층이라는 사람들이 막말을 한다. 정부도 툭하면 "법과 원칙에 따라 엄중히 처벌할 것"이란다. 이건 소통이 아니라 호통이다.

고 정주영 회장의 동생 정세영씨가 고려대에 시험을 친 뒤 떨어질 것 같아 고민을 하니까 정주영회장이 말했다. "나도 들어간 고대에 니가 왜 못 들어가니? 형이 고대 건물 지을 때 막노동 했다는 걸 아는 동생은 한바탕 웃음을 터트렸다. 웃으면 고민과 갈등이 날아간다는 옛말이 역시 맞다.

유머는 긴장을 풀어주고 좁은 길을 뻥 뚫어준다. 지도자란 서민들의 막힌 속을 뚫어줘야 한다. 호통만 치지 말고 소통이 되도록 웃음을 줘야 한다. 웃음이 있어야, 웃겨야 서민 생활에 효과도 좋다.

"한국 경제가 긍정적인 측면도 있지만 아직도 긴 터널의 중간쯤 와 있다." 지난 4월 무역투자진흥회에서 대통령이 한 말이다. 이런 말을 들으면 답답하다. 지금도 어려운데 터널의 중간이라니. 지도자는 희망의 말을 해야 한다. 갈 길이 남아 있다는 것을 끊임없이 주입받고 있는 상태에서는 웃음이 개입할 여지가 없다.

사막을 40년 동안 헤맨 유태인들이 포기하지 않은 이유는 가나안이라는 희망 때문이다. 모세는 말로 그 희망을 보여 줬다.

대한민국 최초의 웃음전문가라는 타이틀을 갖고 있다는 한국웃음연구소 소장 이요셉씨는 5분 동영상 강의를 통해 웃음 십계명을 제시하고 있었다.

1. 크게 웃어라
2. 억지로라도 웃어라.
3. 일어나자마자 웃어라.
4. 시간을 정해놓고 웃어라.
5. 마음까지 웃어라.
6. 즐거운 생각을 하며 웃어라.
7. 함께 웃어라.
8. 힘들 때 더 웃어라.
9. 한 번 웃고 또 웃어라.
10. 꿈을 이뤘을 때를 상상하며 웃어라.

경기침체로 너 나 할 것 없이 웃을 일이 없이 힘든 요즈음, 이 웃음 십계명에 따라 보면 어떨까? 경기가 좋아질 때를 상상하며,

크게, 억지로라도, 시간을 정해 놓고, 함께 웃어보면 어떨까? '소문만복래'가 이루어질지도 모른다. 옛말 그른 것 하나도 없지 않은가.

웃음의 효과는 여러가지가 있다. 첫째, 기억의 효과가 있다. 웃는 얼굴은 상대방 가슴에 박혀 버린다고 한다. 다른 사람에게 오래 오래 기억되려면 웃는 얼굴을 보이는 것이 좋다. 둘째, 친교의 효과가 있다. 꼬마들은 잘 웃기 때문에 어른들 보다 금방 친해진다. 옆의 사람과 친해지려면 계속 웃으면 된다.

셋째, 집중의 효과가 있다. 강의자가 중간 중간에 웃음을 선사하면서 주의가 산만해지지 않고 두세 시간 강의를 이끌어 나갈 수 있다. 넷째, 웃으면 인격이 형성된다. 웃는 사람, 유머가 있는 사람, 미소를 머금은 사람을 자세히 관찰해 보면 그 사람은 선하고 착하고 겸손하다. 또 이런 사람들은 사랑이 넘치고 은혜가 넘치고 이해심이 많다. 이는 곧 소망을 갖는 삶으로 연결되어 적극적이고 진취적인 성격형성에 영향을 미친다. 마지막으로 웃음에는 건강의 효과가 있다. 웃게 되면 T-임파구, 감마 인터페론, 화이트 블루세린, NK세포가 증가되어 암세포를 다 죽이는 것이 그 좋은 예다.

살을 **빼**려고하는 사람이 많다 보니 '살과의 전쟁'이라는 우스개말도 나왔다. 다이어트 식품이다. 다이어트 프로그램이다. 생약으로 만든 다이어트다. 등등이 있다.

외모지향적인 문화 속에 다이어트는 큰 이슈가 된 것이 사실이다. 하지만 시간이 없어서 다이어트를 못하는 사람도 있다. 시간이 없어서 운동을 못하는 분들 이제한바탕 웃어보자. 웃으면서 살빼고 웃으면서 마음도 건경해진다면 이보다 더 좋을순 없다. 나의 미소 나의 웃음이 나는 물론이고 다른 사람들에게 행복을 안겨준다니 웃어야될 이유가 충분하지 않은가!

제 10장 생물과 명산

호박꽃도 꽃인가

고국에 있을때 설악산에 식물채집을 위해 간 적이 있다.
자연을 감상하면서 천천히 고지를 향해 올라가는데 뒤 따라온 10대 남성들이 우리를 추월한다. 그 때 내려오는 10대의 여성들이 나를 중심으로 비켜 하산한다.
장난기 많은 남학생의 입에서 지나가는 여학생에게 공연히 호박꽃도 꽃이야 하면서 지나가니 기다렸다는 듯이 여학생들이 그 소리를 듣고 못 들은 척 지나가지 않고 멸치도 생선이야 하면서 남학생 말에 대꾸를 하면서 하산한다. 그 뜻을 음미해 보았다. 호박꽃이 꽃이야 하는 말은 여학생들이 예쁘지 않다는 뉘앙스를 던진 것이다. 그 여학생은 분명히 예쁘고 싱싱했다. 중년이 지난 가정부가 아니었다.
분명 호박꽃도 꽃이고 감상할 만한 아름다움이 있다. 호박꽃은 아프리카 원산으로 농촌 가정에서 재배하는 1년초다. 호박꽃은 암수 한그루이며 노랑색이다. 수꽃은 꽃자루가 길고 꽃받침통은 얕으며 갈래의 밑부분이 화관에 붙어있다. 암꽃은 꽃자루가 짧고 자방은 길며 꽃받침의 갈래가 다소 잎모양이다. 열매는 요리에 따라 일류 먹거리가 된다. 박과 식물로 6-10월에 꽃핀다.

그러나 멸치도 생선이냐고 되받고 남학생들은 말문을 열지 못하고 헤어졌으나 분명 그날 그곳에서 판정패한 것은 남학생들인 듯 보인다.

호박꽃은 틀림없이 꽃이지만 멸치(며루치)는 생선에 들어가기 어렵다는 생각이 든다. 멸치가 멸치과에 속하는 바다 물고기인 것은 사실이다. 몸길이가 13cm 가량 되기 때문에 젓이나 조림으로는 적합하지만 말리거나 절이지 않는 생선에는 명함내기가 어려울 것 같다.

꽃에는 호박꽃 같이 화환이나 꽃병에 꽂을 만한 가지가 없는 꽃도 있지만 오색 찬란하게 색의 조화가 잘 어울리고 균형잡힌 아름다운 꽃도 있다.

아침에 피었다가 저녁에 지는 꽃(나팔꽃), 저녁에 피었다가 태양이 솟아오르면 부끄럽다는 듯이 사라지는 귀화식물(달맞이꽃)도 있다.

봄, 여름, 가을에 피는 꽃, 겨울에도 피는 꽃(동백꽃), 해동이 되기도 전에 성급히 피는 꽃(매화), 눈 속에서 피는 꽃(만병초), 장미처럼 화사하고 향기로운 꽃, 개흙을 딛고 진창에서 피어 물까지 맑게 보여주는 꽃(연꽃), 향기와 아름다움으로 벌과 나비를 불러드렸다가 이 들이 앉는 순간 잎을 닫아 이들 곤충을 먹고 사는 마녀와 같은 꽃(끈끈이주걱)들이 있다.

꽃에는 꽃말이 많다. 나를 잊지말라는 물망초, 일편단심(무궁화), 동심(강아지풀) 등 마음을 그리는 꽃들이 있는가 하면 춘향이 같은 굳은 절개나 사랑의 상징인 국화나 난초, 이별의 슬픔을 뜻하는 금잔화, 꿈에라도 만나고 싶다는 해오라기 난초, 떠나간 님을 그리는 백일홍, 지난 날이나 젊은 날의 추억을 회상하는 기생초나 라일락이 있다.

사랑을 그리는 꽃들도 있다.

첫사랑(아잘리아), 덧 없는 사랑(나팔꽃,아네모네), 영원한 사랑(도라지), 진실한 사랑(마가렛), 열렬한 사랑(디기탈리스,붉은장미), 어머니의 사랑(목화,카네이션), 부부의 사랑(보리수), 부인의 사랑(패랭이) 등이다. 또한 나를 사랑해 달라는 판지,사랑의 고백을 위해 주고 받는 튜우립 등등이 있다.

꽃을 보고 아름다움을 느끼는 것은 사람의 상정(常情)이다.

꽃의 아름다움을 닮으려는 외람된 소원이 언제부터 내 가슴에 싹 텄는지 모른다. 나의 반생(半生)은 꽃과 더불어 보냈다. 꽃에 대한 동경이 나의 생명이 되었다. 그러나 아직 꽃의 아름다움을 내 것으로 익히지 못함이 서러울 뿐이다.

꽃은 옛날부터 뭇 사람들이 사랑했다. 그래서 꽃에 얽힌 수 많은 사연들이 사기(史記)와 전설(傳說)과 민요, 가요 속에 남아 있다.

사람은 꽃을 보면 꽃으로 동화된다. 꽃으로 환한 방안은 밝은 생활의 빛이다. 꽃이 시들면 사방이 어둡고 침침하다.

향기와 생명이 없는 조화일지라도 잠깐씩 보고가는 마음을 즐겁게 해 준다.

꽃은 영광과 승리와 존엄을 나타낸다. 사람의 머리 위에 얹히는 황홀한 영예는 꽃이다 여왕의 왕관이 그렇고 월계관도 그렇다. 최고의 미녀도 꽃으로 수 놓은 왕관을 쓴다. 꽃은 말한다. 결혼식이나 생일 축하에서 장미나 카네이션은 평화롭고 아담한 분위기를 만들어 보는 이의 마음을 즐겁게 해 준다.

작별의 슬픔과 만나는 기쁨을 표현하는 꽃다발, 병문안을 위한 꽃은 위로의 말로 대신한다. 이렇게 꽃은 우리 주위에 있으면서 기쁠 때는 다정한 축하의 뜻, 외롭고 슬플 때는 위안의 상징으로, 노해 있을 때는 달래는 의미로 전해지는 거짓 없는 우리 마음의 대변자다.

꽃의 우아함은 단순히 우리 생활에 있어서 미화라던가 장식으로 그치지 않고 더 나아가 시간의 흐름, 계절의 노래를 우리에게 들려 준다.

꽃을 진실로 사랑하는 사람에게는 악인이 없다. 꽃을 즐기는 사람에게는 인생을 즐길 수 있을 것이고 인생을 즐길 수 있는 사람은 꽃을 사랑할 줄 아는 사람이다. 그렇기 때문에 꽃을 들고 가는 여인은 아름답다. 꽃을 가꾸는 여인은 더욱 아름답다. 꽃집 아가씨는 그래서 예쁘고 꽃집 아줌마도 예쁘다.

호박꽃 같은 처(이 글이 아내 눈에 비치는 날, 나는 집에 기어들어 가리라.)를 아름답게 위장하기 위해 꽃을 가꾸어야겠다.

인간 기계화의 물결 속에서 점점 시들어가는 자연을 아끼는 마음과 꽃을 사랑하는 마음이 있는 곳에 평화가 있고 가정의 윤택함이 있으리라.

이상한 식물의 이름

　우리나라 식물은 약 3,700종에 달하고 있다. 이 들은 대부분 가꾸고 기른 재배종이 아니다. 우리의 자연과 기후와 땅의 기운을 받아 소박하고 소담스럽게 살고 있다. 이들 식물은 세계적인 공통명인 학명이 있고 나라마다 자국명이 있다.
　우리나라에도 식물의 국명이 있다. 같은 학명의 식물일지라도 지역에 따라 부르는 식물명이 다르고 남북한에서 부르는 식물이름이 많이 달라졌다. 과거에는 같은 이름을 남북이 사용했는데 나라가 두 동강이 되면서 달라진 것이 많다. 안타까운 일이다. 일반적으로 나라마다 식물의 이름(國名)을 정하는데는 원칙이 있다. 표준어를 사용하는데 합당한 말이 없으면 방언 중에서 선별하고 그것도 여의치 않을 때는 그 식물의 특징, 습성, 최초 채집지의 지명이나 채집자의 이름을 따서 정하며 발표자의 선취권을 인정한다.
　그 이름의 어감이 나쁘거나 혐오감을 준다거나 추하더라도 함부로 고유명사인 식물 이름을 바꾸는 것은 학계에서 인정하지 않는다. 이름이 어떠하던 식물의 이름을 보면 황토 내음과 바람의 숨결과 이슬의 감촉이 느껴진다. 자연 속의 식물은 재배종과 달리 표정이 시골 아가씨처럼 수수하다. 치장을 하지 않아 눈을 끌지 않으나 순박하고 단아하다. 화려하기 보다는 소탈하다.

식물 채집지를 나타내는 식물명을 보자. 우리나라 5대 명산 중 유일하게 남쪽에 있는 명산 지리산에서 발견되거나 지리산 특산물로 알려진 식물에 지리(산)라는 말이 붙은 식물들이 있다.

지리산개별꽃, 지리바꽃, 지리바위덕풀, 지리터리풀, 지리산싸리, 지리오갈피, 지리강활, 지리산꼬리풀, 지리꼬들빼기, 지리대사초 등등이 있다.

지리산은 식물상이 풍부하고 등산코스가 27개가 넘는다. 생태 관광 및 등산하는 사람들이 넘쳐 자연 생태계 파괴가 심각하다. 생태계 보존운동이 필요한 시기에 도달했다.

식물의 특징을 나타내는 이름도 많다. 가냘프고 혼자 살기에 애처러워 애기라는 말을 식물에 붙인 이름이 많다.

애기나디, 애기송이풀, 애기제비란꽃 등 애기처럼 순수하고 자연스럽고 아름다운 꽃들이다. 소외되고 외로움을 나타내는 꽃이름들이 있다.

며느리밥풀꽃, 며느리배꼽, 홀아바꽃, 처녀치마(치마풀), 처녀바디(좀바디나물) 등등. *(괄호) 속은 북한에서 사용하는 이름이다.

새나 짐승 같은 동물의 이름이 붙은 식물도 있다.

까치수염, 갯까치수염, 큰까치수염, 괭이눈, 봄까치풀, 뱀딸기, 벼룩나물, 뱀꼬리, 노루귀, 쥐꼬리풀(속심풀), 쥐꼬리새(초리새), 돼지풀(쑥잎풀), 족제비사리(왜싸리), 여우콩(덩굴콩), 여우버들(마른잎버들), 여우팥(덩굴돌팥) 등 이런 꽃들의 이름으로 동식물이 어울리고 공생하고 있음을 나타내기도 한다.

이들로 인해 생태계에서 동식물간의 조화와 따뜻함을 맛 볼 수 있고 자연생태계의 보존이 필요함을 느낄 수 있다. 이들 식물의 이름에서 자연과 인간의 삶이 함께 있음을 나타내 준다.

대부분의 식물 이름을 붙힌 사람은 산야에서 삶을 누렸던 서민들이다. 그 식물 모양새 특징을 보고 누군가 무심결에 던진 말이 많은 사람들의 공감을 받아 불려지면서 굳어진 것이다. 이들 식물들은 계절이 뿌린 생명의 빛이 되고 노래가 되었다. 아무도 알아주지 않고 돌봐주지 않아도 모진 비 바람에 넘어지지 않고 흙 속에 뿌리 내리고 향기를 던지고 있다.

북한에서의 식물명은 말다듬기 운동, 혐오감을 주는 식물명, 추하다고 보는 식물, 외래어에서 유래한 식물명등은 다른말로 많이 교체했다.

　분단의 장기화로 이산가족의 슬픔만이 있는 것이 아니라 이런 폐단이 발생하고 말았다. 첫째, 외래어에서 유래된 식물을 보자.

　방크스 소나무(짧은잎 소나무), 리기다 소나무(세잎 소나무), 후크시아(초롱꽃나무), 살비아(약꽃풀), 페튜니아(애기 나팔꽃), 데이지(애기 국화), 제라늄(꽃아욱), 구우즈베리(양물앵도나무), 토마토(도마도), 다알리아(다리아), 히아신스(복수선화), 시베리아 살구(북살구나무) 등으로 자국어 사용의 일환으로 본다.

　남쪽의 외래어 사용이 지나침을 볼 때 북쪽 입장에서 보면 충분히 자극요인이 되고 있다.

　둘째, 한자에서 유래된 식물명을 풀어쓴 것이 있다.

　수정목(수정나무), 백송(흰나무), 불두화(큰접시꽃나무), 청시닥나무(푸른시달나무),천일홍(천날살이풀), 금어초(금붕어풀) 등등이다.

　차세대를 위해 한자를 풀어 쓰는 것이 덧 보인다. 북한의 한자를 알지 못하는 세대에게는 발전적인 모습일 것 같다.

　셋째, 개 새끼가 연상이 되는지 '개'자가 들어간 식물명은 혐오감이 든다고 모두 바꾸었다.

　개비자나무(좀비자나무), 개박달나무(좀박달나무), 개별꽃(들별꽃), 개싸리(들싸리), 개머루(들머루), 개시호(큰시호), 개오동나무(향오동나무), 개사철쑥(갯사철쑥), 개질경이(갯질경이), 개살구나무(산살구나무), 개머위(산머위), 개피(늪피) 등등이 있다.

　시대가 변하고 발전함에 따라 개의 위치가 상승선을 타고 있다. 과거에는 개는 일종의 가축용으로 마루 밑이나 뒤 뜰에서 자면서 봄날을 기다렸다가 보신탕의 원료가 되었으나 지금은 많은 개들이 애완용이 되어 방안으로 들어와 가족과 같이 산다. * 북쪽에서는 개고기를 단고기라 하면서 평양 시내에서 대궐을 지어놓고 당당히 팔고 있는 단고기집이 있다. 그런데 왜 '개'자를 삭제했는지 알 수 없다.

　넷째, 식물이름에 인체의 배설물이나 신체부분을 나타내는 식물은 개명을 했다.

　즉 배설물로 오줌 똥을 제거했다.

　쥐똥나무(검정알나무), 노루오줌(노루풀), 여우오줌(왕담배풀), 말오줌때(나도딱총나무), 쥐오줌풀(바구니나물), 애기똥풀(젓풀), 말똥

비름(알돌나물), 개똥쑥(잔잎쑥), 등이 있다. 식물이 배설물을 배설하는 것도 아닌데 이름까지 바꾸는 것은 알 수 없는 일이다.

다섯째, 신체의 일부분을 따서 붙힌 이름도 있다.

개불알꽃(작난화), 소경불알(만삼아재비), 며느리배꼽(참가시덩굴여뀌), 송장풀(산익모초) 등 말하기도 쑥스럽고 듣기에도 거북한 이름들이다. 분명히 예쁜 이름은 아니다. 남녀가 같이 있을 때는 부르기도 난감한 이름들이다.

여섯째. 인격 및 계급의식을 풍기는 식물명이 있다.

숫잔대(습잔대), 거지덩굴(풀마른덩굴), 기생여뀌(향여뀌), 기생초(애기금계국), 유경란(육란), 열려수(추리나무), 중대가리풀(머리꽃나무), 홀아비꽃대(홀꽃대), 도둑놈의 갈구리(갈구리풀), 바보여뀌(점박이여뀌), 왕머루(머루), 왕질경이(큰잎질겅이), 왕대(참대), 양반풀(버들박주가리), 중의무릇(애기물구지), 도깨비 부채(수레부채) 등으로 사회주의 국가에서는 이런 용어를 잘 쓰지 않기 때문에 발생한 현상으로 보여진다.

일곱째, 동서양의 양, 일본, 미국, 왜 등 나라에 관한 글자가 붙은 식물들을 보자.

양파(둥글파), 양구슬냉이(기름냉이), 양벗(단벗나무), 양버들(대동강뽀뿌라), 서양배나무(병배나무), 일본목련(황목련), 일본유동(기름오동나무), 일본잎갈나무(청성이깔나무), 미국물푸레(뾰족잎물푸레나무), 왜개싱아(왕싱아), 왜떡쑥(솜떡쑥), 왜현호색(산현호색), 왜제비꽃(작은제비꽃), 왜방풍(북방풍), 왜솜다리(북솜다리), 왜당귀(존당귀), 왜우산품(우산품), 오랑캐장구(가지대나물), 만주고로쇠(북고로쇠나무) 등등이 있다. 왜개싱아나 양버들의 개명은 왜 그렇게 했는지 방북하면 묻고 싶다. 미련을 남기면서…

소나무와 참나무

　한국의 산을 크게 보면 소나무류와 참나무 종류가 주종을 형성하고 있다.
　소나무 종류와 참나무 종류의 우열을 비교하기는 어렵다. 두 종류 모두 장단점이 있기 때문이요, 각기 다른 개성을 유지하고 있기 때문이다.
　소나무 종류가 참나무 종류보다 자질(資質)면에서 보면 더 좋은 편이다. 특히 건축용으로는 소나무의 자질이 참나무보다 우월하다. 따라서 옛날 대궐이나 큰집, 남대문, 경복궁 등의 목조 건물은 소나무가 기둥, 대들보 등 중심부를 찾이하고 있다. 이는 자질이 우수한 재목이기 때문이다.
　소나무는 나자식물문의 소나무과 식물이다. 소나무과에는 전나무, 구상나무, 분비나무, 가문비나무, 종비나무, 잎갈나무, 백송, 금송, 잣나무, 해송, 낙우송, 삼나무 등 35종이 우리나라에 분포되어 있으며 전 세계에는 200여종이 있다.
　교목 및 관목의 상록수로 사철 푸르름을 나타내고 있다.
　참나무는 피자식물로 참나무과 식물이다. 참나무과에는 너도밤나무, 상수리나무, 갈참나무, 물참나무, 떡갈나무, 신갈나무, 가시나무, 굴참나무, 밤나무 등 26종이 넘는다. 전 세계에는 열대, 온대에

600여종이 있다.
 상록 또는 낙엽, 교목 및 관목이 있는데 우리나라에는 낙엽수로 대부분 분포되어 있다. 소나무와 참나무는 현화식물 중 일찍부터 다른 길로 가고 있는 식물이다.
 소나무는 목수들이 다듬는데도 비교적 연한 나무이기 때문에 쉽고 날 대패질도 잘 받는다.
 참나무는 대패질을 하는데 어렵고 못도 잘 받아 들이지 않는 자질이 강하다.
 그러나 부식은 소나무보다 빠르다. 논 밭을 가는 써레의 몸체는 소나무요 이빨은 참나무다. 이빨이 강하고 견고해야 논바닥의 흙덩이를 뒤집고 흙의 견고성을 유연하게 만들어 식물의 뿌리 성장을 도와준다.
 안방의 가구들은 견고성을 유지해야 하기 때문에 참나무가 차지하고 있다.
 참나무는 소나무보다 서양에서 더 대접을 받고 있다. 술통은 참나무로 만든다.
 술이 맛을 내려면 참나무 통에서 성숙해야 한다.
 술 안주로 최고를 자랑하는 훈제고기도 참나무를 태운 연기 맛을 보아야 제 맛이 난다. 소나무는 송진 때문에 훈제 연기로는 낙제생이다. 그러나 건축재, 침목, 땔감으로 큰 몫을 하고 꽃가루는 식용, 잎은 약용 및 식용으로 근래에 더욱 찾는 분이 많다. 수지는 약용 및 공업용으로 각광 받고 자고로 자기 동류가 잘되면 좋아한다는 표현으로 '소나무가 무성하면 잣나무도 기뻐한다는 말이 있다.
 참나무의 담백한 연소는 도자기를 굽는데는 쓸모가 없다. 도자기를 굽는데는 소나무 장작이어야 한다. 송진이 타는 끈질긴 불꽃은 맑고 깊은 도자기의 빛깔을 창조하는데 일등공신역을 한다.
 사람들의 신분이 높고 낮음을 막론하고 너나없이 소나무를 선호하는 것은 그 자질 때문이 아니고 수격(樹格) 때문으로 본다.
 "남산 위에 저 소나무'는 우리 애국가에서도 예찬하고 있다. 이렇게 소나무는 참나무보다 기품이 높은 것은 틀림없다. 참나무가 상민 같다면 소나무는 선비와 같다. 그러나 소나무의 단순림(單純林)의 수격이 우수해 보이는가 하면 그렇지도 않다. 군대 사열식 배열이 엉망이다. 질서 정연하게 자라지 못하고 있다. 또한 소나무 숲은

송충이가 덤벼들면 삽시간에 쑥밭이 되고 만다.
 참나무 단순림도 배열상태가 군기가 **빠진** 상태로 배열하고 똑바로 서지를 못하고 제멋대로 자라고 있다.
 우리나라 산에는 소나무와 참나무가 주종을 이루며 혼생을 하는 경우가 많다. 이들 혼생의 숲을 혼효림이라고 한다.
 높은 산의 식물 수직 분포상태를 보면 참나무가 주종을 이루는 활엽수림대를 지나 더 높이 올라가면 혼효림이 등장하고 그 위에 고도가 점점 높아짐에 따라 소나무와 같은 단순 침엽수림이 나타난다.
 고산의 혼효림은 소나무와 참나무가 혼생 및 공생을 하고 있기 때문에 안정감을 주고 있다. 혼효림대에는 각종 수목들이 사이좋게 지내며 숲의 아름다운 자태를 서로 자랑하고 있다.
 가을이 되면 참나무류는 단풍이 들다가 온도가 내려가면 낙엽지고 소나무만 독야청청한 모습, 감상하기 일품이다.
 여름에 산에서 바람이 불면 참나무들이 활개춤을 춘다. 참나무의 넓은 잎이 바람에 나부끼는 모습은 소나무의 바늘 같은 침엽은 따르지를 못한다.
 참나무가 춤을 추고 있을 때 소나무는 점잖은 체통을 흐트리지 않는 범위내에서 자손 번식을 위해 송홧가루를 뿌리며 관망하고 있다.
 대개 소나무는 등성이의 암석을 보금자리로 하고 여기저기 서 있다. 혼효림에서는 참나무로 인해 소나무가 뛰어난 기품을 유지한다. 따라서 소나무는 참나무를 필요로 하고 있다. 겨울이 되면 소나무가 참나무를 지켜 주기도 한다.

동물학대와 보호

 얼마 전의 일이다. 로스엔젤레스 백인 지역에서 발생한 사건으로 한국인이 자기가 기르는 개를 너무 때렸다고 이웃 사람의 신고에 의해 법정에 기소되어 1개월 형무소, 집행유예 1년형을 받은 것으로 지상에 보도되었다.
 자기 소유의 개를 자기가 때렸는데 동물학대 죄에 의해 범법자가 된 것이다.
 알다가도 모를 일이다. 이는 분명히 문화적 차이에서 오는 비극의 한 장면이다.
 한때는 동물 애호가들이 UCLA 병원 앞에서 데모를 강도 높게 한 바 있다. 실험용 동물로 토끼나 흰쥐를 더 이상 살해하지 말라는 내용이 구호의 주류였다. 뿐만 아니라 UC 리버사이드의 실험용 동물 사육실을 동물 애호가들이 밤중에 침입하여 사육동물들을 모두 풀어준 사건도 발생했다.
 미국 선교사의 신앙간증 시간에 먼저 자기에 대한 소개부터 했다. 성명과 출생지 부모 동생들에 관한 말은 평범하게 나갔는데 부모, 동생 외에 개가 있기 때문에 미국에 있는 가족은 모두 네 식구라는 이야기였다. 사람 셋에 개까지 가족으로 계산을 하는 것을 보고 웃은 적이 있으나 이런 현상이 미국인 사고방식의 지배적인 모습임을 알 수 있다.
 따라서 개를 사람과 같이 간주하기 때문에 개고기를 먹는 한국인을 미국인은 식인종과 같이 이상한 눈으로 본다. 허나 민족에 따라 말고기를 먹는 나라도 있고 개구리를 고급요리에 사용하는 나라도 있다. 필리핀은 고양이를 먹는다.
 한국인의 눈에 이런 나라 사람들은 야만인으로 보일 수 있다. 이런 것은 음식에 대한 식용법의 차이나 문화의 차이에서 오는 현상이다. 미국의 동물 애호가들은 개를 지극히 사랑한다. 동물 애호가들 뿐만 아니라 일반 가정의 보통 사람들도 개를 사랑하고 좋아한다. 그렇기 때문에 주기적으로 개를 이발시키고 목욕시키며 장식을 달아 준다. 따라서 미국에는 개를 다루는 수의사나 목욕시키고 이발시키는 장소가 많고 이런 직업인이 많다. 그래서 슈퍼마켓에 가 보면 개를 위한 음식의 진열대가 상당히 많은 면적을 점유하고 있다. 사람들이 먹어도 될 정도의 고급 음식들이다. 개밥의 TV광고도 대단하다.
 한국에서는 개밥이란 별도로 있는 것이 아니고 먹고 남은 것을 개밥으로 주었다. 미국 사람들은 개를 사랑하기 때문에 방안에서 기르고 개털이 방안의 카펫 위에 이곳 저곳 떨어져 오염되는 것을 방지하기 위해 털을 깎아 주는 것을 열심히 하고 있다. 자연적으로 자라서 체온을 보존하는 털을 깎아주기 때문에 날씨가 추워지면 개옷을 해 입힌다.
 이것이 개를 사랑하는 것으로 본다. 허나 필자의 눈에는 개의 본성이나 개성을 무시하고 방안에서 개를 기르는 자체가 동물학대 현상으로 보인다.
 물론 애완용은 다를 수 있다. 우리가 먹는 것은 애완용이 아니라 식용개다.
 개를 사람과 같이 살도록 한 것이 구속으로 보인다. 개는 밖에서 마음껏 뛰놀고 자랄 수 있어야 한다. 개가 마음껏 자의로 배설하고 살아야 하는데 억지로 대소변을 보도록 함도 학대요, 오줌을 누고 있는 개를 앞에서 잡아 당기니 한 다리를 들고 오줌을 찔끔찔끔하면서 주인을 따라간다. 개는 오줌마저 마음대로 누지를 못하고 끌려가는 것을 보고 불쌍한 개로구나 하는 생각이 들고 생리적 욕구마저 억제시키고 있는 동물 애호가들이 오히려 동물을 학대한다는 생각이 든다.
 비록 복날 횡액을 당하더라도 시골 들판을 뛰어 다니는 갑돌이와 삼돌이네 똥개들이 미국의 비단방석에서 잠자는 개보다 행복하리라 본다.
 개를 사랑한다고 개에게 인간과 같은 생활을 강요하는 것은 개를 인간처럼 침대에 재우는 것이지만 동양인이 개를 애호하는 것은 짐승답게 밖에서 재우는 것이다. 개를 학대하는 것은 밖에 재우는 것이 아니라 바로 침대 속에다 재우는 것이라는 사실을 미국인이 깨닫는 날 그들은 동양인의 마음을 알게 되리라 본다.

아! 백두산

　1991년 7월18일, 우리는 백두산행이 결정되었다. 평양에 도착한 지 열이틀만이었다. 오전 9시 30분, 순안 비행장 활주로를 박차고 이륙한 소련제 프로펠러 쌍발기는 찢어지는 듯한 기계음을 토해 내며 숨가쁘게 원산으로 가다가 기수를 다시 북으로 돌렸다. 고도 4,700m, 시속 450km로 궤도를 이제 잡았나 보다 생각했는데 비행기는 어느덧 1시간 30분만에 삼지연 공항에 안착했다.
　애초 우리가 계획한 백두산행은 평양에서 기차편으로 북한 식물학자들과 동행하기로 합의가 되었다.
　백두산에 며칠 체류하면서 백두산 식물상을 샅샅이 살피기 위해 기차편을 요구했으나 평양 도착 즉시 백두산행이 비행기편으로 결정되었다는 통보가 왔다.
　그 결정은 요지부동인 듯 싶었다. 아쉽지만 그래도 '파격적인 대우'를 해준 비행기편 제공에 감사할 수 밖에 없었다. 기차편으로는 평양에서 백두산 부근 혜산진까지 18시간이 걸리지만 비행기로는 백두산 발치 삼지연까지 2시간이면 족하기 때문이다.
　북한 학자와 동행, 공동조사를 할 수 있게 해달라는 나의 부탁은 역시 정중히 거절당했다. 북한 학자들의 백두산 연구는 다양하게 계속되어 온 듯 하였다.

관광에서 기상, 토양, 식물, 미생물, 혁명 역사, 지도첩 등을 포함한 <백두산 총서>도 1992년 발행되었다. 나는 북한 체류 중 백두산 관련 연구서적들을 구입했는데 이번 저서의 집필시에 좋은 참고서가 되었다.

어쨌든 이번 일정에서 못다한 작업은 백두산의 뒷편인 중국의 장백산에서 보충하기로 하고 우리는 기꺼이 북한측의 안내자를 따랐다. 평양에서 삼지연까지, 소형 비행기 탑승시엔 안내자가 2명이었으나 백두산에서 1명이 더 추가되어 3명으로 늘어났다. 백두산 정상의 등산에 앞서 안내자들은 백두산 밀영으로 안내했다.

혁명의 사령부와 김정일 위원장 생가인 소박한 귀틀집, 망원경, 권총, 칼, 숫자맞추기, 담요, 베개, 배낭 등과 부엌 세간들이 보존되어 있었다.

또한 백두산 밀영에는 구호나무, 밀엽자리, 천막, 밥 짓던 자리가 있고 해발고도 1,797m의 '정일봉'이라는 글자가 선명히 새겨진 봉우리가 머리 위에 솟아 있었다.

'백두산 밀영에는 매해 많은 근로자, 청년학생들, 해외교포들이 충성심을 발휘하여 물밀듯이 몰려들고 있다'고 안내자들은 설명했다.

우리는 베개봉 밑에 있는 베개호텔에 일단 여장을 풀었다. 백두산정에 한걸음 더 가까이 다가간 무두봉 주위엔 현대식 건물의 여관과 식당, 상점, 목욕탕 등이 있고 백두교에는 2백명을 수용할 수 있는 식당이 있다.

혜산시와 보천군 및 삼지연 군에는 백두산 답사자들을 위한 식당과 여관이 많이 건설되어 있다. 비로소 민족의 영산 백두산을 상면하기 위해 올라간다. 형용하기 힘든 벅찬 느낌에 가슴이 두근거렸다.

삼지연 비행장에 내려 버스편으로 백두역까지 달렸다. 이곳에서 케이블카 사촌인 듯 보이는 삭도를 타니 향도봉 근처에 있는 해발 2,730m인 향도역까지 운반해 주었다. 여기서 약 1km 미만의 등산기분을 맛 보았다. 가는 길은 경사지고 부석 위를 걷기 때문에 해변가 모래밭이나 사막지대를 걷는 기분이었다.

산소 농도가 낮은 지대에서 빨리 천지를 보기 위한 발걸음이기에 더욱 숨이 찼다.

우리가 백두산의 최고봉인 장군봉에 올라선 것은 18일 하오 2시 무렵이었다.
　천지를 가운데 안고 장군봉을 둘러싼 각양각색의 기묘한 바위들이 눈 앞에 전개된다. 또한 멀리 중국편에 실날같이 흐르는 달문쪽 송화강의 상류가 보인다.
　우리 숙소인 해발높이 1,931m 지점에 있는 베개봉 호텔 부근의 기온은 하오 1시에 24℃를 나타내고 있었다. 곧장 장군봉에 올라와 정신없이 식물 생태 조사를 하다가 몸에 한기를 느껴 옆에 차고 있던 온도계를 보니 10℃를 가르키고 있었다. 그때가 하오 4시 30분 께로 동시에 측정된 온도는 아니지만 14℃의 차이가 같은 날 몇 시간 사이에 나타난 것이다.
　등산할 때 거추장스럽던 쉐타가 정상에선 슬그머니 아쉬워졌다.
　백두산은 과연 높고 낮은 명산을 거느리고 있는 주종(主宗)의 명산이다.
　백두산은 보기 드물게도 덕스러움을 갖췄고 위엄이 넘치는 특유한 성산(聖山)이다. 이런 백두산의 위용, 자연경관 및 아름다움, 과학적인 깊은 연구, 우아한 천지의 비밀은 아직도 전부가 밝혀지지 못하고 있다. 지금까지 일부 알려지고 밝혀진 사실도 오류가 많다. 이런 오류를 찾아내기 위해 필자 일행은 어려운 발걸음을 내디딘 것이다. 장군봉 부근에는 기상관측소가 있어 현대과학 정보를 매일 매일 토하고 있다.
　시인 노산 이은상은 '백두산은 우리 겨레의 얼의 고향이요, 천지는 우리 겨레 슬기의 원천이다'라고 했다. 이 말에 모두가 숙연해지고 고개를 끄덕끄덕한다.
　백두산은 반만년의 유구한 역사와 더불어 우리 겨레의 마음 속에 깊이 간직되어온 민족의 기상과 조국의 상징이라고 본다.
　백두산의 천지는 우아하고 화려하다는 측면에서 한라산의 백록담과는 비교가 안될 정도로 민족의 명산이다.
　백두산에는 희귀한 고산식물이 있고 식물 분포가 다양하며 천지 호반에는 만병초를 비롯한 많은 약용식물들이 자생하고 있다.
　민족의 성산 백두산은 예로부터 조선 8경의 하나로 널리 알려졌다.
　백두산에 오르는 사람치고 그 아름다움과 장엄한 자연풍치에 매혹되지 않는 사람이 없다. 백두산은 누가 보아도 자연풍치의 총결합체이다.

　여기에는 웅장한 산체, 천만년 비.눈.바람에 다듬어 놓은 만물상, 끝없이 펼쳐진 노란 만병초 군락, 넓디 넓게 분포된 대초원 등 신비감이 천하 제일이다.

　구슬땀 흘리며 등산한 답사자들은 천지의 장엄하고 우아한 전경에 감탄을 금치 못한다.

백두산 천지

 한순간에 사시사철을 맛볼 수 있는 것이 백두산의 독특한 특징이다. 하루에도 겨울과 여름의 현상이 나타난다. 백두산의 기상은 예측하기 어려워 언제 구름이 꽉 들어 차서 백두연봉과 천지를 삼킬지 알 수 없다.
 백두산의 풍치 중에 불타는 저녁 노을은 참으로 장관이다. 끝없이 펼쳐져 지평선을 이룬 밀림의 바다도 백두산에서만 볼 수 있는 절경이요, 밀림의 바다 위에 구름의 바다가 펼쳐졌을 때의 풍경은 온 세상이 모두 구름 바다요, 오직 백두산만이 땅덩어리인 듯 보이게 한다.
 구름 바다 위에 솟은 백두령봉에 서면 비행기 안에서 창문을 통해 본 태평양 바다 위와 같이 구름을 타고 하늘로 천사가 되어 솟아 오르는 것 같고 내려다 보면 천하를 모두 굽어 보는 것 같아 온 세상 사람들을 여기로 부르고 싶은 격정에 사로 잡힌다. 천당이 따로 있나, 이것이 천당인 듯 착각 속으로 밀어 넣는다.
 백두산에 올라 사방을 둘러보면 찌를 듯한 기상에 백발 노인도 청춘의 마음을 안고 가게 되고 젊은이들은 큰 담을 키워 가지고 가게 되리라.
 아득한 뭉게 구름이 흰 목화송이를 갓 틀어 놓은 듯 하얗게 피어 올라 검푸른 산하와 대조를 이루며 목가적 분위기를 창출한다.

멀리 까마득한 산하에는 생존의 아귀다툼과 사바 세상의 번뇌도 많으련만 이곳은 그 흔적도 찾을 길 없다.

삼지연에서 백두령까지의 직선 거리는 30km가 넘지만 지척에 있는 듯 보인다. 백두령은 구름과 안개의 조화로 순식간에 천지와 봉우리들이 나타났다가 사라지곤 한다. 구름이 순간 허리를 감기도 하고 구름이 저쪽으로 도망가는가 하면 다시 이쪽으로 공격해 온다. 참으로 구름의 기이한 장난이요 흐름이다.

구름은 삽시간에 천지 절반 이상을 말아 삼키다 토한다.

이럴 때는 백두령봉이 하늘에 떠 있는 듯 보인다.

백두령봉에는 천지의 조화로 다듬어진 모양과 크기, 색조와 자세가 각양각색인 바위들이 무리를 지어 서 있다. 그 전경을 말로나 글로는 그려낼 수가 없고 한 편의 시나 그림으로도 나타내지 못하리라.

백두산에서 볼 수 있는 황홀한 전경의 하나로서 동녘 하늘에 떠오르는 일출을 빼 놓을 수 없다.

희망에 찬 새날을 실어오는 해돋이는 언제 어디서나 장엄한 것이지만, 백두산의 해돋이는 경주 토함산의 해돋이나 제주도 한라산의 일출봉에서 보는 맛과는 비할 바 아니다. 백두산 봉우리에서 가장 뛰어난 자연풍경을 꼽으려면 단연 아침 해돋이를 들게 되는 것도 그러한 까닭이다.

아득히 먼 천리수해, 동쪽 하늘에 붉은 태양이 헤엄쳐 솟아 오르는 듯 두둥실 떠오르면 용광로에서 이글거리는 쇳물이 뿜어내는 듯한 백열광이 온하늘에 퍼진다.

하늘도, 구름도, 봉우리도, 골짜기들까지도 그 독특한 노을 빛으로 눈부시게 만든다. 태양이 하늘 높이 솟아 오르면 맑은 천지의 수면은 장군봉을 비롯해 백두산의 크고 작은 봉우리들은 자기의 위용을 그대로 물속에 담아 심는다.

백두산의 해돋이는 뭇사람들을 감격과 환희로 끌어들이는 자연의 아름다운 대화폭이다. 백두산 해돋이의 황홀경 앞에 시인이 따로 없고 가수가 따로 없다.

감격과 경탄에 찬 사람들의 부르짖음이 그대로 시가 되고 노래가 되는 것이다.

백두산의 쌍무지개는 한줄기의 외무지개와는 다르다. 더구나 백두산정에 나타나는 쌍무지개처럼 영롱하고 화려하며 우아한 무지개를 본 사람은 많지 않으리라.
　비를 피하려 봉우리에서 하산해 버리면 백두산의 쌍무지개를 보려는 희망은 사라지고 끝장이다. 천지를 지켜보는 담과 용기가 있어야 신비로운 쌍무지개를 볼 수 있다. 내리던 비가 순식간에 멈추고 비구름이 흰 송이구름으로 변하여 이리저리 흩어지는 것을 보게 된다. 밝은 햇빛이 천가닥 만가닥으로 쏟아져 내리면 조용한 천지 호심에 뿌리를 내리며 이 세상 아름다운 색조를 고르고 골라 수 놓은 듯한 백두산의 쌍무지개가 창공으로 오른다.
　백두산 장군봉에 올라 천지를 바라보면 누구나 천지야말로 이름 그대로 하늘에 있는 못이라는 것을 느끼게 되고 장쾌한 풍치에 탄성이 저절로 나오고 만다.
　천지물의 맑기와 색깔의 아름다움은 그 어디에 비길 바 없다. 천지 수면 주변에 서서 보면 구름이 천지물에 들어가는지 천지에서 구름이 솟아 오르는지 분간하기 어렵다.
　깊고 푸른 천지가 한눈에 들어왔다. 세상에는 화산도 많고 자연호수도 많지만 높은 산꼭대기에 생긴 화구호로 백두산 천지처럼 크고 웅장하면서도 아름다운 호수는 없을 것이다. 백두산 천지는 크기가 웅장할 뿐 아니라 경관이 독특하고 우아하며 물의 맑기와 색깔의 아름다움 또한 그 어디에 비길 바가 없다.
　백두산에 오른 사람은 누구나 맑고 푸른 천지물에 손을 담그고 간다고 안내원들은 설명했다.
　백두산의 날씨는 전형적 대륙성 기후로 강수량이 다른 고산에 비해 풍부하고 바람과 안개가 많다.
　천지의 기상은 수시로 변하기 때문에 하루에 천번은 변한다고 하여 '天池' 대신에 일 천번 변하는 못이라고 해서 '千池'라고 쓰는 것이 기상학적으로는 맞지 않겠느냐고 이곳 주민들은 이구동성으로 말한다.
　누군가 나에게 북한 방문시 가장 인상적인 곳이 어디냐고 묻는다면 나의 뇌리에 가장 깊게 각인되어 있는 백두산이요, 바로 천지라고 말하고 싶다.
　금강산은 상상했던 기대치에 미치지 못했다. 천지를 보는 순간,

말로는 표현하기 어려운 벅찬 감동으로 내 몸은 고압전류에라도 감전된 듯 전율했다.

이곳의 우점종이 과연 초본이냐 관목이냐에 신경이 곤두섰고 토양의 풍화상태를 관찰한다.

백두산 천지는 지금으로부터 약 백만년 전 화산활동에 의하여 형성된 백두산 꼭대기에 큰 웅덩이가 생기고 거기에 물이 고여 이루어진 화구호이다.

백두산 천지는 층암절벽이 병풍을 둘러친 가운데 장군봉, 기묘한 비루봉, 망천후 백암봉 등의 높은 봉우리 아래 차고 넘치는 수정같이 맑고 깨끗한 푸른물로 되어 있다. 지구상에는 화산도 많고 호수도 많으나 백두산 천지와 같이 높은 마루에 크고 깊은 화구호가 생긴 것은 보기 드물다.

옛날부터 우리 선조들은 큰 못이라는 뜻으로 <대택> <대지>라 했고 성스럽다는 뜻으로 <천지>라고 했으며 용 또는 용왕이 산다는 뜻으로 <용담> <용왕택>이라 불렸다.

동아프리카 고원에 있는 빅토리아호는 최대수심이 80m에 불과하고 남아메리카 중앙 안데스 산지에 있는 띠띠카카호의 최대수심도 304m다.

허나 천지는 384m이다. 소련의 레닌그라드 경계에 있는 과도가호도 235m이다.

백두산 천지를 처음 상면한 사람치고 감격하지 않은 사람은 없을 것이다.

필자는 호수의 아름다움에만 도취해 있을 수만은 없었다. 호반에 분포된 식물들을 카메라에 담기에 여념이 없었다.

백두산의 주변

　내가 지금까지 배우고 보았던 백두산은 함경북도 혜산군 소속이다. 그러나 북한에서는 백두산을 양강도 삼지연군에 소속시켰다.
　양강도는 압록강과 두만강의 양쪽을 끼고 있다고 해서 생긴이름이라고 한다. 이 지명은 1954년 행정구역으로 개편할 때 생긴 것이다.
　이곳은 8.15 해방전의 함경남도의 혜산, 윤흥, 갑산, 삼수, 신파, 풍서, 풍산, 부전군과 함경북도의 무산군 일부, 평안북도의 후창군 일부를 말한다는 안내자의 해설이다.
　지금도 그렇지만 이 지역은 우리나라의 하늘아래 첫 동네라 할수 있을 만큼 험한 산골로 옛날에는 유배지로 알맞은 고장이었다.
　육당 최남선은 <백두산근참기>에 삼수 갑산의 관문인 후치령을 고개 아래에서 위까지 하루 길인데 아래서 올라가는 이와 위에서 아래로 내려오는 이가 종일 마주대고 이야기하면서 한쪽은 올라가고 다른쪽은 내려온다는 식의 유머러스한 소리로 표현하고 있다.
　양강도는 해발 평균 1,300m를 넘는 고원지대다. 2,000m이상이 넘는 산들이 백두산을 비롯하여 북수백산, 차일봉, 궤상봉, 두류산 등이 솟아 있고 대부분 지역이 개마고원과 백무고원으로 이루어져 있다.

압록강의 상류 약 200km와 두만강의 상류 53km가 이 도에 속하고 있다.

장진강, 허천강, 삼수천, 가림천, 후천강 등이 압록강의 지류로 이 부근에 삼지연 같은 자연호수와 풍서호, 황수원 저수지, 내중리 저수지, 양평 저수지 등 인공호수가 있다. 이 고장은 약 91%가 산림이어서 우리나라 최대의 산림자원 지대다.

현재 양강도의 행정구역은 1개시(혜산시), 11개군 즉 김정숙, 분천, 삼지연, 백암, 갑산, 풍서, 풍산, 김형직, 삼수, 운흥, 대흥단 등으로 이루어졌다.

양강도의 주종을 이룬 개마고원은 우리나라에서 가장 높고도 가장 넓은 고원이며 그 경치가 뛰어나 조선 팔경의 하나로 옛부터 알려져 있다.

양강도의 제일 남쪽 지방이며 개마고원의 남쪽 끝인 풍산군은 논이 전혀 없고 밭도 군전체 넓이의 7%에 불과하고 나머지는 전부가 산림지대이다.

주변에는 근덕산(2,114m), 백산(2,377m) 옥련산(2,164m), 평산봉(1,913m), 배재산(1,918m) 등 험준한 산들이 솟아 있다. 89%가 산림인 이 지방의 산업은 자연히 목재가공이나, 직물공업이 주종이다.

삼수군과 갑산군은 옛부터 행정구역이 다르지만 상호 밀접한 관계가 있는 고장이다. 이 고장은 험준한 산악지대에다 교통이 원활하지 못했기 때문에 유배지로 많이 활용되었다. 또한 무과에 급제한 무인들의 첫 근무지이기도 했다.

예를 들면 이순신 장군의 첫 근무지가 삼수군이었다. 한때는 여진족의 근거지이기도한 이 고장은 개마고원의 중요 요점이었다.

희색봉(1,702m), 백모산(1,909m), 활기산(2,003m), 원봉(1,901m) 등의 고산으로 둘러 쌓여 있다. 북쪽으로 허천강이 압록강으로 흘러들면서 이 지방의 유일한 관문 역활을 하고 있다. 허천강 유역에는 약간의 평야지대가 있으나 쌀의 생산량이 적고 감자, 호프, 아마 등이 주 농산물이다.

이 지역은 83%가 산림지대이어서 원목생산과 목재 가공이 주업이지만 혜산 풍산으로 연결되는 도로가 있어서 교통은 크게 불편한 편은 아니다.

김정숙군(구 신파군)은 개마고원의 북쪽 끝인 압록강을 따라가는 곳으로 양강도 일대에서는 가장 낮은 지대에 속한다. 운주봉(1,585m), 두등봉(1,381m), 수렴동령(1,192m), 원동북산(1,563m), 백산(2,231m) 등이 주변에 있다.

또한 삼수천, 청수천, 중평강 등이 있어 평야지대를 일부 형성함으로 농사가 가능한 지대이다. 그러나 주업은 임업이다. 군 넓이의 84%가 산림지대이고 옛부터 압록강을 이용하여 뗏목으로 원목을 운반하고 있다.

김정숙군에는 다른 지방과는 달리 잣나무가 많다.

8.15해방 전에는 백두산이 혜산군의 최북단 정점으로 압록강을 따라 미개척된 국유림이 많아서 토착민 보다는 유랑민인 화전민으로 이루어진 고장이다. 불탄 자리에서 자라는 고사리는 유명한 특산물이었다.

일제 말기에는 남쪽 지방에 면화를 재배했고 북쪽의 이 지방에서는 양을 기르는 면양 축산 정책이 이루어진 곳이다.

이 지역에는 소백산(2,174m), 북포태산(2,289m), 대각산(2,121m) 등이 높이 솟아 있고 남서지방으로 활기산(2,003m), 원봉(1,900m) 등이 있다.

이 지방은 내륙에서 발원하여 압록강으로 흘러들어 가는 가림천, 운룡강, 허천강, 오시천 등의 수원이 있어 낮은 온도이지만 작물의 재배가 가능하다.

임업은 이 지방 최대 산업으로서 일제시대에는 러시아와의 전쟁에 드는 경비 일체를 이 지방의 통나무만으로 충당할 수 있을 정도였다고 한다.

이로 미루어봐 일제 수탈과 임산자원의 풍부함을 엿 볼 수 있다.

혜산 주변의 고장들에서 벌채된 나무들은 혜산이 집산지가 되었고 여기에서 길주, 신의주, 성진 등의 제지공장으로 공급되었다. 이런 이유로 혜산은 다른 오지에 비하여 교통의 발달이 양호하였다.

특히 압록강 두만강의 주변 도시들과 연결망이 잘 되어 있다. 수로 또한 압록강을 이용하여 만포와 신의주까지 도달할 수 있다. 북한은 행정구역을 개편하면서 1954년에 혜산군을 혜산시로 승격시켰다.

또한 북부지역 중 보천면 일대를 보천군으로 운흥면 일대를 운흥군으로 심지어 삼지연 일대를 삼지연군으로 분리 승격시켰다. 혜산시는 양강도의 중심지일 뿐만 아니라 김정숙 사범대학을 비롯하여 농림, 의학, 공업, 교원대학 등의 단과대학들이 있으며 농업과학원, 임업과학연구소, 목제화학 연구소들이 있어 연구단지의 일원으로 기능을 발휘하고 있다.

삼지연군은 백두산을 중심으로 함경북도 무산군 일부와 함경남도 회령국 일부를 합쳐서 1961년에 신설된 곳이다.

1992년의 동계 아시안게임의 개최지로 등장하면서 우리에게도 익숙해진 이 지역은 천연적으로 겨울철 빙상경기에 좋은 조건을 갖춘 곳으로 알려져 있다.

이곳 연평균 기온은 섭씨 0.2~2도로 1월 평균기온은 섭씨 영하 22.8도 이고 최저기온은 섭씨 영하 41도 정도다.

필자가 머물던 베개봉 호텔은 8월인데도 밤새 히터를 틀어놓았다. 세개의 호수로 된 도시지만 이 외에 크고 작은 호수가 30여개나 있는 이 지역은 91%가 산림지대로 호수주변에는 숲이 원시림을 방불케하고 있다.

삼지연은 깊이 3m 정도의 자연호수로 주위에 우리나라 희귀종인 우는 산토끼를 비롯하여 사슴, 곰, 멧돼지 등이 서식하고 있다. 삼지연 일대에는 3만여 정보의 들쭉밭이 있다. 삼지연군은 1개읍(삼지연)과 9개의 노동지구(이명수, 포태, 무봉, 소백산, 신무성, 중흥, 보서, 통남, 홍계수) 등으로 구성되어 있다.

삼지연군의 남쪽에는 보천군이 있다. 군 면적의 83%가 산림이기 때문에 주업은 임업이다. 다음으로 양을 중심으로하는 축산업, 호프재배 등의 소규모 농업이 성행하고 있다.

이 고장에는 보천 내곡 온천이 유명하다. 물의 용출양이 많기로 이름이 나 있다.

다음 운흥군 역시 다른 지방들과 마찬가지로 86%가 산림지대이다 이 지방에서 생산되는 고사리와 고령토는 특이한 맛과 질이 우수하여 옛부터 특산물로 손꼽히고 있다. 중요한 농산물로는 감자와 밀을 중심으로 한 고냉지 채소들도 생산되고 있다. 운흥군은 혜산군에서 분리되어 신설된 군으로 1973년에 현재의 모습으로 확정되었다.

백두산의 식물 생태

　백두산은 우리나라에서 제일 높은 산으로 식물상이 다양하고 풍부하여 생물 자원 연구 대상으로 중요한 위치에 있으며, 백두산의 고산 식물은 북극요소와 아한대 요소가 많다.
　화산이 분출하기 전의 삼림 구성은 화산 모래 밑의 화산 활동이 멈춘 다음 토양이 형성되기 시작하면서 화산의 영향을 적게 받은 포대산을 비롯한 주변 지대의 고산 식물들이 이곳에 침입됨으로 현재의 식물상이 형성된 것이다.
　식물의 천의단계의 첫번째는 부석층 위에 하등식물, 즉 개척식물인 지의류, 선태류들이 흘러오고 그 다음에 1년생 및 다년생 초목들이 나타나고 이어 자작나무류, 버들류, 사시나무, 물싸리나무, 들쭉나무, 백산차, 고사리류와 같은 식물들이 자리잡기 시작했다.
　다음 단계는 초본과 관목들이 활발히 생육함에 따라 그곳에 양수의 교목들이 집중적으로 나타나기 시작했으며, 최후에 음수의 광엽이 극상을 이루고 있다.
　백두산의 대표적인 수종의 천이 및 교체 과정을 수종별로 살펴보면 잎갈나무의 자연갱신, 분비나무와 가문비나무의 자연갱신, 자작나무림에서의 자연갱신, 사시나무림에서의 자연갱신을 대표적으로 볼 수 있다.

백두산 식물의 수평분포는 기후와 식생과의 상관관계로, 우리나라의 삼림대인 난대(상록활엽수림대), 온대(낙엽활엽수림대, 너도밤나무대), 한대(가문비나무,분비나무) 중 한대 고산지대에 속하며 백두산의 수평분포 중 중요한 부분을 차지하는 것은 잎갈나무다. 이는 산기슭으로부터 관목대 밑까지 전 지역에 분포된 종으로 단순림으로 구성된 곳도 있고 다른 종과 혼합하여 있는 곳도 있다.

만병초, 물싸리나무, 들쭉나무를 비롯한 많은 관목들은 백두 용암지대의 가장 낮은 지대로부터 백두산 기본 산채 기슭까지 넓은 공간에 걸쳐 크고 작은 군락을 형성하고 있다. 백두산 식물의 수목한계선은 학자에 따라 1,900m 또는 2,000m라고 보고되어 있으나 2,000m 부근에서 발견된 탄화목의 분석 결과로 보아 수목한계선은 2,100~2,200m대 정도 될 것으로 보인다.

또한 현재 백두산의 남쪽 골짜기에는 2,200m 부근까지 잎갈나무와 가문비나무의 군락을 발견할 수 있는 것으로 보아 백두산의 수목한계선을 2,150m로 보는 것이 타당하다. 백두산의 수목한계선은 현재에 와서 빠른 속도로 높아지고 있다.

백두산 식물의 수직분포나 그 양상은 백두산에 올라가다 보면 식물의 분포 상태가 달라지는 것을 쉽게 볼 수 있다. 순식간에 활엽수가 적어지고 침엽수가 나타난다. 그런가 하면 어느덧 관목으로 변한다. 이어서 사막과 같은 모래밭이 나타난다.

백두산 식물상의 수직분포는 고산식물대인 관목림대와 산지식물대로 나누고 산기슭의 경작지대인 이차초지대를 추가한다. 기후적인 요인으로 볼 때에는 한대성 식물대와 온대성 식물대로 나눌 수 있는데 한대성 식물대에는 고산식물대와 산지식물대가, 온대성 식물대에는 이차초지대가 소속된다.

고산식물대는 해발고도 2,150m의 수목한계선 이상으로 한대림대라고 할 수 있는데 여기에는 관목지대, 초원지대, 지의지대, 고산사막지대, 고산동토지대(Tundras) 등이 나타나고 있다.

산림지대에는 1,700~2,150m의 사이에 침엽수림대가 있고, 그 밑에 1,200~1,700m 사이에 혼효림대가 나타나고 그 밑, 즉 혼효림대와 이차초지대 사이에 활엽수림대(800~1,200m)가 있다.

이상은 우점종에 의해 높이별로 분류한 것이다. 각 식물대의 하목군락과 하초군락도 우점종에 의해 표현함이 식물의 상관, 생육형,

지표종 등을 고려할 때 더 타당성이 있다고 본다.

　백두산의 고산식물은 지의류군락, 초본군락 등으로 고산 산악지대 및 고산성 관목식물군락 등으로 나눌 수 있는데 백두산 정상 위에 많이 나타나는 식물은 노란만병초, 가솔송, 들쭉나무, 담자리꽃나무, 콩버들, 물싸리, 좀참꽃, 두메자운, 돌꽃, 홍월귤, 두메분취, 씨범고리, 화살곰취, 구름범의귀 등이 있다.

　필자기 중국의 장백산과 북한의 백두산을 네번 답사한 결과 얻은 사실은 다음과 같다.

　1. 압록강과 두만강의 발원지는 백두산 천지가 아니다. 단, 송화강의 발원지는 백두산 천지다. 압록강, 두만강의 길이도 통일시켜야 한다.

　2. 북한에서 백두산 최고봉의 명칭을 장군봉이라 함은 김일성장군에서 유래되었다고 하나 그렇지 않다. 일제시대부터 장군봉, 백두봉, 병사봉 등의 이름이 사용되었다.

　3. 백두산 최고봉(백두봉)의 높이는 북한(2,750m)과 남한(2,744m)의 측정치가 다르다. 곧 바로 잡아야 할 것이다. 필자의 측정치는 2,745m이다.

　4 북.중 국경회담에서 북한이 중국에 백두산과 천지의 약 1/2을 6.25참전 대가로 양보했다고 보는 견해도 잘못된 것으로 본다. 1970년 말까지 남한지도에도 중국과 북한의 국경선을 천지 남쪽에 경계선을 그었고, 국경선 회담 전에는 중공군이 천지 남쪽에서 국경을 지키고 있었다. 국경선 회담 후 국경선이 위로 올라가 백두산과 천지가 양분되었다.

　5. 백두산의 수목한계선이 과거보다 더 높아졌다.

　6. 과거에는 백두산 식물의 수직분포에서 상부에 초본대, 지의대를 설정했으나 잘못된 조사다. 관목대에 소속된다. 즉 백두산 식물의 수직분포는 높이 올라가면서 다음과 같이 변한다. 이차초지대-낙엽활엽수림대-침엽활엽수림대- 침엽수림대-아고산저목림대-고산식물대(관목대)로 보아야 한다.

　7. 백두산 정계비에 의하면 간도 지방이 한반도의 연장선상에 있다. 간도 소유권 문제를 제기할 필요가 있다.

　8. 백두산의 위치가 학자에 따라서 다르다. 필자는 천지를 중심으로 볼 때 북위 42도와 동경 125도 3분으로 본다.

장백산 답사

　단군 신화에 의하면 우리 민족의 국가를 세운 단군 할아버지가 처음 자리를 잡은 곳이 바로 백두산이었다.
　이처럼 백두산은 우리 민족의 발상지 또는 개국의 터전으로 여겨져 숭배되어온 민족의 영산이다. 이 영산이 국경선으로 반토막이 나고 있다.
　백두산의 북측을 중국에서는 장백산이라고 한다. 따라서 북한 지역은 백두산이요. 중국 영토에 속한 부분은 장백산으로 보는 것이 타당하다고 본다. 북한에서는 장백산까지 백두산으로 보고 중국측에서는 백두산까지 장백산으로 기술하는 경우가 많다.
　필자 일행은 이 영산을 이왕 미국에서 먼길을 출발했는데 반쪽만 보고 갈 수는 없다. 백두산의 북한쪽인 남사면을 답사했으니 이번은 중국측의 북사면인 장백산을 답사해야 한다.
　백두산 중턱 삼지연 비행장에서 정상까지 식물 생태 조사를 했기 때문에 성이 차지 않았다. 백두산 밑에서 부터 중턱까지는 관찰하지 못한 결과를 가진 것이다.
　이를 보충하기 위해 북한 순안 비행장에서 다시 중국으로 건너가 장백산을 답사하기로 일정을 추가했다.
　이민생활 30여년만에 백두산 장백산의 답사는 꿈에도 그리던 것으로 이것이 현실로 나타난 것이다. 이런 기회를 놓칠 수 없다.
　우리 일행은 북경으로 나와 심양까지 비행편을 이용하고 다음 연길로 가는 비행기표는 구입했지만 자리가 없다고 한다.
　심양(봉천)의 천문갑 교수와 그곳 유지들이 팔방으로 수소문 했지만 허사였다.
　차편으로 10시간 정도 소요된다는 야간열차편을 이용하기로 했다.
　열차는 연길역 가기 전 장백산이 제일 가까운 안도역에서 하차하기로 했다.
　밤중에 안도역을 스쳐 지나갈까봐 기차가 정차할 때마다 정거장 이름을 찾아 보기 위해 눈알을 굴려야 한다. 정거장 이름이 새로 만든 중국 한자이어서 한자 실력이 부족한 필자는 읽을 수가 없다.
　그렇다고 지리적 감각이 있는 것도 아니고 중국말도 한마디 못하니 답답하다.
　새벽 무렵이 되면서 동이 트기 시작하니 한국 농촌 마을과 비슷한 초가집에서 아침밥을 짓는 듯 굴뚝 연기가 보인다.
　연기가 새벽 안개를 뚫고 구름으로 피어 오르는 모습은 향수를 느끼게 한다.
　뜬 눈으로 기차에서 시달렸지만 피곤이 스며들 틈이 없다.
　장백산 등정이라는 희망 때문일 것이다. 안도역에 도착했다, 심양에서 주선해준 오제룡 농산국장 집을 물어 물어 찾아 갔다. 오국장은 그 마을에서는 유지인 듯 모두가 알고 있었다. 오국장집에서 아침을 얻어 먹고 오국장의 친절한 안내로 차를 전세내어 장백산 고지를 가게 되었다.
　안도 시내를 조금 벗어나니 길이 험해진다. 비가 온 뒤라 길에 물이 고여 있고 바퀴가 흙탕물에 빠지면 어떻게 하나 불안하다.
　1991년만 해도 장백산 가는 길이 포장이 안되어 자동차가 술 취한 듯 이리 튀고 저리 튀어 주변 식물상을 관찰하기가 쉽지 않다.
　중국 동북부 안도현은 연변 조선족 자치주에 속하며 이곳은 연길시, 도문시, 돈화시, 용정현, 훈춘현, 돈화현, 화룡현, 왕청현, 안도현 등 3시 6현으로 이루어졌으며 전라도 경상도를 합친 넓이만한 땅이다.
　중국내 우리 동포 200만 중 연변 조선족 자치주에 약 80만이 집중 거주하고 있다. 조선족은 예절 바르고 근면하고 용감한 민족으로 중국내 55개의 어느 소수 민족보다 교육 수준이 높은 민족으로 중국내에서는 잘 알려져 있다.

조선족은 노래 잘하고 춤 잘추는 민족, 관광나온 조선족 부인들이 강변에서 흥겹게 아름다운 한복을 입고 춤을 추는 모습도 나타났다.

등정하는 도중에 나타나는 길 주변 및 산등성이 밑의 마을들은 항일 무장 때 우리 독립 운동가들을 도와준 마을들이라고 안내자는 말한다.

길 주변에 인삼밭도 보이고 양봉을 하는 듯 벌통들도 나타난다.

때가 묻지 않은 밀림과 비포장 도로를 짚차가 힘차게 굴러간다. 두시간 쯤 달리다 보니 안개가 녹아나고 구름이 걷힌다.

산중에 펼쳐진 평원은 목재와 벌꿀로 이름난 곳이라 한다. 옥수수가 다락밭에서 잘도 자랐다. 한족이 사는 곳을 벗어나 조선족이 모여 사는 송강향이 나타난다.

길 양편에는 농산물 임시 판매장도 보인다. 시골 장날의 파장 모습이다.

이곳은 항일 투쟁 군사전략상 산중 도읍 기능을 했던 곳이었다고…

차가 잠시 멈추니 주변에 조선족 여인들 행상이 북한 우표, 산삼, 장백산 기념 수건, 찐 옥수수 등을 가지고 따라나선다.

베트남 관광 때 버스가 정차하자 마자 따라 오는 베트남 상인들의 모습과 비슷하다. 사회주의 경제 시스템에서 시장 경제 모습으로 변하는 과도기 모습이다.

한국 관광객들이 돈 많은 줄 아는지 더 성화다.

주변 식물대는 이젠 낙엽, 활엽수림대가 끝장난 듯 침엽수가 혼합된 혼효림대를 달리고 있다. 이도진에 들어서니 혼효림대를 지나 침엽수들이 고도가 높아짐에 따라 높은 밀도로 하늘 높은 줄 모르고 치솟고 있다.

침엽수 군락이 장관이다. 마치 밀림지대에 온 것 같다. 잘 보존된 자연 생태계다.

나무를 베어 먹고 산다는 이도백화진에 들어서니 자연 박물관과 장백산 보호국 그리고 백화 관리청이 있다.

장백산 제일촌 보호구 입구에 들어선다. 천수문봉이라는 통관문이 있다. 여기서 입장료를 받는것 같다. 안내자의 주머니 속에서 투덜거리며 돈이 나온 것으로 봐 짐작이 간다.
여기서 천문봉까지 전속으로 오르내리는 중국군 소속 짚차로 바꾸어 타고 30여분 지그재그로 험준한 길을 숨 가쁘게 오르다 보니 침엽수림이 점점 사라지고 식물이 거의 없는 민둥산이 등장한다. 자세히 보면 사막과 같은 민둥산이 아니라 풀 같은 관목이 많이 보인다. 관목지대이다.
구름 속에 묻혔다가 푸른하늘을 만나는가 했더니 다시 구름 속으로 하늘은 들어가고 다시 땅에는 민둥산이 지속된다.
화산암 부석으로 덮혀있는 장백산 정상부근에 몇대의 차량과 관광객인지 근무원인지 몇명 보인다. 정상의 온도는 급속히 하강하여 여름이건만 쉐타와 잠바가 그립다. 턱이 덜덜 움직인다.
정상 부근 화산암들 틈사이에 노란병만초, 진달래가 보인다. 저온 때문에 높이 자라지 못하고 땅에 엎드려 포복하듯 모진 생을 유지하고 있다.
따라서 이곳 관목들이 성장하지 못하고 마치 초본과 같이 보인다.
주차장에서 50m 정도의 부석길을 밟아 올라서니 장백산의 최고봉인 천문봉(2,670m)이 나의 발 아래 깔려 있다. 백두산, 장백산 정상에 이르면 지난 날 화산이었음을 증명이라도 하는듯 부석들이 밟힌다.
천문봉에서 4~500m 깍아 지른 듯한 낭떨어진 절벽 밑에 몇일 전에 북한쪽에서 보았던 것과 같은 천지가 잔잔하게 누어 맑은 모습을 뽐내고 있다.
멀리 우뚝 선 북한의 최고봉인 장군봉(병사봉,남은2,744m,북은2,750m)이 희미하게 나타난다. 이 경이로움과 아름다움을 말과 글로 표현할 길이 없다.
중국에서도 장백산을 성지로 알고 있다. 옛날부터 장백산을 청조의 발상지로 보고 존경과 동경의 대상으로 우러러 사모했다.
등소평도 '장백산을 보지않고 중국을 보았다'라는 말을 하지 말라고 했다 한다.
천지의 면적은 9,282 평방미터, 천지 호반 해발은 2,194m, 천지 최고의 수심이 384m, 천지의 둘레는 14.4km로 알려졌다.

　구름 위에 백두련봉, 백두 위에 하늘이 구름을 타고 간다. 천지의 물은 16개 봉우리(천문봉,철벽봉,천황봉,중문봉,차일봉,록명봉,백운봉,청석봉,제운봉,외호봉,관명봉,장군봉,망천후,비류봉,지하봉,백암봉)의 시중을 받으며 그윽히 펼쳐져 있는 민족의 깊은 샘이다. 거울처럼 맑고 푸르다. 햇볕에 반사되어 반짝거리는 물결까지 선명하다. 그 신비는 태고적 모습 그대로 그곳에 있다. 저쪽 북한땅과 이쪽 중국땅이 하나의 원이 되어 천지는 편안하게 침묵한 채 그곳에 있다.

　구름이 몰려오기 시작한다. 백두산 기상은 예측하기 어렵다. 언제 구름이 천지와 연봉을 뒤집어 씌울지 모른다. 이런 변덕 때문에 장백산 정상까지 왔다가 천지의 경이로운 장관을 보지 못하고 후퇴하는 일이 허다 하다는 것이다.

　이런 참패를 당하지 않기 위해 천지에 도착하기 전 천지를 볼 수 있게 해달라고 겸손한 기도를 잃지 않았다.

　날도 저물어 가고 기온도 하강하니 더 이상 머물기가 힘든다. 사진기에 더 많은 것을 담고 싶으나 체력과 시간이 허용하지 않는다. 더 있으라고 이슬비가 내리더니 이제는 가라는 듯 가랑비가 내린다.

　하산하여 호텔에 돌아와 하루밤을 냉방에서 새우잠으로 신세진 후 아침 일찍 세계에서 가장 높은 곳(해발2,155m)에 위치한 호수라는 천지(天池)로 향했다.

　천지물을 68m 높이에서 뿜어내리는 비룡폭포(飛龍瀑布)(중국에서는 장백폭포라 함)의 거대한 물줄기를 바라보며 걷다가 낙석(落石)이 떨어져서 위험하다는 가파른 돌길을 숨차게 오른지 한시간만에 천지에 도착하였다. 가파른 돌길이어서 앞사람을 뒤따르다가 돌이 구르면 뒷사람은 돌벼락을 맞는다는 안내자의 경고에 낙석을 피하여 앞사람의 뒤를 따르지 않고 옆길로 혼자 가다가 한국일보 김정석 사진부장은 넘어져 무릎이 깨졌다. 그후 그의 일정은 절둑거리는 고난의 행진이었다.

　사방을 둘러보니 분화구의 천지 주위로 높은 봉우리들이 우뚝우뚝 솟아 둘러싸고 있어 그야말로 민족의 영산(靈山)이요 영지(靈地)라는 감탄이 절로 나옴과 동시에 외경(畏敬)스러운 느낌마저 생겼다.

 차가운 천지물에 얼굴을 씻고 발을 담그니 가슴까지 시원해 지는 것같았다. 그런데 천지에 관광객의 발길이 잦아져서인지 그 주변과 물가에 누군가 버린 각종 비닐 봉지와 과일 껍질 등이 간간이 눈에 띄어 마음이 편치 못했다. 관광객에 대한 철저한 계몽과 주의가 필요함을 느꼈다. 등산 목적인 호반식물의 생태조사를 1시간내에 마쳤다.

 하산하기 전 눈길을 천지 건너편으로 옮기니 그 곳은 북한땅이었다. 지금 내가 서있는 곳은 한국전쟁 후 북한과 중국이 천지를 양분한 까닭에 중국의 주권이 미치는 곳이지만, 어쩐지 나는 남의 땅에 서있는 것같이 느껴지지 않았다.

 백두산정계비(白頭山定界碑)에 의하면 천지가 우리 민족의 땅이기 때문이라.

 내려오는 길에 짙은 구름이 끼더니 굵은 빗방울이 퍼붓기 시작하였다. 비 맞은 장닭 꼴이되어 하산했다.

아! 금강산

  산 좋고 물 맑아 금수강산 삼천리로 불리우는 우리나라는 그 어디나 모두 경치가 좋지만 그 중에서도 금강산은 뛰어난 명승지이다.
  금강산은 우리나라 중부의 동.서해안 분수령을 이루고 있는 태백산 줄기의 북부에 자리잡고 있는데 주봉인 비로봉(1,639m)을 중심으로 이루어져 있다.
  금강산은 동서 40km 남북 60km 이상의 넓은 지역을 차지하고 있다. 이 지역에는 웅장하고 기묘한 봉우리들과 천태만상의 기암괴석, 격동적인 폭포, 정서적인 담소들, 맑고 고요한 호수, 창파 위에 떠 있는 섬들과 푸른 소나무, 흰 모래가 깔린 해변 등 명승지가 갖추어야 할 것은 모두 갖추고 있다.
  금강산에는 한 번 마시면 불로장생한다는 약수들과 등산을 마치고 몸을 담그면 피곤이 모두 풀린다는 온천도 있다.
  금강산에는 동.식물의 분포도 다양하여 풍치를 더욱 돋우어 준다. 금강산의 풍치를 말하는데 제일 먼저 꼽는 것이 산악미를 든다. 1만 2천 봉을 거느리고 높이 솟은 비로봉을 비롯하여 1,500m가 넘는 봉우리만도 10여 개로 그야말로 천봉만악을 이루고 있다.
  금강산의 봉우리들은 해발고가 세계적인 명산에 비해 낮지만 바라다보는 위치가 골짜기나 바닷가이기 때문에 높게만 보인다. 금강산은 끝이 날카로운 봉우리만 있는 것은 아니다.

금강산은 모두가 조각가들의 창작품처럼 보인다. 금강산의 경치는 밑에서 올려다 보는 것도 좋지만 위에서 내려다 보거나 건너다 보는 것은 더욱 아름답다.

금강산 전망에서 빼놓을 수 없는 것은 해돋이 구경이다. 총석정에서의 해돋이 구경은 장쾌하고 숭엄하기만 하다.

금강산에는 돌문도 많다. 하늘문, 금강문, 비사문, 수정문, 동해문, 원화문, 영원문 등 외에 굴로는 금강굴, 선일굴, 발연굴, 송림굴, 성문굴, 보덕굴 등 석굴들이 탐승노정을 더욱 흥겹게 해준다.

금강산의 봉우리를 보는 산악미도 감격스럽지만 계곡미도 일품이다. 외금강에 선창계곡, 천불동계곡, 구룡연계곡, 선하계곡, 영신동계곡, 발연동계곡, 송림동계곡, 용천계곡 등이 있고 내금강에는 구성동계곡, 만천계곡, 금장동계곡, 송라동계곡,백탑동계곡, 태상계곡 등이 있다.

계곡 주변에는 구룡폭포, 비봉폭포, 채하폭포, 선하폭포, 십이폭포 등이 있는가 하면 설옥담, 황옥담, 수미팔담, 옥류담, 상팔담 등의 소와 수미탑, 다보탑 등 돌탑도 많다.

금강산의 수많은 골짜기들과 산기슭에는 산삼, 녹용을 씻으며 흐르는 맑은 물이 땅속으로 스며들었다가 다시 소생하는 약수와 샘도 많다. 삼록수, 금로수, 금강약수, 감로수. 장군수 등은 물맛이 좋고 한번 마시면 젊어지고 무병장수한다는 약수들이다.

금강산의 아름다움을 말할 때 해금강의 절경을 빼 놓으면 안된다.

잔잔한 호수들과 푸른 소나무가 우거진 섬들, 바다 위에 서 있는 돌기둥의 기암 괴석들의 경치가 절경이다. 해금강에 삼일포, 영광호, 감호, 시중호, 총석정의 경치를 잊을 수 없다.

금강산은 옛날부터 여러가지 이름으로 불리워졌다. 봉래, 풍악,개골, 상악이란 이름도 있다.

1970년대에 들어서면서 북한은 휴양도시 건설을 본격적으로 시작하였다. 이 일대를 포장하고 온정여관, 금강산식당, 금강산상점, 금강산호텔 등을 건설하였다.

금강산지구 주민들은 등산장비 없이도 올라갈 수 있도록 잘 가꾸어 놓았다.

이제 금강산의 탐승로에 60여 개소에 수천 미터에 달하는 안전시설이 갖추어져 있으며 사다리만 하여도 30여 개소에 수백 미터 놓여 있다.

그 중에도 구룡연구역 상팔담으로 올라가는 벼랑길에 설치된 쇠사다리는 손잡이를 이용하므로 다리의 피로를 덜어주고 있다.

탐승의 편의를 도모하기 위해 또한 1960년에 외금강 구룡폭포 맞은편에 구룡연 정각을 세운 뒤 만물상 입구에 만상정, 해금강 삼일포 구역의 연화대에 정각을 건설하였으며 곳곳에 중간 휴게소를 만들었다. 휴식과 기념촬영장으로 안성맞춤이다. 특히 삼일포에는 보트장이 설치되고 단풍관이 건설되었으며 신계사 위쪽에는 목란관이 건설되어 이곳을 찾는 관광객들의 즐거움을 더해 주고 있다.

탐승로의 곳곳에는 탐승안내도와 거리표시판이 있으며 경치가 뛰어난 곳에는 해설문이 써 있다.

이곳을 찾는 손님들의 안내를 하는 해설원이 바위마다, 폭포마다, 소마다 숨어있는 전설에 관한 이야기와 봉우리에 서려 있는 전설과 사연의 해설이 전문가의 실력 이상이어서 등산객의 마음을 더욱 즐겁게 한다. 안내원의 해설이 하도 완벽하고 진지하여 어설픈 전문가의 명함은 부끄러울 정도다.

필자가 두 번째 방문했던 1998년 경까지는 남쪽의 유원지와 달리 오물이 없어 자연 그대로의 풍치를 돋구고 있었으나 인적이 많아짐으로 인한 공해 물질이 쌓일까 염려가 된다.

천하 절승 금강산이 관광의 명소에서 통일로 가는 문이 될 줄을 옛사람들은 알지 못햇으리라!

가자! 통일을 앞당기기 위해 금강산으로.

지리산 생태 조사

　필자는 우리나라 5대 명산 중 북쪽에 있는 백두산, 금강산, 묘향산, 구월산 등을 답사하고 이들 산들의 식물 생태에 관한 책을 출판한 적이 있다.
　역사적인 책인데 별로 팔리지 않아 출판사 사장에게 빚진 모습으로 살고 있다.
　5대 명산 중 유일하게 남쪽에 있는 지리산 식물 생태에 관한 책은 남쪽 학자들이 많기 때문에 집필을 단념하고 있었으나 이미 출판된 책과 논문의 내용을 보니 내가 생각하는 방향과 달라서 그동안 지리산을 다섯번 방문할 때 기록한 자료를 다시 보면서 미비점을 보충하기 위해 마지막으로 한번 더 답사 해야 되겠다는 생각을 했다. 준비 작업으로 매일 아침 동네 평지를 약 40분 정도 걷던 방향을 지리산 고지를 생각하면서 세 언덕길(경사가 급한 길)을 추가해서 70분 정도 걷는 길의 방향을 택했다.
　지리산의 비포장 등산길을 생각하면서 잔디가 있는 곳은 잔디길을 택했다.
　산책길에는 집집마다 다른 조경을 했고 나무와 꽃종류도 다르기 때문에 그것을 보면서 산책하는 것도 걷는 것 못지 않게 기쁨을 준다. 잔디 관리 방법도 견문을 넓히는데 공헌한다.

불행하게도 꽃이름을 알 수 없는 것이 많다.

실은 미국 원예대학에서 책임자로 근무한 적이 있고 20권으로 되어 있는 '조선향토 대 백과사전' 감수자의 한사람으로 되어 있는 사람인데 알지 못하는 식물이 대부분이다. 더욱 감수자 10명 중 유일하게 필자만 미국에 있다.

필자의 소개난에 북한 식물 전문가라고 되어 있다. 그래서 아는 사람 만나 식물이름 물을까봐 염려도 된다. 물론 변명할 말은 준비해 놓고 있는 참이다.

백두산, 장백산을 답사하고 와서 이곳 일간지에 연재하다 보니 정말 북한 식물 학자로 보였던 모양이다. 실은 식물 분류학자가 아니라 식물 생태학도이다.

따라서 낯선 외국 식물을 전부 안다는 것은 부담스럽다.

언덕길을 처음 추가 시켰을 때는 약간 숨이 차는 듯 했으나 일주일 지나니 그 증세는 일부 없어졌으나 약간은 힘든 도보 코스다. 따라서 여섯번째 지리산을 다녀와서 집필이 끝난 후에는 경사가 급한 세 언덕길은 생략했다.

그 대신 300 계단 정도되는 계단길을 택했다.

언덕길을 포기한 것은 호흡 조절 자체가 싫은 것이 아니라 첫째는 동네 사람들이 안가는 산책로 이고 둘째는 허덕이는 자신의 체력이 한심해서고 셋째는 지리산 고지를 다시 갈 필요성을 느끼지 않아 방향을 바꾼 것이다.

계단의 오르 내림길이 다리와 무릎에 더 공헌하리라 보인다.

예전 노인들은 늙어가는 자기 나이에 대해 당당했는데 요새는 남에게 늙어 보이는 것도 싫지만 내 몸안에서 나이를 의식하거나 세월의 무상함을 알리는 신호가 오는 것도 될 수 있으면 못 들은 척하고 싶어질 뿐만 아니라 남에게 들키는 건 더 싫다. 외모에 나타나는 흰 머리카락은 감출 수가 없고 염색하라는 사람 하이모 뒤집어 쓰라는 사람도 있으나 이것만은 싫다.

우리 골목 어느 여인은 전에는 두발로 산책했는데 약 1개월 전부터 지팡이를 들고 산책에 나선다. 나이 든 사람은 넘어지면 골격이 상할 수 있고 골절이 되면 회복 기간이 길기 때문에 몸에 이상 현상이 나타난 것을 당당히 보이면서 산책한다.

우리와 다른 모습이다.

제 11장 동·서양의 생활 문화 비교

올바른 미국이해(美國理解)

　미국은 중앙과 지방의 차이가 두드러지지 않다. 전국이 균형 잡히게 발전되었다.
　많은 나라들은 인구가 많은 대도시를 수도로 삼고 있어 국가의 힘이 수도라는 중앙에 집중되는 현상을 보이고 있다. 특히 한국은 '한국=서울'이라는 등식이 성립할 정도로 모든 것이 지나치게 서울에 집중되어 있다.
　그렇지만 미국은 그렇지 않다. 엄격히 말해서 미국에는 중앙이라는 개념이 없고, 오직 여러 지방 또는 지역만 있다고 하는 것이 맞을 것이다. 그래서 수도인 워싱턴에 백악관이 있고 정부 관청들이 있지만 그렇다고 그곳을 반드시 중앙이라고 하지 않는다. 또 뉴욕이나 LA 같이 인구가 많고 도시가 크다고 해서 이를 중앙이라고 하지 않는다.
　일반적 및 전통적으로 정치, 경제, 교육, 문화 활동이 어느 한 지역에 집중되지 않고 전국에 분산되어 왔기에 미국에는 도시와 시골의 차이가 두드러지지 않고 동서남북이 고르게 발전할 수 있었다.
　원래 미국이 시작되었던 대서양 연안의 동부 지역에 비하면 서부는 한참 뒤에 개발되었지만, 현재 동서의 격차는 전혀 없다.

또 역사적 배경 때문에 북부에 비해 남부가 산업화에 조금 뒤졌다고 평가 되기도 하지만 그 남북 격차도 대부분 해소되었다고 할 수 있다.

입법부를 보면 미국의 하원의원은 지역마다 인구비례로 선출되지만 권한과 지위가 더 높다고 여겨지는 상원의원은 주의 크기나 인구에 관계없이 각 주에 두 명씩을 선출하게 되어 있다. 그래서 인구가 3천만명이 넘는 켈리포니아 주나 50만 명도 채 안되는 와이오밍 주나 똑같이 두명의 상원의원을 선출한다.

이것은 각 주가 동등하다는 것을 상징하며 이로써 정치권력의 집중이나 편재가 방지되고 따라서 나라 전체가 정치적으로 균형을 이루고 있다.

그러나 미국도 연방정부라는 중앙정부가 있지만, 각 주가 엄격한 자치를 시행하고 있기 때문에 중앙정부의 힘이 막강하거나 비대하지 않다.

한국에서는 아직도 옛날 과거시험 보듯이 각종 선발시험이나 자격시험을 중앙정부가 주관하고 있지만, 미국에서는 공직은 물론 의사, 변호사, 회계사 등을 선발하는 절차가 주 정부의 자치로 이루어지고 있다.

한국에서 정부가 관장하는 많은 기관(국립대학, 국립병원, 국립연구기관, 훈련기관, 복지기관) 등이 있지만 미국에서는 지방자치단체나 민간인이 담당하고 있어서 '중앙집중이' 원칙적으로 배제되고 있다.

물론 미국에서도 대도시에 큰 상점이 많이 몰려 잇는 것은 사실이다. 하지만 미국에서는 일찍부터 우편판매나 지면판매(catalog sales), 온라인 판매가 발달되었기 때문에 물건을 사기 위해 사람들이 한 곳으로 몰리지 않아도 되었다.

미국에서 각종 체인점이나 프랜차이스(franchise) 영업이 성행하게 된 것은 땅이 넓기 때문이기도 하지만, 그것이 중앙으로의 집중을 방지하는 역할로 작용한 것도 사실이다. 원래 미국의 큰 은행들도 각 지역에서 출발한 지방은행이었다.

미국의 신문들도 대부분 지방신문으로 존재하고 있다. <워싱턴 포스트>나 <뉴욕 타임스> <시카고 트리뷴> 이나 <LA 타임스> 등은 세계적으로 권위 있는 신문들이지만 그 이름 앞에 각각 도시 이름을 달고 있는 것에서 짐작할 수 있듯이 모두 지방 신문들이다.

 미국의 라디오와 TV방송도 각 지역에 흩어져 있음은 말할 것도 없다.

 CNN, NBC, CBS, ABC, FOX 등 미국 전역에 방송되는 네트워크가 있지만 이들은 아침, 저녁 중요 시간대의 전국, 국제 뉴스나 오락 프로그램만 제작하여 지역 방송국에 배포할 뿐이고, 나머지 프로그램은 모두 지역 방송국들이 자체적으로 운영하고 있다.

 훌륭한 교육기관인 크고 훌륭한 대학들이 전국의 구석 구석에 자리 잡고 나름대로 발전해 왔으며 이 역시 미국의 균형 있는 발전에 큰 역할을 담당했다.

 물론 미국 역사의 원점인 동부지역에 오래된 대학들이 다소 몰려 있긴 하지만 전국에 흩어져 있는 각 대학들 또한 오랜 학문적 전통을 이어 오면서 미국이라는 힘의 바탕을 이루어 왔다.

 미국의 대도시마다 유명한 대학들이 있지만 예일, 프린스턴, 스탠포드, 코넬 대학 등과 같은 명문 사립대학들과 기타 우수한 주립대학들이 중소도시나 작은 시골에도 자리잡고 있다.

 이렇게 미국에서는 교육도 지방마다 자치권에 따라 실시되고 있다. 그 결과 학교 운영방식이나 교육방침 또한 지역에 따라 다르게 운영되고 있는데 이는 획일화의 극단을 보이고 있는 한국의 교육과 사뭇 다른 모습이다.

 재미있는 것은 미국은 땅도 넓고 지역도 다양해서 방언이 다양하고 독특할 법한데 사실은 그렇지 않다는 점이다.

 남부 방언과 흑인 사투리 등이 다소 두드러지긴 하지만 그 밖의 뉴욕 사투리, 보스턴 사투리, 캘리포니아 방언 등은 다른 나라처럼 심각하지 않다는 평이다.

 미국에 중앙이 없다는 말은 정치, 경제, 교육, 언론, 스포츠 등 많은 분야의 힘이 한 곳에 집중되어 있지 않다는 것을 의미한다.

 미국은 각 지역이 그들만의 특색과 개성을 지니고서 발전을 모색하고 있어 힘을 키우는 방법과 모양이 각기 다르지만 그 결과 나라 전체의 힘은 보편화 되어 있다. 이렇게 미국의 많은 부문이 중앙에 집중되지 않고 고르게 발전하게 된 것은 우선 땅이 넓기 때문이라고 말할 수 있다.

 어쨌거나 미국은 구석구석에서 각 분야마다 튼튼한 뿌리가 내려지고 기초가 다져질 수 있었기에 국토의 균형적 발전을 이룰 수 있었으며 이를 토대로 국력을 키워 왔다. 중앙을 들어내고 나면 남는 게 없을 것 같은 다른 여러 나라들과는 다르다. 일반적으로 알려진 사실과 다른 면이 많은 나라가 미국이다.

예를 들면,

첫째로 외국에서 흔히 추측되고 있는 것은 미국은 매우 기계화된 사회이며, 따라서 거의 도시화된 사회라고 생각하는 것이다. 그러나 미국은 그 영토가 방대하므로 아직도 국민들이 모두 근대화된 도시에만 사는 것은 아니며 농촌 지방에 거주하는 사람들과 도시에 거주하는 사람들 사이에는 상당히 그 이해관계가 대립되고 문화시설에 차이가 있다.

둘째루 미국에서는 가장 교육이 강조되고 누구나 교육을 받아야 될 것으로 믿어지고 있다. 사실상 오늘날 미국에서도 많은 학생들이 대학에 다니고 있으며 이 고등 교육률은 전 세계의 어느 나라보다도 높다.

이것은 말할 것도 없이 오늘날 미국사회는 극히 기계화되고 전문화되고 있기 때문에 교육을 받지 아니하면 사회에 나가서 인생경쟁에 승리할 수 없는 까닭이다.

따라서 몇년 전까지만 해도 고등교육 받은 사람, 특히 자연 과학계통의 교육을 받은 사람에게 대한 존경은 상당하였던 것이다.

그러나 이 반면에 오늘날의 미국에서와 같이 교육을 받았다고 하여 혹은 받는다고 하여도 별로 존경을 받지 못하는 사회도 없다.

예를들면 일본이나 한국이나 대만에서는 학생들이라고 하면 교육을 받는 사람으로서 그 사회를 지도할 젊은이들이라고 생각되는 까닭에 될 수만 있으면 그들을 존경하려고 한다.

그렇지만 미국에서는 학생들이라고 하여 특별한 대우를 하는 일은 없다. 어떠한 의미에서 미국에서는 지식계급들에 대하여 특히 인문과학을 연구한 지식층에 대하여 상당히 적대시하는 경향을 보이고 있다.

셋째로 미국에서는 만인평등이며 사람이면 누구나 자유를 누릴 수 있다고 각국 사람들은 믿고 있다. 그러나 미국 사회를 조금만 자세히 분석해 보면 미국과 같이 빈부의 차이가 현저한 사회가 없는 듯하며 자유를 향유할 수 있는 수가 제한된 사회도 없는 듯하다.
　이러한 의미에서 만인평등이니 기회균등이니 하는 것은 아직도 한 정치적 표어에 지나지 않고 오직 미국인들의 빈부 차이를 자세히 분석할 수는 없으나 일반적으로 말하여 백인들 사이에서도 아주 가난한 사람이 많고 흑인들 사이에서도 부자가 있는 것이 사실이다. 그러나 이것은 극히 개괄적인 이야기며 비교적으로 말하면 흑백인간의 차이를 가장 현저하게 하고 있는 것은 그 수입의 차이라고 하겠다.
　넷째로 미국에서는 가장 민주적 이념과 질서가 국민들에 의하여 존중되고 있다고 외국에서는 믿어지고 있다. 그러나 좀더 자세히 관찰하면 서양의 소위 민주 사회들 중에 미국과 같이 폭행이 자행되는 사회는 없다.
　어떠한 정치학자들 중에서는 미국에서는 1865년으로부터 1963년까지 약 100년 동안에 4명의 대통령이 암살 되었으며 또 3명의 대통령이 암살미수에 그쳤고 또 무수한 흑인 민권운동가들 또한 암살되었음을 발표하고 있다.
　그러므로 브라운(H. Rap Brown)과 같은 과격한 흑인 지도자들은 이러한 미국 사회가 내재하고 있는 폭행을 미국사회에 극히 고유한 것이며 이것은 어떠한 교육이나 점진적 운동만 가지고는 교정할 수 없다고 주장하고 있다.
　그리고 미국에서는 경찰관들의 행동에 대하여 백인들과 흑인들 사이에서 상당히 그 평가가 다르다. 백인들 사이에서는 16%밖에 경관들이 폭행을 하거나 모욕적 언사를 쓴다고 지적하고 있지 않음에 반하여 흑인들 사이에는 38%가 경찰관들이라고 하면 필요 이상으로 국민들을 못 견디게 굴며 자칫하면 모욕적 언행을 사용하는자들이라고 대답하고 있다.

동·서 문화의 이모 저모

한미간의 문화의 차이를 내 것이 옳고 네 것이 그르다고 말할 수는 없다.

똑같은 음악을 듣고도 기쁠 때는 즐거운 노래로 들릴 것이고 슬플 때는 슬픈 소리로 들릴 수 있기 때문이다.

우리의 전통문화 중 여인에 대한 칠거지악(七去之惡)이 있는데 여기에 음란 즉 성문란이 있다. 이것은 용서하기 어렵다는 조항이 있다.

그러나 서양에서는 이 점은 우리의 전통과 달리 상당히 관용성이 있다.

영국의 다이애나비의 장례식을 보고 한국 남성들은 알다가도 모르겠다고 한다.

이미 세자비로 이혼한 상태고 이혼하고서도 성도덕성이 깨끗하지도 못하고 남자관계가 복잡한 여인의 추모에 사람들이 모여들어 슬퍼하며 사모하는지 알 수 없다는 공론이다. 한국적인 생활 양식과 전통을 무시한 편향된 시각의 보도라고 반박했다.

모든 문화는 각각 고유한 가치를 지니여 그 누구도 그 가치의 우열을 말할 수 없다고 했다. 또한 보신탕 문화를 신문의 국제면에 다룰 것이 아니라 생활면이나 음식 소개란에 다루어야 한다고 덧붙

했다.

　서양 사람들은 음식을 먹을 때 소리나지 않게 먹는 것이 예의다. 허나 한국인은 우동이나 라면을 소리 없이 먹기 힘들다. 소리 없이 먹기는 음식 맛을 상실시킨다. 보신탕이 남성 스테미너에 과연 좋은 것인지 좀더 많은 연구 결과가 아쉽다.

　서양 사람들은 마음이 풍요러워서 그런지 유난히도 개나 고양이 같은 동물들을 좋아하고 사랑한다. 아침마다 개를 데리고 산책하는 할머니들의 모습이 쉽게 눈에 들어온다. 이런 사람들은 개나 고양이가 무슨 자기 자식이나 되는 양, 꼭 껴안고 볼을 비비는가 하면 어떨 땐 이름을 부르며 다정하게 이야기까지 하면서 걸어간다. 또 여름엔 가볍고 화사한 레이스 옷감으로, 겨울엔 따뜻한 모직으로 옷까지 만들어 입히는 등 한껏 멋을 부려 데리고 다닌다.

　그 때문에 미국에는 슈퍼마켓마다 개나 고양이를 위한 뼈다귀와 통조림 등의 이름도 모를 수많은 식품과 그들의 장식에 필요한 온갖 악세서리가 가득하고 동물애호가들은 자녀에게 줄 과자나 옷을 고르듯 이리저리 살펴보며 그것을 구입하곤 한다. 또 가족끼리 외출할 때도 차에 태워 데리고 다니는 사람이 많다.

　하여튼 서양 사람들이 어떻게 보든 우리는 개를 보신탕으로 사용하고 있다.

　우리 전래의 먹을거리인 보신탕이 서양인의 가치 척도에 따라 재단되어서는 안 된다. 먹거리 습성은 민족이 수천 년 동안 영위해 오면서 일궈낸 하나의 문화 행위이기 때문이다.

　문화란 각 민족이나 나라의 독특한 생활 양식과 습관을 나타내 주는 역할을 할 뿐 각 민족의 우수성 또는 미개성을 비교하는 척도로 생각해서는 안 된다.

　각국의 문화는 자기들 나름대로의 장점과 특성이 있는 것이다.

　인도인이 손으로 음식을 먹는다고 미개인으로 보거나 한국인이 보신탕을 즐긴다고 야만인으로 보는 것은 잘못이다.

　여름철 복날이면 상당수 시민들이 가장 즐겨 찾지만 혐오식품이라는 낙인이 찍혀 내놓고 즐긴다는 것을 밝히지 못하는 보신탕에 대해 전통 먹거리로서의 역사성과 문화이론 등을 제기한 사람들도 많다.

　미국이란 미국을 구성하는 민족이 없다고 해서 미국의 역사가

200여 년밖에 안 된다고 해서 전통문화가 없는 것은 아니다.

혹자는 미국을 가리켜 문화가 없는 나라라고도 한다. 다만 물질문명으로만 성립된 나라라고 한 사람도 있다. 다시 말하면 동양과 같이 문화의 누적으로 된 나라가 아니기 때문이다. 그러나 짧은 역사이지만 그 동안 쌓인 문화를 무시해서는 안 된다.

동아시아의 문화에서 그 경제발전의 원동력이 된 몇가지 사회적 요인이 있다.

동양인의 근면성, 높은 저축률, 노사협상 관계, 높은 교육열과 낮은 문맹률에서 그 원인을 찾아 볼 수 있다.

서양문화가 절대적, 배타적, 원심적, 능동적, 외향적, 논리적, 분석적인 면이 있다면 동양문화는 상대적, 포괄적, 구심적, 수동적, 내향적, 직관적, 종합적 가치를 존중한다.

서양의 양과 동양의 음처럼 대조적이다. 서양은 분리를 추구하고 동양은 조화를 추구한다. 서양은 각 개체를 중요시하고 동양은 상호 관계와 전체를 중요시하고 있다.

자신을 나타내는 데서도 동서양간에 차이가 있다. 서양에서는 '나'를 중요시하는 반면 동양에서는 '우리'를 중요시한다. 서양에서는 자신의 이름을 먼저 쓰고 동네, 도시, 나라 순서로 쓰지만 동양에서는 주소 성명을 먼저 국가, 다음 도시, 마을 순으로 내려가고 자기 이름을 제일 나중에 쓴다. 이름을 쓸 때도 서양에서는 자기 이름을 먼저 쓰고 가족의 성은 나중에 쓰지만 동양에서는 성을 먼저 쓰고 자기의 이름은 뒤에 붙힌다.

서양문화는 유태교, 기독교와 그리스, 로마가 전통이 되는 두 개의 기둥에 의하여 지탱된다면 동양문화는 도교와 유교에 의해서 지지되고 있다.

동서양의 창조신화나 철학에서도 달리 나타나고 있다. 동양신화에서는 대륙이 먼저 나타나고 해양은 그 다음에 나타난다. 서양신화에서는 바다가 먼저 창조되고 후에 육지가 파생된다. 동양철학에서는 흙이 우주의 중심요소로 취급되나 서양에서는 물이 중심요소로 간주되었다.

따라서 서양문명은 해양문명이요, 동양문명은 대륙문명이라고 볼 수 있다.

서양에서는 항해기술이 발달되었고 동양에서는 농업기술이 발달되었다.
 동서양 문화는 모두 장단점을 가지고 있는 문화임으로 우열을 가린다는 것은 무리다. 동양문화는 진보보다는 균형을, 절대화보다는 중용을, 투쟁보다는 화합과 평화를 중요시하고 있다.
 태평양시대에는 서양문화와 동양문화가 활발히 혼합되고 서양의 찬란한 지식과 동양의 심오한 지혜가 만나게 될 것이다.

여유 있는 문화와 여유 없는 문화

 우리의 음식은 서양 음식에 비해 국물이 많다. 김치, 깍두기도 국물이 있고 동치미, 오이 냉국들이 주로 국물이다.
 일본사람들이 좋아하는 단무지에는 국물이 없다. 미국 사람들의 샐러드에도 국물이 없다. 같은 무. 배추 같은 야채로 만든 음식이라도 우리 음식에는 국물이 있으나 일식이나 미국 음식에는 국물이 없다.
 일반적으로 한국인은 국물이 없는 음식을 좋아하지 않는다. 먹고 난 뒤에도 국물이 남아 있어야 한다. 이것들이 개밥이 되기 때문이다.
 우리말에 '야, 국물도 없어'라는 말을 가끔 쓰는데 너에게는 배당할 만한 것이 전혀 없다는 일종의 욕에 해당된다.
 따라서 우리 음식은 먹고 나서 설거지가 힘들지라도 국물이 있어야 한다. 이것이 한국인의 인정이다.
 우리 나라에서는 서양과 달라 개밥을 따로 마켓에서 구입하지 않아도 해결된다.
 늘 여유가 있기 때문에 식사시간에 친밀한 손님이 오면 숟가락 하나 더 가져오라고 한다. 조금씩 나누어 먹으며 손님 한 사람 정도는 충분히 해결할 정도로 항상 여유가 있다.

서양 문화는 국물이 없는 사회다. 동시에 서양에는 덤이 없다. 미국에서 동포들이 운영하는 대형마켓에 가서 50불 이상 물건을 구입하면 쌀 한 포대를 덤으로 주는 경우가 있다. 이런 인심이 어쩌면 상술에서 나온 처사이련만 덤을 받으면 기분이 좋다.

우리에게는 늘 이런 여분이 있다. 여분은 꼭 음식에만 있는 것이 아니다. 우리가 입는 한복을 보라. 양복보다 허리통에 여분이 많다. 양복은 허리 사이즈에서 1인치 2인치 가지고 가봉할 때 조정하기 위해 많은 시간을 보낸다. 1~2인치 정도는 밥을 먹었을 때와 금식했을 때의 상황에 따라 달라질 수 있다.

우리의 한복은 이렇게 인색하지 않다. 최소한 12인치 정도 여유가 있다. 따라서 형 것을 동생이 입을 수 있고 동생 것을 형이 입을 수도 있다.

크면 허리폭을 접어서 입으면 간단히 해결된다. 바지가 길면 대님의 위치를 조절하면 된다. 한복은 양복과 같이 정확히 잴 필요도 없고 가봉도 필요 없다. 충분한 여유가 있기 때문이다. 만들 때부터 프리 사이즈다. 나는 이런 프리 사이즈의 핫바지와 파자마를 애용한다. 여름에는 더할 나위 없이 좋다.

미국의 진바지는 답답하여 핫바지와는 비교가 안 된다. 진바지는 서양 사람들과 같이 늘 의자에 앉아서 생활하는 사람들에게는 편리할지 모르나 우리 같이 앉아서 생활하는 사람에게는 핫바지나 치마저고리가 안성맞춤이다.

여자 한복의 옷고름도 여유가 있다. 예전에 여자들의 옷고름은 손수건의 역할도 하고 데이트할 때 상대방을 똑바로 보기 어려우면 옷고름만 보거나 옷고름을 말았다 풀었다 하는 도구로도 한몫 했다.

여자들의 저고리 옷소매도 팔이 몇 개씩 들어갈 정도다. 치마는 그냥 두르도록 되어 있어 처음부터 허리의 치수 같은 것은 염두에도 없었던 것으로 본다.

열두 폭 치마라는 것이 있듯이 몇 번을 두를 정도로 치마폭이 넓은 것이 특징이다.

미국의 뚱보 챔피언도 충분히 열두 치마폭에 안기고 만다. 이런 것을 보면 한국인들은 가난과 억눌림과 시달림속에 살았으면서도 무엇인가 남아있는 여분을 간직하면서 인생을 살아온 멋이 있었다.

우리는 비좁고 **빡빡**한 것을 좋아하지 않아서 교복을 입고 다니더라도 목 근처의 단추 하나 둘은 풀어 놓고 다니던 시절이 있었다. 이것이 당시 학생들의 멋이었다. 필자도 그렇게 단추를 풀고 다니다가 상급생에게 아쉬움이 없을 정도로 실컷 맞아 본 경험이 있다. 지금이야 다르지만 당시의 상급생은 하급생을 보면 호랑이 노릇을 하던 시대였기 때문이다.

음식이나 옷에만 여유가 있는 것은 아니다. 집의 출입문인 안방의 창문도 여유가 많았다. 문틈으로 외부인을 감식하기에 충분한 여유가 있었다.

서양과 같은 작은 렌즈에 의한 외부 사람을 식별할 정도로 문틈이 없는 것은 아니다. 문틈이 하도 크기 때문에 겨울에는 찬바람을 막기 위해 문풍지를 달아 놓았다. 이 세상에 문풍지가 있는 나라의 문짝은 우리 나라 뿐이 아닌가 생각한다.

이런 선조들의 여유 있는 생활 문화가 우리들에게 전달된 것으로 본다.

동조성 문화와 창조성 문화

 한국 사람들이 철 따라 입는 옷을 보면 초 겨울에 외투를 제일 먼저 입고 출근한 사람은 용기 있는 사람이다. 여름에 여름옷으로 갈아입는데도 제일 먼저 하복으로 출근하는 것을 쑥스럽게 생각한다.
 우리 국민은 남들이 하듯이 하고, 남들이 느끼듯이 느끼고, 남들이 생각하듯이 생각하는 버릇이 있다.
 동조성이 높은 민족이다. 남달리 유별나게 행동하면 지탄의 대상은 안되더라도 구설수에 오르기 쉽다. 무엇이든지 유별나게 행동하는 것은 금물이다.
 우리 사회는 괴짜로 보이는 행동을 기피하는 문화를 가지고 있다.
 노인들이 젊은 아이들이나 걸치고 다니는 빨간 옷을 입고 다니면 이상하게 본다.
 미국에서는 노인이 빨간 옷을 입어도 이상하게 보는 사람이 없다. 같은 기후 같은 날씨에도 장화를 신은 사람, 맨발로 다니는 사람들이 있으나 어느 누구도 그것에 시선을 집중하거나 괴짜로 보는 사람이 없다. 여름에 옷을 벗고 다니는 사람들이 있으나 이상하게 보는 사람은 없다. 이상하게 보는 사람이 오히려 이상하다.

미국 사회가 발전하는데 미치광이처럼 행동하는 신념이 투철한 지도자들이 있었다. 시계를 달걀인줄 알고 끓은 물에 넣은 얼빠진 <에디슨> 같은 친구도 있었다.
　위대한 과학자들은 대부분 괴짜였다. 영국의 물리학자 <맥스웰>은 한밤중에 계단을 오르락내리락 했단다. 운동을 하기 위한 동작이었다.
　<데카르트>도 아침에 눈을 뜨고는 침대 안에 파묻혀서 몇 시간이고 기하학적 사상을 다듬고 있었다고 한다.
　<아인슈타인>도 처음 자기 논문을 발표하기 위해 학회에 갈 때 옷에 먼지와 오물이 묻는 것을 그대로 입고 나갔다고 한다. 그는 또한 유아기에는 말이 느려서 부모들이 벙어리가 아닌가 하고 걱정을 한 인물이었단다.
　미국 문화 속에는 우리 문화 우리 사상과 다른 점이 있다. 남들이 생각하듯이 생각하지 않고, 유별나게 생각하는 것을 허용하는 풍토, 남들이 흔히 행동하듯 행동하지 않고 남달리 행동하는 것을 고무하고 격려하는 아량, 남들이 흔히 느끼지 못한 것을 느낄 수 있는 것을 가치 있다고 보아주는 문화 양식, 남들이 지나쳐버린 것을 지적할 때 경탄하며 감수성을 높이 평가하는 교육, 이런 것들이 한 사회와 문화, 한 나라의 교육 그리고 한 인간을 더욱 창조적으로 만들어 주는 것이다.
　이스라엘의 자녀 교육 목표가 남과 다른 사람이 되라는 것이다.
　우리 나라 사람들은 식당에서 음식을 주문하는데도 앞 사람이 하면 그 다음 사람도 나도 같은 것을 달라고 주문한다. 개성을 살리지 못한다.

결과주의와 과정주의

 한국인은 결과를 얻기 위해 너무 서두르는 버릇이 있다. 물론 결과를 얻기 위해 일을 한다는 데는 동서양이 다를 바가 없다.
 결과를 얻는데 거쳐야할 과정을 성실히 밟는 것을 과정주의라 하고, 결과에 너무 집착해 과정을 조금만 밟거나 새치기하여 결과를 빨리 얻으려는 것을 결과주의라고 한다면 분명 한국 사람은 결과주의 편에 속한다.
 우리 한국인은 무슨 일이든 빨리 할수록 미덕이요, 선이며, 가치를 높이본다.
 잠을 빨리 자고, 빨리 일어나며 심부름도 빨리 하고, 밥도 빨리 먹으라 하고, 공부도 빨리 하라 하며, 일도 빨리 하라고 하는 것이다.
 이런 습성으로 이 세상에서 우리 한국인의 식사 속도가 가장 빠르게 됐는지도 모른다. 프랑스 사람들의 저녁 식사시간은 보통 2~3시간이 상식이다.
 그들은 식사과정을 즐기기 위해 그 과정을 최대한으로 연장시키고 연장시킨 그 과정을 농도 짙게 즐긴다.
 그렇지만 우리 한국 사람들은 아무리 찬이 좋더라도 치아가 부실한 할아버지, 할머니를 제외하고는 15분 안에 먹어 치운다. 이렇게 빨리 먹게 된 이유 가운데 하나로서 한국인의 결과의식을 들 수 있다. 즉 밥은 배고픔을 면하거나 배부르기 위해 먹는 것이다. 밥 먹는 행위가 결과를 얻기 위함이다. 그 결과를 빨리 얻기 위해서는 가급적 밥먹는 과정을 단축시킬 필요가 있기 때문이다.

우리는 밥 먹으면서 말하는 것을 예의에 어긋난다고 부덕시했으며 엄마가 빨리 죽는다는 등 금기를 붙혀 놓기까지 했다.

알코올 마시는 속도가 비상하게 빠른 이유 가운데 하나로도 우리 한국 사람이 프로세스 엔조이(process enjoy)를 하는데 익숙하지 못하고 리설트 엔조이(result enjoy)를 하려는 의식구조를 들 수 있을 것 같다.

필자가 미국에서 한국 직행 비행기를 탑승한 적이 있었는데 기체이상으로 일본에 내려 하룻밤을 지내게 되었다. 서양인은 일본을 구경할 수 있어 반겼는데 필자는 한국에 도착할 날이 하루 지연되어 화가 났었다. 하루 늦게 도착해도 문제될 이유가 없는 일정이었는데도 말이다.

이것은 한국인의 결과 의식이 무의식중에 발로된 때문일 것이다.

여행의 결과보다 여행의 과정을 중요시하는 서양 인종과는 순발적인 반응이 이렇게 정반대로 달라질 수 있었던 것이다.

한국인이 관광 목적지에 도달하는 결과를 얻으면 그 결과를 배경으로 기념사진 찍기를 좋아하는 것도 그 관광 결과에 너무 집착하기에 발생되는 결과에 목적을 두기 때문이다.

학력(學歷)과 학력(學力)(간판사회와 실력사회)

 언제부터인지 한국의 현실 사회풍조는 아이들이 공부만 잘 하면 모든 것이 용서되고 있다. 이유없이 동생을 때려도 좋고 강아지를 발로 차도 공부로 보상이 된다.
 부모는 공부 잘하는 아이를 만들기 위해 무엇이든지 하는 것이 한국사회의 사회 분위기다. 명문대 간판에 총력 집중이다.
 미국의 부모들은 공부가 모든 것이라는 사고방식은 없다. 살아가며 느끼는 체험을 중요시 여기고 있다. 아이들에게 세상을 볼 수 있는 지혜를 가르쳐 주어야 한다는 이론이다.
 한국 사람들은 여러 사람들 앞에서 누구를 소개할 때 의례 그 사람이 어느 고교, 어느 대학 출신이고, 또 현재의 지위는 무엇이라고 밝힌다. 물론 자신을 소개할 때도 마찬가지다. 명문고교, 명문대학. 큰 감투의 위세가 당당하다.
 이런 상대방의 정보에 따라 대우가 달라진다. 상대방이 높은 사람임을 알게되면 일순간에 이전의 말씨나 행동을 바꾸는 모습을 미국 사람들은 이해하기 어렵다고 한다. 대화를 나누면서 자기 나름대로 그 사람을 한 인간으로 충실하게 평가하는 것이 중요하다고 본다.
 한국에서 실력이 있어도 학력(學歷)이 없으면 인정받기 어려운 사회풍조는 수정해야 한다. 아무리 창조적인 작품을 만들어도 권위 있는 교수나 전문가와의 인연이 없으면 출세하기가 어렵다. 한국의 유명 교수 밑에서 자란 사람만이 출세하고 외국의 유명한 교수 밑에서 성장한 사람은 출세하기 어렵다면 이는 분명히 세계화로 가는 길이 아니다.

한국의 개혁이 정치와 사회제도를 개혁하는 것도 중요하지만 인간을 실력 위주로 평가하는 사회로 만드는 것도 또 하나의 민주화이고 개혁이다.

學力이 學歷을 앞서는 사회이어야 한다. 학연, 지연, 혈연의 고리를 끊어야 진정한 민주화가 되리라 본다.

간판 사회가 실력사회를 앞지르면 가짜 학위증이 날뛰기 마련이다. 사원을 채용할 때 능력이나 인격을 보아야지 학벌로 판정하는 것은 잘못된 관행이다.

일본의 혼다가 초일류기업으로 성장한 것은 사람들의 창의력과 연구 결과에 대한 정당한 평가에서 왔다는 것이다.

한국 사회가 필요한 것은 학벌이나 학위 같은 간판이 아니라 알찬 실력과 꾸준한 노력이다. 장인 정신이나 달인 정신이 필요한 것은 두말할 나위도 없다.

한국 사회는 실력보다 간판을 중시하고 있다. 암기 위주의 주입식 교육은 상상력이나 창조력에 의한 발견의 즐거움을 막는다. 대학 졸업장이 없으면 좋은 자리 취업은 생각 말아야 한다. 대학 졸업장이 취업의 문을 긍정적으로 받아들인다.

취업도 실력보다는 명문대학이 앞서고 있다. 한심한 사회다.

學力사회를 위해 심한 입시 경쟁에서 살아 남는다는 사고 방식으로 청소년의 새로운 의식구조가 형성된다.

첫째, 學力을 위해 공부를 하지 않기 때문에 공부를 하는 것 같지만 시험만을 위한 공부요, 교과서에서만 출제되니 교과서 안에 있는 지식만 통째로 삼키려고 한다. 금그릇에 오줌을 받는 격이다.

둘째, 청년들의 창의력과 정서력이 메마른다. 스스로의 인생을 풍요롭게 하는 전인 교육이 못되고 지식 일변도의 획일적인 인간이 된다.

셋째, 경쟁사회에서 나타나는 현상으로 남을 보다 낙후시키고 못되고, 잘 안되기를 바라는 악성의식이 도사린다. 물에 빠진 사람의 손을 잡아주는 것이 아니라 뿌리치는 인간이 되기 쉽다.

넷째, 학교는 취직이나 결혼에 유리한 수단이 돼 있다. 이렇게 생각하는 학생들의 비율이 우리 학생에게 세계 어느 나라보다도 높게 나타나고 있다.

우리의 학력(學歷) 사회에서는 남이 진학하니까 나도 진학해야 한다는 타인 지향적 진학을 많이 한다. 우리는 동조성이 강한 민족이기 때문에 더욱 그렇다.

진학 동기를 물으면 남이 가니까 나도 간다는 대답이 다른 나라보다 상당히 높은 율로 나타난다는 것이다.

남이 하니까 하는 자세는 근면성을 나타내는 장점도 있으나 개성을 살리는 교육은 못된다. 개성을 죽이는 교육이 되고 만다.

일반 경쟁으로 젊은이들에게 너무 스트레스를 쌓이게 하고 막대한 시간과 에너지를 낭비하게 한다. 이로 인해 많은 가능성을 소유한 젊은이들이 시들어 버리게 된다. 결국 현대의 젊은이들은 무기력, 무관심, 무책임, 무감동의 사무주의가 만연되고 만다.

철저한 학벌사회였던 일본에서도 지금 치열한 국제경쟁에서 이겨내기 위해 學歷대신 실력이, 인맥 대신 개성, 창의성이 사람을 가리는 새로운 기준으로 자리 잡아가고 있다는 소식이다.

기업들의 인재관(人材觀)이 변하면서 신입사원 채용방식도 달라지고 있다. 소니사는 최근 입사 원서에서 출신학교란을 없애 버렸다. 지역감정에 시달리는 우리 기업들이 본적란을 없앤 것처럼 앞으로는 學歷을 가리지 않고 선발하겠다는 것이다.

프랑스도 학위, 학력보다 실무능력 위주로 사람을 뽑는다.

진정한 체면의식

　많은 사람들은 체면을 앞세우기 때문에 배짱이 약해진다. 체면과 배짱은 반비례 현상을 나타내고 있다. 외국어를 배우는데 배짱이 없으면 회화 실력의 발전이 느리다. 즉 체면만 생각하고 말하기를 주저하는 소시민의 구사력은 진전이 느릴 수 밖에 없다. 문법이고 무엇이고 마구 사용하다 보면 통하는 길이 열린다.
　아이들은 이것저것 생각 없이 즉 체면이고 문법이고 가리지 않고 용감하게 말을 하기 때문에 외국의 거주 기간이 성인과 같다할지라도 어학의 발전 속도가 어른보다 훨씬 빠른 사실을 우리 주변에서 쉽게 발견할 수 있다.
　어학을 위해서는 배짱이 필요하고 지나친 체면은 필요 없다. 체면 때문에 내용도 없이 실속 없는 짓을 많이 한다.
　<양반은 추워도 겻불을 쬐지 않는 법>이라고 하는 것은 얼어 죽어 마땅할 체면 문화다. 이런 것은 지나친 체면문화 때문에 손해를 보는 일들이다.
　세상을 살아가는데 우리 모두가 지켜야할 규범이 있고 전통이 있다. 이를 따르는 것이 체면의식을 지키는 것이요, 이로 인해 동방예의지국이라는 존경도 받는다.
　이런면에서 체면을 지키는 민족이다. 우리는 대가족제도에서 오랫동안 살아왔다.

좁은 방에서 2대, 3대가 같이 살아야 했기에 서로 주의하고 자기 뜻대로 행하지 않고 다른 가족의 입장을 생각하면서 공동생활을 잘 운영해 왔다.

자기 마음대로 살아온 서양인들의 생활방식과는 다르다. 피곤해도 어른 앞에서는 누어서도 안 되고 다리를 펴고 앉아도 안 된다. 실은 그럴만한 공간도 없었다.

음식도 체면 때문에 마음대로 먹을 수 없었다. 이런 원인의 이면에는 가난도 있다. 먹을 것이 충분하지 못한 시대가 우리의 과거사다.

풍요로운 서양에서는 먹는데는 체면이 크게 작용하지 못했다. 서양인은 길가에서도 잘 먹는다. 허나 우리 문화에는 길에서 걸으면서 음식을 먹는 것은 교양인의 자세가 아니었다.

춥고 배고픈 백성에게만 먹는데 체면이 작용했다. 우리는 자고로 위계질서와 경로사상을 중요시 여겼다.

우리 사회가 좀 배가 불러 오면서 이런 추세가 사라져 가고 있다.

체면이란 남의 눈을 의식해서 나를 숨기는 것이다.

따라서 체면은 타율의식이지 자율의식이 아니다. 좁은 세상에서 체면을 지키고 살아야 싸움이 없고 공동생활이 순조롭게 운영된다.

따라서 체면은 일종의 생활도구다. 체면문화는 남이 보는 곳에서는 잘 하는데 혼자 있을 때는 엉망이다. 이것이 문제요 단점이다. 체면을 가리지 않으면 무엇이든지 할 수 있다. 따라서 체면은 저항감이 따르고 해방 억제 심리가 따른다.

구태의연한 체면 때문에 위축되어서도 안되고 기분대로 행해서도 안 된다. 체면 때문에 결혼식을 성대히 하는 일은 서양인에게서는 찾아보기 어렵다.

서양 사람들은 체면보다는 명예와 현실을 더 중요시 여긴다.

서양 사람들은 자율성을 중요시 여기기 때문에 체면의식을 찾아볼 수가 없다. 명예란 남의 눈에 좌우되는 것이 아니다. 내 마음이다. 속이 찬 사람은 형식에 구애받지 않는다. 빈속을 대신 겉이라도 채우자는 것은 일종의 보상심리다.

미국사람들은 옷타령을 하지 않는데 한국인은 유난히 옷타령이 심하다. 속이 빈 사람이 유식한 척 문자를 쓰는 것은 허세요 잘난 척하는 일종의 병이다.

잘 알지 못하는 사람이 아는 척하고 적당히 넘긴다. 모르면 모른다고 함이 떳떳하다. 우리는 외국에 살면서 영어 때문에 곤경에 처하는 경우가 많다. 부끄러울 것이 없다. 외국인도 한국어를 모르지 않는가.

모르는 것을 모른다고 하는 용기가 필요하다. 아는 척할 필요가 없다. 모른다고 체면이 깎이는 것은 아니다. 정보홍수시대에 우리가 모든 것을 알기는 힘드는 일이다.

미국에서는 체면이라는 용어가 없다고 보아도 된다. 따라서 우리가 뜻하는 체면이라는 말의 번역도 어렵다. 미국인들은 체면상 그런일을 한 수 있나 또는 체면서지 않는 일은 하지 않겠다는 말을 들었을때 무슨 말인지 감을 잘 잡지 못한다.

즉 미국인들은 체면 같은 겉치례보다는 실리에 밝고 실리를 추구하는 사람들이다. 미국인들의 집구조도 외부형태는 단순하고 모두가 비슷한 모양이나 집 내부형태는 다양하다. 외부형태와는 달리 생활에 편리하도록 설계해 놓았다. 실내장식이 개인의 취향에 알맞게 되어 있고 오락시설이 그렇다. 집 내부가 자기만의 개인적인 세계를 형성하고 있다. 허세나 허식 같은 것은 없다.

집에서 밖을 보면 울타리가 없거나 있어도 낮기 때문에 개방된 듯 환하게 보인다.

그러나 집안으로 들어가려고 하면 경보장치가 있고 이중삼중의 자물쇠가 있어 감히 주인 허락 없이는 들어갈 수 없는 개인의 성을 이루고 있다.

자신의 실속 없이는 친구와 술 한잔 기울이지 않는다.

어쩌다 술좌석에 가서 술을 들더라도 각자 자기 몫을 내는 더치트릿(Dutch Treat)이다. 식사나 같이 하자고 한 친구를 따라 갔다가 식사를 하고 돈이 없어 봉변을 당한 친구가 있다. 미국인의 의식은 각자 부담의 정신이 강하다.

다 떨어진 헌 가방에 테잎을 붙혀 들고 다닌다고 신사 체면에 안됐다고 생각하는 사람은 없다. 쓰지 못해 버릴 때까지 들고 다닌다.

유행이 지나고 헌 옷일지라도 자기가 좋아하면 입고 다닌다. 여름옷 겨울옷을 구별하여 입으려고도 하지 않는다.

물건을 구입할 때도 실용성 있는 것을 구입한다. 같은 미국인일지라도 흑인보다는 백인이 훨씬 실속 있는 것을 찾는다.
　찾아온 손님에게 한국인은 차를 권하고 아이스크림 같은 또는 과일 같은 것을 권한다. 한국인은 체면상 거절할 수가 없어서 배가 허용하지 않아도 마지못해 마시고 먹는다. 그러나 미국인은 배가 부르면 'No thank you'하고 즉석에서 사양한다. 그렇다고 권한 사람이 민망스럽게 생각하는 일도 없다.
　뷔페식 식당에 가보면 발견할 수 있는 일이다. 배가 고프면 몇 번이고 갖다 먹는다. 체면이 필요 없다. 허나 다이어트 하는 친구들은 살이 찔까봐 음식을 권해도 사양을 한다. 살찌지 않을 음식만 약간 먹을 뿐이다.
　선물을 주고 받을 때도 부담감이 가지 않도록 간단한 것을 선택한다. 실용적인 것을 선택한다. 부담감이 갈 정도로 비싸서 뇌물이 될 수도 있을 경우 받아서는 안된다는 상식적인 규정이 있다.
　한국인은 체면을 중요시하듯 눈치에도 예민하다. 어떤 용건이 있어도 눈치를 봐서 그 문제를 꺼낼 분위기가 아니라는 느낌이 들면 피한다는 것이다.
　그러나 미국인들은 그 눈치에 관계없이 단도직입적으로 용건을 처리하려 하며 핵심문제에 돌입하는 것이다.
　여름에 땀을 뻘뻘 흘리며 방문객이 찾아오면 냉수라도 한 그릇 가져올까요 했을 때 한국인은 체면과 눈치 때문에 물을 마시고 싶어도 일단 거절을 해본다.
　이때 미국인이라면 다시 권하지 않는다. 미국인은 물이 필요하면 체면이나 눈치가 필요 없다. 가져오도록 한다.
　미국인들은 상대방의 즐거움이나 슬픔 또는 흥분에 대한 동참의식이 약해 몰인정하고 냉정한 면이 보인다. 눈치나 체면을 모르는 것은 풍요한 자원과 아쉬움 없는 환경 속에서 자라왔으며 다른 나라의 지배를 받아 종속된 경험이 없이 자연극복이라는 개척정신으로 오늘의 미국을 건설해 온 꿀릴 것 없는 이들의 자존심과 우월감 때문이며 고도의 문명에 젖은 결과 때문으로 보여진다.미국 사람들은 체면과 눈치에 등을 돌리고 있는 사람들이다.
　우리 민족은 지나친 체면의식과 눈치를 보는 민족이며 허세가 강한 민족이다.

반대의 한.미 생활문화

　일반적으로 미국과 미국인은 종종 합리주의라는 말로 대변된다.
　그런데 미국에 관심을 가지고 보면 많은 것들이 한국의 경우와 정반대라는 것을 알수 있다. 성과 이름을 반대로 쓴다든가 어순이 반대라는 것에서부터 주소를 쓰는 모양이나 돈을 세는 방법, 손짓하는 모습 등 많은 것들이 한국과 반대로 나타나고 있다.
　그러다 보니 그들의 사고방식이나 행동양식도 우리와 반대로 나타나고 있다.
　한국이 많은 면에서 미국과 정반대라면 미국은 합리주의적인데 한국은 합리주의적이지 않다는 말이 되는가.
　우선 우리와 상반된 미국의 여러 모습을 이해하는 것이 미국의 문화를 이해하고 나아가 영어를 익히는데 큰 도움이 될 것이다. 영어는 여러면에서 한국어와 다르지만 어순이 다르다는 점이 가장 두드러진다.
　한국인들은 고마워도 고맙다는 말을 못한다는 얘기를 들어 왔다. 조금과장한다면 지하철에서 발을 밟은 사람은 미안하다는 말이 없고 자리를 양보 받은 사람은 고맙다는 말이 없다.
　수 십년을 같이 산 부부간에 평생 사랑한다는 말 한마디 없었다는 얘기가 거짓말처럼 들리지 않는다. 반면에 미국인들은 하루에도 수없이 "Thank you" "You're welcome" "I am sorry" "Excuse me" "I love you"라는 말을 식은 죽 먹듯이 사용하고 있다.

사람을 가까이 오라고 부를 때 우리는 손등을 위로 하고 손끝을 아래로 흔들면서 부르지만 미국인들은 반대로 손등을 밑으로 하고 손가락 한두 개를 자기 쪽으로 구부리면서(우리가 개나 고양이한테 하는 것처럼) 사람을 부른다.

손가락으로 물건을 셀 때에도 우리는 손을 편 상태에서 엄지손가락부터 접어 나가면서 세는데 미국인들은 반대로 가볍게 쥔 주먹에서 새끼손가락부터(다른 손으로) 하나씩 펴나가면서 셈을 한다.

미국인들은 엄지손가락을 세우거나 아래로 거꾸려뜨려서 찬반이나 호, 불호를 나타내고 가운데 손가락을 잘못 펴 보이면 그들에게 큰 욕이 된다.

그들은 입맞춤이나 껴안기도 우리보다 더 쉽게 자주하고 대화할 때도 상대방에게 가까이 접근해서 대화를 한다.

미국인들의 돈(지폐) 세는 모양도 우리와 다르다. 우리는 보통 왼손으로 돈 다발의 허리를 접어 쥐고 오른손 엄지와 집게손가락으로 돈의 오른쪽 위 귀퉁이를 하나씩 앞으로 젖히면서 세어 나가는데 미국인들은 돈을 접지 않고 그대로 한 손에 든 채 다른 한 손으로 한 장씩 옆으로 잡아 빼면서 센다.

한국에서는 고액권일수록 더 훌륭하다고 여겨지는 인물이 담겨 있지만 미국의 경우 가치가 낮을 수록 더 중요한 인물이 들어 있다. 지금은 유통되고 있지 않지만 과거 만 불짜리와 천 불짜리 지폐에는 체이스(Chase)와 클리브랜드(Cleveland)가 있었고, 백 불짜리에는 프랭클린(Franklin), 이십 불짜리에는 잭슨(Jackson), 십 불짜리에는 해밀턴(Hamilton)과 같이 (최소한 우리에게는) 잘 알려지지 않은 사람들이 있는 반면 오 불짜리에는 링컨(Lincoln), 일 불짜리에는 워싱턴(Washington)이 그려져 있다.

권위와 무게를 중시하는 한국 사회와 달리 미국은 국민들이 흔히 사용하는 돈에 가장 추앙하는 인물을 그려 넣음으로써 늘 보고 기리자는 그들의 합리적인 생각이 담겨 있다.

한국인의 주거생활은 집에 들어 올 때 신발을 벗는데서부터 시작한다. 그러나 미국에서는 집에서 신발을 신고 있는 사람이 많다.

한국과 미국의 문화는 잠자는 버릇에서도 차이를 보인다. 침대나

침실을 따로 두지 않고 방이나 마루에서 가족들이 같이 누어 자던 우리에게는 그것이 가족이나 공동체 중심의 의식구조를 더욱 굳게 만들었을 것이다.

하지만 태어나서부터 부모와 떨어져 따로 자는 미국인들의 버릇은 그들의 철저한 개인 중심주의와 연결되는 것 같다.

미국의 개인주의와 우리의 공동체주의는 실로 여러가지 부분에서 상반된 모습을 나타내고 있다. 모든 것을 '나'의 입장에서 보고, 생각하고, 행동하는 미국인들은 자기밖에 모르는 이기주의자처럼 보일 수도 있다.

반면에 다른 사람들과의 관계를 중시해온 우리는 가족 등 공동체를 중심으로 생활을 풀어 나간다.

미국인들은 자신이 독자적으로 소유하고 있지 않은 것에도 많은 경우 'my'라는 소유대명사로 지칭한다. 나의 학교(my school), 나의 회사(my company), 나의 집(my home), 나의 마을(my town), 나의 나라(my country) 그리고 모두가 함께 섬기는 하나님까지도 나의 하나님(my god)이다.

물론 한국에서는 우리 학교, 우리 회사, 우리 집, 우리 마을, 우리 나라가 되고, 심지어는 자기 배우자마저도 우리 남편, 우리 아내라고 하여 세상에 유례없는 표현을 사용하고 있다. 공동체의식이 언어에 배인 극단적인 예라고 하겠다.

미국인들이 우리보다 일반적으로 기부에 더 열심이고 자원봉사에 더 적극적이고 입양에 더 개방적이고 헌혈, 장기기증도 많이 하고 있는데 이는 누구에게나 선한 사마리아인이 되어야 한다는 그들의 기독교 신앙관과도 일치한다.

반면에 우리는 어떤 모양으로든지 고리로 연결되고 울타리 공동체를 이루는 상황에서 친밀한 관계를 유지하려는 성향이 강하다. 삼강오륜을 바탕으로 하는 우리의 동아리의식은 다행인지 불행인지 우리 나라를 전 세계에서 동창회, 향우회, 종친회 등의 활동이 가장 왕성한 나라로 만들었고 급기야는 많은 일이 학연/지연/혈연 등의 연결고리에 따라 결정되는 파행적 연고주의(nepotism)와 지역감정이라는 망국병을 낳고 있다.

한국에서는 몇 년도에 대학에 들어갔느냐에 따라 학번이라는 것이 정해지고 이에 따라 선후배를 가리는 것이 보통이다.

그러나 미국에서 동창이나 선후배를 따질 때 가령 'class of 99'이라고 하면 우리처럼 99학번, 즉 1999년도에 대학에 들어간 것을 의미하는 것이 아닌 1999년도에 졸업했다는 것을 의미한다.

한국문화가 외관과 체면, 명분과 형식(forms)을 중시하는 문화라면 미국문화는 내용과 실속, 내면과 실용성(contents)을 앞세우는 문화라는 것 역시 정반대이다.

냉수만 마시고도 배부른 듯 이를 쑤시는 것이 우리의 외식(外飾)주의라면 겉으로 투박하더라도 일을 제대로 해내기만 하면 된다고 생각하는 실용주의가 그들의 철학이다. 그래서 미국의 자동차나 집, 그 밖의 많은 기구/물건이 우리 것에 비해서 큰 덩치에 볼품도 없지만 속을 들여다 보면 알차고 실속 있고 내용이 튼튼한 경우를 많이 본다.

'모난 돌이 정 맞는다'고 하면서 유별난 사람들은 탐탁하지 않게 생각하는 것이 한국 사회라면 아무 특색없이 '통계에 잡히는 숫자가 되지 말고(Don't be another statistic)' 될 수 있는 한 남들과 다를 것을 장려하는 것이 미국 사회라는 점도 정반대이다.

한국의 유례없는 획일주의는 온 나라를 한가지 색깔로 칠해 놓고 이른바 일류병이라는 고질병을 낳고 있다고 우리도 자성(自省)하고 있는 터이지만 그 바람에 혁신과 탐구력에 의해서 성패가 가리는 경쟁에서 필수불가결의 요소인 창의성을 기르지 못하고 있는 실정이다.

그러나 서로 다르고 반대로 보일 망정 '어느 쪽이 옳고 어느 쪽이 그르다'라는 판단을 내리게 해서는 안 된다.

문화의 서로 다름을 간파하자는 것이 세계화의 첫걸음이자 요체라고 한다면 어느 쪽이 더 낫다는 판단을 하려드는 것은 어리석음이다. 본질적으로는 한 문화가 다른 문화보다 우수하다고 아무도 단정할 수 없다.

합리성이라는 것도 보기 나름이요 이해하기 나름이다. 많은 분야에서 정반대 현상을 보이고 있는 한국과 미국이 두 문화가 그 간격을 좁혀 나갈 것은 분명하지만 어떤 부분은 오래도록 차이가 남을 것이다. 특히 서로가 자신들의 굳어진 의식을 과감히 떨치지 않으면 더욱 그렇다.

생사에 관한 용어

　세계 어느 민족보다 한국인의 언어생활에는 죽음과 연관된 말이 많다. 즉 한국인들은 '죽인다' '죽겠다'는 말을 잘 사용한다. 이 말에서 감정의 극단을 왔다 갔다하는 말을 잘 사용한다. 우스워 죽겠다, 좋아 죽겠다, 보고 싶어 죽겠다, 죽고 못살아, 하는 말이 있는가 하면 "배가 고파서 죽겠다' '배가 불러 죽겠다' 등의 말이 식탁에서 자주 들린다.
　피곤해 죽겠다, 손자 손녀를 보고 예뻐서 죽겠다 등과 같은 한국 말은 감정을 강조하기 위해서 쓰이고 있다. 이런 한국인의 정서를 모르면 말의 의미를 이해하기 어렵다.
　입을 것 입고 먹을 것 먹으면서 또 대궐에 살면서도 불경기 때문에 모두가 죽겠다고 말한다. 다시 말해서 이런말은 실제 죽음과는 전혀 관계없이 생활 속에서 자주 쓰이는 표현이다.
　또한 '죽겠다'는 뜻은 다른 말로는 도저히 표현할 수 없는 극한의 감정 상태를 나타내는 역설적인 표현이다.
　한국인은 고인에 대한 '죽는다'라는 말을 잘 쓰지 않는다. 최대한 존경어를 사용한다. 기독교에서는 소천(召天), 불교에서는 열반 또는 입적이라는 말을 쓰고 있다. 일반 대중들도 돌아가셨다, 숨을 거두셨다, 운명하셨다, 생을 마감했다, 하늘 나라에 가셨다, 세상을 떠났다, 임종, 사망, 별세 ,작고, 서거, 영면 등의 말들이 모두 '죽었다'는 말 대신으로 사용한다.
 그런데 예수님의 경우는 '십자가에 못 박혀 죽었다'라고 말한다. 성경에 나온다.
 이것은 단순한 죽음이 아니라 인류 대속의 죽음이고 부활의 죽음이기에 상징적 의미가 있다고 보겠다.
 미국을 비롯한 기독교 문화권은 죽음과 관계되는 자살을 부정적으로 보고 있다.
 영국에서는 오랫동안 자살을 범죄행위로 보았다. 1961년에 와서야 자살은 범죄행위가 아니다라고 법 관행을 바꾸었다.
 한국이 자살 부정론은 '신체발부는 수지부모요' 하는 조상관에 뿌리를 박고 있다.
 즉 신체나 생명, 머리카락 하나나 살 한점이라도 부모로 부터 받은 것이니 조상의 것을 해칠 수 없다는 사고 방식에서 온 것이다.
 그런데 한국에서는 오늘날 자살은 설욕의 행위가 된다든지 용기 있는 행위라고 간주되어 왔다. 또한 자살을 죄악시하지는 않았다. 이로 인해 도덕적 자살률이 높아졌다.
 자살하는 방법이 일본이나 유럽은 신체를 훼손하는 방법을 취한다. 할복 자살이니 총기에 의한 자살이 그렇다.
 한국은 육체를 손상시키지 않는 방법을 취한다. 투신자살, 음독자살, 목을 매고 죽는 자살등이 그렇다.
 감정이 격해져서 '너 죽고 싶어'하고 일상생활에서 하듯 무심코 던진 한 마디가 언어 문화가 다른 미국 법정에서 살인 미수죄로 논란이 되는 경우도 있다.
 그런가 하면 소월은 '죽어도 아니 눈물 흘리오리다'라는 시구를 남겼고 윤동주는 '죽는 날까지 하늘을 우러러 한점 부끄럼이 없기를' 같은 유명한 시구를 남겼다.
 '죽기 아니면 살기' 이것은 한국인의 근성이다. 이는 젖 먹던 힘까지 써서 온갖 정성을 다 하겠다는 뜻이다. 적극적이고 긍정적인 의지의 힘을 나타낸 것이다. 즉 김대중 대통령이 남북한 6.15 성명을 통한 합의문을 도출하기 위해 젖 먹던 힘까지 쏟았다고 한 바 있다.

다양성 속에서 조화를

　지구상에서 생물의 종류가 150만 종이나 된다고 한다.
　같은 종(species)에서도 모양이 같은 것은 하나도 없다. 나무 한 그루에 수천개의 잎이 달려 있지만 똑같은 잎은 한개도 존재하지 않는다. 꽃의 수도 다르고 높이도 다르며 가지의 뻗어가는 방향도 다르다.
　지상에 60억 인구가 살고 있지만 인종마다 또는 같은 인종일지라도 얼굴모양이 같은 사람은 없다. 일난성 쌍생아도 얼굴이나 몸이 비슷하기는 하지만 다르다.
　이렇게 모든 것이 다르지만 천지만물은 조화를 이루고 잘 생육하고 번성하고 있다. 자연 생태계는 잘 유지되고 있다.
　인간이 생태계를 파괴하는 것이 문제다. 균형된 생태계를 유지하는 것이 창조의 원리요 아름다움이다.
　이런 창조의 원리와 아름다움을 알지 못하고 세상의 모든 것을 획일화 시켜 단색의 모노 컬러(mono color)로 만들려고 한다면 창조의 원리와 아름다움을 깨뜨릴 뿐만 아니라 본래의 열매를 맺을 수 없게 된다.
　각양각색의 자연의 순리를 획일화 하려고 하지 말아야 한다.
　미국이란 나라는 원주민 아메리칸 인디언을 변두리로 쫓아내고 새로 이민 온 사람들로 형성된 이민자들의 나라다. 먼저 이민 온 자가 뒤에 오는 사람들을 핍박하면서 발전해왔다.

먼저 온 자가 나중에 온 자를 차별하는 텃세는 이민 초기 17세기부터 시작된다.

노벨 문학 부분 수상작가 '존 스타인백'이 쓴 <미국과 미국인>이라는 책중에 미 대륙에 먼저 상륙한 청교도들은 나중에 온 카도릭을 억압하고 그 다음에 오는 유태인을 공격했다. 그 다음으로 아일랜드인이 얻어맞고 이어서 독일, 폴란드, 스로바키아, 이태리, 인도, 중국, 일본, 필리핀, 멕시코, 베트남, 한국인들이 차례로 걷어 차였다.

흑인은 옛날부터 지금까지 얻어 터지고 있다. 지금은 중동인들이 괄시를 받고 있다. 그러면서 성장한 나라다.

먼저 이민 온 자들이 주동이 되어 하나가 되자는 목소리가 높아지면서 1920년대의 미국 사회 학자들은 용광로(Melting Pots) 정책을 찬양했다.

이 정책에 따라 모두 용광로에 들어가 새로 나온 민족들을 보니 백인이 주류로 소수민족은 보이지 않는다. 이로 인한 획일적인 용광로 정책은 지속하기 어려웠다. 그래서 60년대에 사회 학자들은 용광로를 부정하고 미국은 Salad Bowl 정책으로 변해야 한다고 주장한다. Salad Bowl내의 재료인 흰 양파, 붉은 홍당무, 푸른 시금치, 상추 등등이 양념에 어울려 자기 맛을 내면서 조화를 이루듯 미국을 형성한 각 민족은 각기 자기 전통 문화색이 다른 민족성을 나타내면서 장점을 찾아서 조화를 이루자는 것이다. 다양성에서 조화를 찾는 것이다.

원래 세상 창조는 획일적인 것이 아니라 모두가 다르게 창조되었다.

따라서 우리는 다양성 속에서 조화를 이루며 사는 아름다움을 누릴 수 있어야 한다.

정치도 일당 독재로는 안된다. 여당이 있어야하고 이를 견제하는 야당도 있어야 민주정치가 발전할 수 있다.

사회도 여러가지 일을 하는 특성있는 단체가 있어야 한다. 한 단체에서 모든 것을 독점적으로 하려고 해서는 안된다.

여러 단체가 자기 단체의 목적에 따라 다양성을 보이고 모두 힘을 합치는 조화의 미를 나타내야 한다.
　교회도 다양성이 있는 가운데 조화를 이루어야 한다. 믿음의 세계라고 해서 사람들을 획일화 시키려고 하면 안된다.
　모든 것이 일사천리로 나가는 잘 훈련된 교회라고 해서 성공한 교회라고 보는 것도 문제가 있다. 다른 목소리를 내면서 다른 목소리를 인정하고 이해를 하며 조화를 이루어야 한다.
　교회는 기계적인 조직이 아니고 살아있는 사람들이 움직이는 유기체다. 따라서 다양한 목소리가 나올 수 있고 서로 다른 색깔의 스타일을 추구할 자유가 있다.
　그러면서도 하나님 품안에서 조화를 이루며 사는 삶, 여기에 신앙 공동체의 묘미가 있는 것이다.
　종교도 내 종교만 옳다고 하고 다른 종교의 다양성과 특성을 인정하지 않고 지나치게 타 종교에 대해 배타적이고 편협한 주장만 하게 되면 조화를 이루지 못하고 부정적인 사회 문제를 유발시킨다.
　교육도 획일적인 단일 교육제도 보다는 다양성 있는 교육제도가 시대가 바라는 교육제도이다.
　다양성 속에서 조화를 이루려면 서로의 다름과 특성을 인정해야 한다.
　원래 세상이 창조될 때 모든 종들이 다르게 창조되었다.
　서로 다름을 인정하지 않고 자기의 개성 및 특성 자기의 스타일만을 주장하고 고집을 부리면 조화를 이루기 어렵다.
　상호 다름을 인정하지 않는 것은 조물주의 창조원리를 거슬리는 것이다. 다음 상호간의 부족한 점을 채워 주면서 같이 살겠다는 의지가 있어야 한다.
　세상에는 완벽한 사람이 없다. 그래서 불완전한 인생이라고 하는 것이다.
　누구나 약점이 있고 단점이 있는 것이다. 서로의 약점을 비판하지 말고 서로 보충하며 살려고 할때 인간관계는 풍성해지고 발전하는 것이다.
　부부 관계에 있어서도 마찬가지다. 100점짜리 두 부부가 자기만 옳다고 티격태격 싸우며 사는 것보다 50점짜리 두 사람이 만나서 100점짜리로 만들어 가는 것이 더 아름답다.

또한 상호 공통점도 찾아야 한다. 부부가 모든 것이 다르다고 해도 찾아 보면 공통점이 있기 마련이다. 이것을 함께 누릴 때 그 가정은 조화를 이루며 윤기 있게 살 수 있다.

모든 인간은 얼굴이 다르고 취미가 다를지라도 공통분모로 사랑이 있다.

사랑으로 서로 손을 잡고 나갈 수 있다.

이 시대는 사람들을 획일화 시키고 기계화 시키려고 한다. 인류 사회는 상호의존적이고 상호보충적이라는 관점이 기저를 이룰 때 다양성을 긍정적으로 인식하고 일치와 조화를 이룰 수 있다.

우리 문화의 가장 큰 결함이 획일적인 사고와 동조성 또는 순응주의라고 본다.

기성세대들이 그렇게 해왔다. 순응주의와 동조성은 남과 같이 따라서 하면 된다.

이로 인해서 자기의 개성이나 특성은 발휘하지 못하고 매몰되고 만다.

젊은 세대는 자아와 개성을 주장하면서 조화를 이루는 사회를 만들어야 한다.

연공 서열과 신상 필벌

　미국사회는 혼자서 살아가는 치열한 경쟁의 아수라장이다. 한국사회와 같은 연공서열제란 대부분 무시되고 신상필벌(信賞必罰)을 원칙으로 하는 사회로 볼 수 있다.
　이런 사회에서는 사람들이 서로 경쟁하여 타인을 밀쳐내고 성공하기 위해 맹렬한 노력을 경주하지 않으면 안 된다. 한국에서 열심히 일하는 것은 개인과 개인의 경쟁이 미국과 같이 그렇게 노골적이지 않고 기업과 기업, 그룹과 그룹과의 경쟁이 심하다.
　같은 집단에서는 팀웍이 중요시되기 때문에 타인을 밀어내는 것과 같은 일은 별로 없다. 따라서 승진하는 것이 연공서열이라는 에스컬레이트에 의하여 이루어지고 신상필벌이 약하다.
　미국은 개인간의 경쟁이 심하여 신상필벌이 엄격하다. 이런 예로 대학교수 사회에서 쉽게 볼 수 있다. 미국의 대학교수에 비해 한국의 대학교수는 나이가 들면 자연히 교수가 되어 존경을 받는다. 해묵은 노트를 중심으로 강의해도 별탈없이 진행된다.
　미국의 교수는 연구활동이나 저서 업적이 없으면 승진이 중단되고 현 위치가 위태롭게 된다. 뒤에 온 자가 추월하여 앞서게 된다.
　한 예로 캐리포니아의 교수나 부교수는 3 또는 4년마다 한번씩 근무평점을 받는다. 이를 위해 자기 선전이 되는 그간의 연구업적을 열거한다. 이를 뒷받침할 수 있는 논문이나 저서를 첨부한다.
평가는 같은 학교내의 타교수에 의하여 반 정도 이루어지고 반은 타교에서 학장에 의해 선정되기도 한다.
또한 학생들이 평가한 교수의 자료도 참고한다. 조교수의 경우는 계약제이므로 4년이라든가 7년의 계약기간이 끝나면 곧 쫓겨나게 된다.
끝날 무렵 부교수로 승격이 되면 재직보증을 얻게 됨으로써 정년까지 그 대학에 근무할 수 있게 된다. 부교수와 교수는 재직보증이 있기 때문에 직장에서 쫓겨날 염려는 없으나 게으름을 피우고 있으면 근무평점으로 <승진자격 없음>이라고 판단이 되어 지위가 올라가지 못한다.
즉 교수가 되어도 계속 논문을 쓰고 저서를 집필하여 학생지도에 열중해야지 딴 생각을 하게 되면 벌이 따르게 마련이다. 따라서 열심히 하는 젊은이가 노교수를 추월하는 것이 미국의 교육제도다.
미국사회에서의 경쟁은 학문의 세계에서만 있는 것은 아니다. 회사나 관청에서도 이런 현상이 있다. 뛰어넘기와 추월의 연속인 사회가 미국이다.
한국에서는 직장을 여기저기로 옮겨다니는 것은 어디엔가 결함이 있어서 한 곳에 오래 있지 못하는 것으로 보기 쉽다. 따라서 일단 어떤 자리에 취직을 하면 정년퇴직을 할 때까지 한 곳에 근무하는 것이 상례다.
그런데 미국에서는 한곳에 정년까지 머물고 있는 것은 이상한 눈초리로 보게 된다. 그 사람의 능력이 부족하기 때문에 다른 직장에서 스카웃해 가지 않는 것으로 판단한다.
능력 있는 사람은 여러곳에서 유혹하기 마련이다. 따라서 직장을 옮길 때마다 직위가 올라가고 봉급이 좋아진다.
이런 이유 때문에 학자들도 연구업적이 많은 사람은 잘 옮겨 다닌다. 미국사회의 개인적인 경쟁은 치열하다. 이런 현상으로 한국적인 사고방식으로는 너무 지나칠 정도의 자기주장과 자기존중, 자기선전 그리고 공격적인 자기방어로 여겨지므로 명백히 미덕으로 보이지 않고 선으로 받아들이기 어려울지 모르나 그것을 그렇게까지 비난하고 배척할 수도 없다. 거친 경쟁사회에서 살아남기 위해서는 필요하기 때문이다.

제 12장 가정은 지상의 천국

현대의 어머니

　새로운 감각에 예민하고 새로운 것에 적응력이 강한 사람을 진보적이라고 하며 창조적 또는 진취적이라고 한다.
　반대로 과거사에 매달려 있거나 과거사를 즐기는 사람을 보수적이라 한다. 보수적인 사람은 진보적인 사람을 싫어하고 때로는 혐오감을 느낀다.
　일반적으로 진보적인 사람들은 젊은이들의 속성이요, 보수적인 사람은 늙은이의 속성이다. 젊은이가 젊음과 동의어가 아니 듯 늙은이가 늙음과 동의어는 아니다.
　젊은이 중에는 신체적으로는 젊었으나 정신적으로는 노인들의 사고방식을 유지하는 사람이 있는가 하면 늙은이 중에는 육체는 늙었으나 사고방식은 늘 젊은이와 같은 경우가 있다. 즉 젊은 늙은이가 있는가 하면 늙은 젊은이가 있다.
　많은 사람들은 얼굴의 모양이 상이하듯 사고방식이 각양각색이다. 즉 나이에 비례해서 정신연령도 늙어가는 사람이 있는가 하면 나이와 상관없이 젊음을 지키는 사람이 있다.
　총각인 줄 알았는데 애가 몇 명이라는 사람이 있는가 하면 처녀인즐 알고 접근하다가 애 어머니라는 소리에 뒷걸음 친 사람도 있다.
 남자에 비해 여자의 표면상에 나타난 나이가 젊어지고 있다. 애 어머니라는 소리를 듣기 전에는 고등학생이나 대학생으로 착각을 하기에 알맞은 애띤 여인이 많다.
 이는 현대 의학에 의한 혜택이고 화장품에 의한 공헌이다. 돈만 있으면 얼굴의 모양을 마음대로 수선할 수 있는 시대에 살고 있다.
 즉 시각적으로 나타난 현대 여성은 과거의 여성에 비해 훨씬 젊어졌다. 현대는 젊어지고자 하는 여성들의 소망을 어느 정도 풀어 줄 수 있는 기술이 발달한 것은 틀림없다.
 의학의 발달로 인간의 수명도 연장될 것이고 젊은 용모와 몸맵시를 유지하는 방법도 개발될 것이다.
 문제는 정신적인 젊음을 유지하는 것이다.
 정신적인 문제는 외모로 판단하기 어렵기 때문에 쉽게 말하기 어렵다. 여러가지 척도에 의해 간접적으로 측정할 수밖에 없다.
 어떤 어머니는 진취적인 사고방식을 자기는 소유하고 있다고 하면서 아들이 장가를 들면 모두 분가를 시켰다. 이로 인해 고부갈등을 해소해야 한다는 사고방식이다.
 대가족제도나 장남과 같이 산다는 것은 지난 세기 유물이라고 보면서 핵가족제도를 신봉했다.
 어머니와 물리적인 격리는 소극적인 방법으로 고부갈등이 해결되리라 믿었다.
 허나 마음의 거리는 좀처럼 멀어지지 않았다. 어머니의 아들에 대한 감정은 <사랑> 자체였다. 가까이서 대할 수 없음이 괴로웠다.
 이런 감정은 태고 때부터 어머니들이 느끼는 원색적인 감정이다. 이런 감정을 위장하려고 해도 쉽게 되지 않는다. 위장하면 할수록 어머니의 괴로움은 더 커지고 결국 며느리에 대한 증오심으로 바뀐다.
 고부갈등 해결을 위해서는 안 보면 된다는 물리적인 처방도 중요하지만 정신적인 처방이 더 중요하다.
 과거의 어머니는 아들에 의존하는 어머니였다. 현대의 어머니는 꼭 아들하고만 사는 것이 아니라 딸과도 살 수 있다. 생의 영역이 확대되었다.
 바라건대 어머니는 일정 기간 어머니의 역할을 수행한 다음에는 자기 자신의 입장으로 돌아가야 한다. 자식이 독립되면 부모는 부모로서 역할을 포기해야 한다.
　따라서 물리적인 거리감 외에 정신적인 관계도 정리함이 좋다.
　외모는 젊어 보이는데 아들에게 의존하려고 하는 것은 정신적인 늙음을 나타내는 것이다. 현대인의 육체적인 늙음도 방지해야 하지만 정신적인 늙음도 막아야 한다. 영원한 젊음은 마음의 젊음이다. 늙은 용모의 인생이 젊음을 풍기는 말투나 정신 상태는 아름답다.
　자기에게 충실함은 나를 위한 행복이요, 이것이 남을 위한 행복이다.
　행복한 개인이 행복한 가정을 만들고 사회를 만들며 국가를 바로 세운다.
　어머니의 역할이 끝날 무렵 나 자신으로 돌아가야 한다. 나의 행복이 아들의 행복이요, 며느리의 행복이 된다.

순종만 하시던 어머니

　동방예의지국인으로 부모의 춘추는 모름지기 기억하고 있어야 한다.
　한편으로 장수하심을 기뻐하고 또 한편으로는 춘추가 점점 많아짐을 걱정해야 하리라. 이것이 자식된 도리라고 본다.
　젊은이들의 로맨스는 너무나 요란스럽고 우리를 실망시키며 때로는 우정마저 절단시키지만 부모와 자식관계는 다른 모든 관계보다 조용하고 끈질기며 세상에서 잊을 수 없는 가장 강력한 관계다.
　비록 부모가 가난에 찌들려 누더기를 걸치면 불효한 자식들 중에는 모르는 척하고, 부모의 명예가 높고 돈 주머니가 크면 자식들은 모두 효자가 되는 자본주의 사회이기에 조상의 영광은 자손들의 등불이라고도 부른다.
　이런 저런 이유에서 좋은 가문에서 태어나는 것이 우리 모두의 바램이요 희망이다.
　그러나 조상으로 인해 발생되는 영광은 조상의 것이지 우리의 것이 아니다. 현시점에서 우리를 고결하게 하는 것은 덕행이지 가문이 될 수는 없다.
　그러나 현재는 과거로부터 시작되기 때문에 보람찬 미래를 위해 가문을 돌보지 않을 수 없다.

여기 보잘 것 없이 평범한 사람인 필자의 가까운 가문을 잠깐 훑어보고자 한다.

호적에 나타난 기록에 의하면 조부(차선규)는 1882년 5월 17일에 출생하여 1924년 11월 17일(음 10월 19일)에 돌아가신 것으로 되어 있다.

조모(박태엽)는 1889년 5월 20일에 태어나 1964년 5월 18일(음 4월 17일)에 75세에 영면하셨다. 부친(차두수)은 1911년 5월 3일에 2남 2녀 중 장남으로 전남 강진 목리에서 태어나 1971년 4월 5일 전남 완도군 약산면 하득암리라는 객지에서 심장의 고동소리를 멈추었다. 모친(한을순)은 1911년 5월 4일 강진군 성정면 영풍리에서 태어나 1980년 5월 22일 미국 나성에서 승천하여 글렌데일 Forest Lawn의 푸른 잔디 밑에 계신다.

이렇게 해서 조부모 및 부모님을 지상에서 더 이상 볼 수 없게 되었다.

누가 말했던가. 청춘은 사라지고 사랑은 시들며 우정의 잎사귀는 떨어지지만 부모님의 남모르는 깊은 사랑은 그 모든 것보다 오래 산다는 말이 실감나듯 아직도 괴로울 때 슬플 때 생각이 난다.

여기 필자가 기억하고 있는 정철의 시조 두편을 기록해 보고자 한다.

아버님 날 낳으시고 어머님 날 기르시니
두 분 곧 아니시면 이 몸이 살았을까
하늘같은 은덕을 어디다가 갚사오리

어버이 살아신제 섬길일란 다하여라
지나간 후면 애달프다 어이하리
평생에 고쳐 못할 일 이뿐인가 하노라.

필자와 같이 어리석게도 학문이다 세상살이다 하면서 부모를 돌보지 못한 사람이 있는가 하면 어떤 사람은 갑작스런 부모의 사망으로 부모에 대한 보은의 기회를 잃은 경우도 있다. 그러나 중요한 문제가 여기에 나타나고 있다.

그것은 부모에 대한 보은의 감정이 흔히 부모가 사망한 이후에야 고개를 든다는 사실이다. 그래서 어리석은 인생이라고 했나보다.
다시 박인로의 시조 한 수 더 소개코자 한다.

인간 백세중에 질병이 다있으니
부모를 섬긴들 몇 해를 섬길여는고
아마도 못 다할 성효를 일찍 베풀어 보아라.

이상이 고인에 대한 회개와 연정의 기록이고 고향에는 숙모님만 계신다.
사촌들은 고향을 등지고 흩어져 살고 있다.
아내(이순애)는 1939년 4월 7일 황해도에서 장인(이문기)과 장모(양복화)님의 무남독녀로 태어나 1965년 4월 25일 차씨 가문으로 들어서는 행운?을 잡았다.
이제 슬하에 2남 1녀를 두었으니 그 기세를 감히 누가 꺽으랴.
장남(차윤호)은 1966년 2월 9일 생이고 장녀(윤정)는 1967년 10월14일 생으로 연년생이다. 막내(윤성)는 1971년 4월 8일 생이다.
아이들은 모두 서울 동대문구 제기2동 120의 57에 거주시 청량리 위생병원의 신세를 졌다.
세월이 흘러 장남(John Cha,윤호)은 의사가 되어 아들 딸 남매를 키우고 있으며 장녀(Sarah Cha,윤정)는 Fox(채널11)의 재정부사장으로 있다가 아들을 낳고 집에 있다. 차남(Robert Cha,윤성)은 변호사가 된지 몇 개월만에 LA시 검사가 되어 아들 하나를 낳고 시 검사에서 차장 검사로 승진한 상태다.
첫 아들에 이어 딸을 낳고 몇 년 지난 후 다시 아들을 낳았으니 자연의 균형은 깨어졌으나 아들 딸에 다시 덤으로 아들이 있으니 생물학도로 부끄럽지 않은 생산성을 나타낸 것이다.
필자의 여동생(차종례)은 나성에 살고 있으며 슬하에 두 아들 이광은과 이광선이 있다. 이광은군은 허명희양과 결혼하여 메릴랜드 주에서 유진군과 대니군을 낳고 차남 광선은 유경옥양과 결혼하여 오랜지 카운티에 살고 있다.
자녀들에 대한 부모들의 근본적인 바람은 자녀들이 부모들의 자랑거리가 되길 바라는 것이다. 또한 부모들은 자녀들을 자신의 모형대로 만들려고 하는 것이다.

이것이 모두 잘못이다. 부모들의 모형은 반복할 가치가 없는 것이 대부분이다.

이것은 아이들도 부모들도 모두 알고 있다.

자녀들은 부모를 모방하고 동조하는 것으로 그치지 말고 더 앞서가는 상상력과 창조성이 나타나야 발전이 있는 것이다. 이것이 시대의 흐름이다.

어머니는 한국 최고의 역사를 지닌 삼한 갑족인 청주 한씨로 원조 한란공의 후손이다. 위로 언니(이모) 한분, 아래로 두 남동생(외삼촌)이 있었다.

자식들은 장남(필자)과 장녀 그리고 2남이 있는데 2남은 호적에 입적되기도 전에 땅에 묻혀야 하는 슬픔을 일찍이 맛본 어머니! 남매만 믿고 살으신 어머니!

남존여비 사상이 뚜렸한 시대에 살으셨기에 현대의 남편과는 거리가 먼 아버지의 엄한 권위에 위축되고 그 그늘에 가리운채 살으신 어머니!

부부 결혼 관계도 애정에 의해 결합된 것이 아니라 부모가 정해준 배필과 Date 한번 못해 보고 무조건 섬기고 시어머니에게 말없이 복종해야 할 의무가 있었다.

어떤 경우일지라도 참고 견디며 따라서 하는 순종의 미덕을 받아들이면서 살아온 세월이었다. 남편과의 사이좋은 부부애를 발휘할 수도 없었다. 시대가 이런 관계를 용납치 않았다. 이런 것이 시어머니의 눈에 좋게 비치지를 않았던 시대였다.

아이만 낳고 충실히 일만하는 기계와 같은 생활을 해오신 어머니! 주어진 숙명 앞에 묵묵히 의무만 수행한 어머니! 어쩌다 할머니(시어머니)에게 꾸중이라도 들으시면 세상 살 의욕이 폭삭 가라앉은 듯 한숨만 내뿜던 한 많은 시절의 어머니!

소리 없이 고된 시집살이를 지내신 어머니! 연안 차씨 39대손(차두수)을 지아비로 섬겨야 하고 층층시하에 무섭게도 결점만 지적하는 두 시누이 시동생 그리고 시아버지 없는 시어머니 밑에서 보고도 못 본 척 듣고도 못 들은 척 입 다물고 수십년을 지내신 어머니! 듣는 것은 듣는 것으로 마을 앞 탐진강에 띄어 보냈고 글을 깍아 시를 다듬듯이 되도록 말수를 줄이신 어머니! 어머니의 입안에는 석류알 같은 비밀과 News가 가득 찼지요.

인생이란 태어나서 아침 일찍부터 밤중까지 일만 하시다가 죽어 가는 것이라는 운명에 젖은 어머니! 인생을 즐기는 낭만은 추호도 찾아보기 어려웠다.

어머니는 찬사를 받아야 하고 감사를 받아야 하지만 찬사와 감사를 드리는 사람이 없었다.

우리의 신화에 나오는 여성은 희랍의 신화에서 나오는 여성과 다르다. 우리 단군 신화에 나오는 웅녀는 어두 컴컴한 굴속에서 세월을 보냈고 먹을 것이란 쑥과 마늘 뿐이었다.

반면 희랍 신화의 여성은 미를 자랑하고 남성과 맹렬한 사랑을 한 기록들이다.

우리 건국 신화와 같이 우리 어머니도 어두움 속에서 인생의 나날을 보냈다.

우리 한국의 여성사는 여성을 돌이나 나무로 만드는 목석화의 역사였다.

나의 어머니도 이 시대의 마지막 무렵에 태어난 여성이다.

여자가 감정을 나타내거나 지능이 발달하거나 아는 것이 많으면 전통사회에서 소외 받거나 저주 받았던 시대였다.

한국 여성에 부과된 특권은 아들을 낳아야 한다는 사내자식의 생산공장이어야 하고 소와 같이 일을 해야 하는 노동력으로서의 가치가 부여 되었다.

현대 여성과 같이 애인의 손을 잡고 뺨을 부비며 자식들에게 키스하는 감정의 노출은 악덕시 했으며 당대의 모랄이 허용치 않았다.

5일만에 열리는 장날, 어머니와 아버지가 동행해야 할 때도 어머니는 100여 미터 아버지 뒤를 떨어져서 따라가야 했다. 한번도 나란히 간 것을 못 보았다.

그것이 그때의 사회 풍조였나 보다.

중농이 아닌 소농이어서 고생이 많으셨던 어머니, 아버지는 놀기를 좋아했기 때문에 일에는 서툴기 그지없어 거의 지게를 진 적도 없다. 이로 인해 어머니의 힘은 더 힘들었으며 덕택에 나도 지게를 일찍부터 져보았다.

농사철이 지나면 자식 학비에 도움이 되고 생계를 영위하기 위해 행상을 하시었다. 그때만 해도 장사라면 천하게 여기던 때였건만

이를 감수해야 하셨던 어머니! 어머니가 행상을 떠나실 때마다 의지할 곳이 없이 무서운 아버지 밑에서 살기가 질식할 것 같기에 따라간다, 같이 가자고 치마자락 붙들고 울며 애원을 해도 같이 갈 수 없는 길이기에 홀로 떠나신 어머니! 다시 오실 때까지 눈물과 공포와 외로움에 지쳐 있던 어린 시절, 그때 아버지는 한량이어서 따르는 여자도 많았다.

이로 인해 속으로 흘린 어머니의 눈물은 강이 되고 어머니의 슬픔은 가실 날이 없었으리라. 또한 술 좋아하시는 남편을 만나서 술주정도 받아야 했던 어머니.

현대 여성이라면 100번도 넘게 보따리를 싸고 헤어졌으련만 일부종사란 엄한 전통적 유교사상에 짓눌려 젊음을 폭삭 가라앉힌 어머니. 보따리를 이고 친정에 간들 외조부모님들의 봉건적인 사고방식이 받아 줄리 없다. 출가외인으로 있을 수 없는 행위라는 지배적인 관념 때문이다.

희망이 있다면 어린 남매에게 걸어 보는 생이었다. 어머니는 우아하고 청초한 여성이었다. 거만하거나 몰인정한 여성은 아니었다. 인정 많고 교육열이 대단한 분이었다. 나에게 장점이 있다면 어머니를 닮은 것이요, 단점이 있다면 어머니 품을 떠나 내 멋대로 잠시나마 성장한 소행의 결과다.

보통 평범한 어머니와 같이 변함없는 애정이 차고 넘쳤으며 인자하시고 끈질긴 인내심이 많으셨다. 어린 시절 수많은 질문에 성실한 답변을 해주신 어머니. 자식들의 호기심을 묵살하는 어머니는 아니었다.

그러나 나를 슬프게 한 기억도 난다. 말을 잘 안 들으면 동생을 데리고 도망간다고 하던 일. 너는 다리 밑에서 주워왔다는 이야기 등으로 치마자락을 놓지 않고 잔 적도 있다.

가정은 지상의 천국

　인간이 세상을 살아가는데 가장 기본적인 삶의 터전은 가정이다. 서로가 서로를 위하고 봉사하는 가운데 기쁨을 느끼게 되고 행복이 넘치게 되는데 이러한 가정의 분위기가 사회와 국가 속에 번져 나갈 때 그것은 건전한 사회, 힘 있는 하나님 나라의 건설에 원동력이 되는 것이다. 허나 가정이 본래의 모습을 잃게 된다면 말할 것도 없고 사회와 국가도 병들어 가게 될 것이다.
　요즈음 시대의 변천이 빨라지고 사회가 복잡 미묘해지자 가정도 그 모습이 바뀌는 듯한 모습을 본다. 사랑과 희생이 논리와 타산으로 변해가고 가정에 언성이 높아지며 다툼이 잦아지고 급기야는 가정이 파탄에 이르는 경우를 흔히 접한다. 이러한 분위기 속에서 성장하는 청소년들이 정신적으로 건전하게 자라기를 바란다는 것은 극히 이율배반적인 생각이라고 말하고 싶다.
　이런 측면에서 행복한 가정이야말로 크리스챤에게 하나님이 주신 지상명령이자 안식처요, 보금자리이다.
　인간 관계를 맺고 생활을 하는데 있어서 기초 단위인 가정은 삭막한 세상에서 피곤에 지친 인간들에게 분명히 오아시스가 아닐 수 없다.
　또한 삶에 있어서 가장 따뜻하고 포근한 보금자리요, 우리가 정신적으로나 신체적으로 편히 쉴 만한 곳도 가정이다.
 그런데 많은 사람들이 이렇게 소중하고 행복한 가정의 가치를 망각하고 가정을 소홀히 여기고 있는 것은 안타깝기 그지없는 일이다.
 모든 인간들이 싫어하는 불행이란 다른 곳이 아닌 가정을 소홀히 하는 정신에서부터 시작된다.
 남편은 남편대로 아내는 아내대로 자식은 자식대로 자기본위대로 살아가고 가정이라는 울타리 안에서 각자에게 주어진 의무를 수행하지 않을 뿐 아니라 무시해 버리는 정신으로 살아갈 때 그 가정은 가장 불행한 곳이 될 수 밖에 없다.
 그러나 내 가정을 행복한 곳이 되게 하기 위해서 가족 모두가 힘써 노력한다면 놀랍게도 그곳은 지상의 낙원이 될 것이다.
 귀가하는 남편을 온종일 기다리기나 한 듯이 다정하고 반갑게 맞이해 주는 친절한 아내, 한점의 티나 그늘이 없는 밝은 아이들, 아내와 자녀들이 존경하고 의지하는 가정에 충실한 아빠, 언제나 웃음꽃과 즐거움이 만발하는 가정이라면 가족 구성원에게 얼마나 행복하고 편안한 곳이 되겠는가?
 인간의 공통적 본능은 행복과 안정의 추구이다. 이것들을 개개인이 얻거나 누릴 수 있는 삶이란 가정이란 곳에서부터 시작된다는 것을 분명히 알아야 한다.
 아무리 험악하고 어두운 세상일지라도 가정이 원만하기만 하면, 어두운 사회와는 무관하게 그들은 밝고 즐거운 삶을 누릴 수 있게 될 것이다.
 파괴되어 가는 가정의 수에 비례하여 사회적인 타락과 범죄의 빈도도 증가되기 마련이다. 파괴되거나 망가진 불행한 가정이 많을수록 그 사회의 범죄와 타락이 증가할 수밖에 없다는 결론이다. 끔찍하고 무서운 청소년 범죄를 낳는 산실은 결손 가정이나 파괴된 가정이다.
 정치인들이 살기 좋은 국가 건설을 위한 정책을 펼 때 정책 중의 가장 최고의 정책이 있다면 국민 개개인들의 가정이 안정되고 행복해 질 수 있도록 하는 것이라고 본다.
 성경도 "누구든지 자기 친족 특히 자기 가족을 돌보지 아니하면 믿음을 배반한 자요 불신자보다 더 악한 자니라"(딤전5:8)했다.

"가정은 네가 가야만 할 때 너를 받아들어야만 할 장소"라고 프로스트는 말했다.

또한 페인은 "쾌락한 궁전 속을 거닐지라도 언제나 초라하지만 내 집 만한 곳은 없다고 했다"고 했다. 그래서 "자기 자신의 가정보다 더 즐거운 곳은 없다"고 키케로는 말했다.

가족은 슬픔도 기쁨도 함께하는 이 사회의 작은 공동체이다. "슬픔은 나눌수록 줄어들고 기쁨은 나눌수록 커진다"고 하지 않는가!"

가정이 건전해야 사회가 건전하고 나아가 국가가 건전해져 살기 좋아지는 것이다.

행복한 가정, 안락한 가정, 건전한 가정을 꾸미기 위해 가족 모두가 함께 노력해서 가꿔야 한다.

우리 주변에는 집 없는 사람들이 점점 많아지고 있다. 이들이 홈리스(Homeless)이다. 홈리스라는 팻말을 들고 데모라도 하듯 구걸하는 당당한 미국 거지들의 군상이 눈에 자주 띈다. "집이 없으니 일자리를 주던지 아니면 돈이라도 좀 달라"는 글귀가 써 있는 플랜카드를 들고 있다.

이런 집없는 사람들은 기후가 온화한 곳으로 모여들고 있다. 우선 기후의 악조건을 피하기 위함이다.

가정의 파괴로 집없는 사람의 수효가 점점 증가 추세다. 그래서 집에서 가정으로 가자는 구호가 나오고 있다(From house to home).

이 운동은 파괴되어 가는 가정의 인간적인 유대를 회복해 주자는 운동이다.

잘 건축된 대궐 같은 집은 있으나 그 속에 사는 인간들의 따뜻함, 인간적인 만남, 협력, 애정, 용서가 없는 집만 있을 뿐이다. 따라서 모두가 집에서 쫓겨나 길에서 헤매고 있는 방랑자 신세가 된 것이다.

물론 홈리스는 그런 물리적인 집조차 잃고 헤매는 나그네들이다. 길가에 굴러다니는 무주택자 신세나, 집은 있으되 그 속에 사랑, 용서, 다정함이 없어 밖에서 방황하는 사람과 다를 바 없다.

우리의 집이 점점 하숙집으로 변하고 가족들은 같은 지붕 밑에서 사는 하숙생 신세가 되어가고 있다. 집에서 이루어지는 것은 사무적인 행위뿐이며 인간적으로 교류하는 공동체 유지를 위한 정신적

유대 관계는 찾아보기 어렵다.

　가정은 인간이 태어나서 자라는 성장의 도장이요, 사랑을 만들고 나누어주며 경험하고 음미하는 곳이다.

　가정에는 감정의 융합과 일체감이 있어야 하고 이해관계를 떠난 고차원의 용서와 포용이 있어야 한다. 그 속에서 너와 내가 하나가 되는 일체감이 있어야 한다.

　이런 경험으로 성장한 가정의 자녀들은 인간으로서의 풍부함이 있으나 그런 경험을 박탈당한 가운데서 성장한 인간에게는 소외감, 정서의 불안, 살벌함, 정신의 불모 현상이 나타난다.

　청소년 범죄를 비롯하여 어린이들의 품행불량, 정신적 질환, 부적응, 학업부진, 성격이상, 정서불안, 나쁜 습관, 열등의식, 공격적, 파괴적 행위 같은 바람직하지 못한 인간의 여러가지 문제들이 가정에서 다정하고 온화한 애정과 용서를 맛보지 못해서 발생하는 경우가 많다.

　비록 개천가나 산등성이의 오두막집일지라도 그 속에 애정과 용서가 있고 평화가 있으면 대궐 같은 궁전보다는 훌륭한 것이다.

　따뜻한 가정에서 자란 아이는 지혜롭다. 성경에 "지혜로운 아들은 아비를 즐겁게 하여도 미련한 자는 어미를 업신 여기느니라"(잠 15:20)라고 했다.

　대가족 제도가 핵가족 현상으로 변하면서 가정이 파괴되고 집을 떠나는 가출인들의 수효가 증가되는 현상이다. 이는 일종의 문화병이다.

　점점 개화되어 가는 혜택도 우리는 누리고 있으나, 정서적으로 메마른 정서불안 현상이 증가되고 가정이 사랑을 잃어 물리적인 집인 건물에 불과한 사막화 현상이 일어나고 있다.

　가정은 로버트 프로스트의 말과 같이 "우리가 그곳에 가야할 때 그들이 우리를 따뜻이 받아들이는 장소"여야 한다. 집은 언제든지 우리가 애정에 목마름을 느낄 때 애정으로 마음껏 적실 수 있는 곳이어야 한다.

　"세상의 어떤 성공도 가정의 실패를 보상할 수 없다"고 금세기의 유명한 종교 지도자 데비드오 맥케이 장로의 말이다.

　가정은 일에 지쳐 피로할 때 몸과 마음을 편히 쉬고 피로를 회복할 수 있는 곳이어야 하고 희망과 평온을 찾을 수 있는 곳이어야 한다. 필요한 것을 찾기 위해 헤매다가 종착역에 찾아가야 할 곳이 가정이어야 한다.
　가정을 지상의 천국으로 만들어 그 속에 들어가 살기 위해서는 하나님의 뜻대로 행하는 사람이어야 한다.
　"나더러 주여, 주여 하는 자마다 천국에 다 들어갈 것이 아니오, 다만 하늘에 계신 내 아버지의 뜻대로 행하는 자라야 들어가리라"(마7:21)고 했다.

부모의 기도

　어린이도 한 인간임을 깨닫게 하시고 호기심에 가득찬 물음에 성실히 답하도록 도와 주옵소서.
　자녀가 우리에게 공손하기를 바라는 것 같이 우리도 자녀에게 다정다감하도록 도와 주옵소서.
　어린이 놀이는 생활의 원동력이며 그 놀이 속에서 창조력과 상상력, 인내와 집착력이 소생하는 공부이상의 중요성이 있음을 깨닫게 하소서.
　자녀를 사랑하되 과잉보호를 억제케 하시고 자립심을 길러주는 부모가 되게 하여 주소서. 모든 언행이 자녀에게 모범이 되어 자녀의 사랑과 존경을 받는 부모가 되게 하여 주옵소서.
　자녀의 생각과 행동을 격려하며 스스로 선택하고 결정하는 기회를 빼앗지 말며, 정당한 소원은 들어줄 수 있는 용기를 주옵소서.
　오랫동안 몸에 스며 내려온 남녀편견을 버리고 편애하는 부모가 되지 않게 하소서. 직업에는 귀천이 없고 어떤 직업이든 일에는 신성함이 있으며 남을 유익하게하는 인생이 축복받은 삶임을 일깨워 주는 부모가 되게 하소서.
　자녀를 앞에서 억지로 끌고가지 말고 뒤에서 밀고 후원하며 최후선택권은 아이것임을 알게 하옵소서.

자녀와 재치있는 대화의 광장을 마련할 수 있는 가정이 되도록 지혜를 주옵소서.

다른 사람과 비교 평가하지 말며 각자의 개성과 적성을 존중하는 부모가 되게 도와주소서.

장점을 보는 시력을 강하게 하시고 단점을 보는 시력을 미약하게 하며 칭찬을 자주하고 비판의 횟수를 줄이게 하옵소서.

십대의 양상을 이해하고 이에 대치할 수 있는 지혜와 능력을 주옵소서.

자녀를 부모의 한풀이 대상으로 착각하지 말고 지나친 기대를 하지 않는 부모가 되게 하시며 자녀는 부모의 소유물이 아니고 자녀의 인생은 자신의 것임을 알게 하옵소서.

재력보다는 지력이 앞서고 물질유산보다는 정신유산이 더 값진 진주임을 알게 하옵소서.

가정에 화목과 평화가 충만되게 하시고 다툼이 없는 지상의 천국이 되게 하소서.

현실 문화 전통을 이해하고 시험 점수보다는 전인교육이 더 중요함을 알게 하옵소서.

성의 탈을 벗겨라

 필자가 <꿈나무들을 위한 성교육>이라는 책을 출판했더니 독자들의 반응이 다양했다. 그런 책도 출판했더군요 하는 소리가 심심치 않게 들려온다.
 이말은 성이란 용어 자체를 기피하는 사람으로서 지금까지 교육이라는 성스러운 것만 쓰다가 타락한 것이 아니냐는 뉘앙스를 풍겼다.
 어떤 학부모는 지금까지 내 글을 읽고 호감을 가졌으니 이번에도 기대해 본다는 내용이담긴 글을 보내주었다.
 <꿈나무들을 위한 성교육>에 연세대 어떤 교수가 <나는 야한 여자가 좋다>라는 내용과 비슷한 것으로 착각한 분도 있었으나 사실 내용을 보지 않고 성급히 평가하는 분의 말이다.
 성은 더러운 것으로 보고 점잖은 사람은 성이란 말을 입밖에 내려고 하지 않는 수가 많다.
 인체의 생식기관이 배설기관과 인접해 있기 때문에 더러운 것으로 보는 사람이 있는지 알 수 없으나 생식기관을 그외에 다른 곳에 둘 마땅한 곳이 없다.
 너무 빤히 보이는 곳에 둘수는 없다. 실은 필자도 더운 여름에는 겹겹이 쌓인 깊숙한 곳에서 고생하는 것을 보면 서늘한 곳에 부착

시키지 못한 조물주가 원망스럽고 시골 농촌에서 입던 핫바지가 생각날 때가 한두번이 아니다.

어쩌자고 양다리에 끼어서 고생한다는 가련한 생각이 들 때도 있다. 허나 아무리 생각을 해도 그곳 외에 더 적당한 장소가 없다.

성에 대한 수치심이 드는 것은 절제하지 못할 것을 염려한 것이 아닐까.

이제 우리는 성에 대한 편견을 과감히 벗어던져야 한다. 탈을 벗어야 한다.

성을 기피하려는 역사가 길었기 때문에 이를 제거하는 데도 많은 시간이 요하리라 본다.

성에 대한 무지가 우리를 괴로움 속에 살게 했다. 성욕이 무엇인지 우리에게 당당히 가르쳐 주는 사람이 없었다. 그것에 관해 누구에게 물어 볼 용기도 없었다. 쓸데없이 그것을 두려워하고 부끄러워하면서 세월을 보낸 사람들이 우리들의 젊은 날이었다.

나는 결혼을 한 후 강의 때문에 어느 여대에 들어섰다. 그 날은 화창한 날씨 때문에 잔디밭에 여학생들이 그룹지어 앉아 있는 모습을 볼 수 있었다.

이중 어느 여학생이 선생님하고 뛰어 나왔을 때 나의 얼굴은 홍당무가 되어 어찌할 바를 몰랐다.

많은 여학생의 시선이 나에게 집중되었기 때문이다. 참 못난 사람이었다.

미국에서 프리섹스라는 말이 유행하던 1950년대에 미국의 큰 캠퍼스에서 다음과 같은 일이 있었다.

대학 생활 중 맨 먼저 남녀 관계에 실패하여 우울해 하며 결국 이로 인해 학업을 중단하고 부모 곁으로 가는 학생들은 시골 목사님 딸이었다.

남자가 무엇인지도 알지 못하고 엄하게 교육을 받으면서 순진하게만 성장하다 도시의 대학에 나타나게 되니 그야말로 모든 것이 딴 세상이라는 생각 가운데 처음 만난 남자에게 푹 빠지고 결국은 신세를 망치게 된 것이다.

이런 현상이 아직도 우리 주위에 많다. 성에 대한 무지가 너무 많으며 이로 인해 뜻하지 않은 봉변과 순조로운 역사의 흐름을 역류시키는 경우가 있다.

그래서 와일드는 <나는 유혹을 빼놓고는 무엇이든지 물리칠 수 있다>고 말했다.
 성에 대한 유혹에 압도당하기 전에 성의 생리를 올바르게 이해해야 한다. <결혼을 위한 사랑은 인간을 만들고 우정어린 사랑은 인간을 완성하며 음탕한 사랑은 인간을 더럽히고 천하게 한다>고 베이컨은 말했다.

여 성 해 방

 독재자가 국민의 비판이 두려워 입과 귀를 틀어막 듯 전통적인 사고방식에 젖은 남성도 의식화된 여성들을 본능적으로 싫어한다.
 남성은 지적으로 자기보다 못한 여자와 같이 살 때는 마음의 평안과 위로를 느끼지만 자신과 동등하거나 그 이상일 경우에는 극심한 열등감 속에서 불안하고 불행스럽게 생각한다. 반대로 여성은 자기보다 힘세고 지적으로 우월한 대상에게 더욱 마음이 끌리고 그에게 몸을 바쳐 봉사하는데 더 보람을 느낀다.
 현대의 남성들은 마음대로 여자위에 군림하는 독점욕을 충족시키지를 못하여 과거에 비해 사기가 훨씬 저하되었고 여자 역시 마음놓고 헌신할 만한 상대가 없음에 굶주림을 느껴 기력이 상실되고 있다.
 현대의 남성들은 여성을 비판적, 부정적 자세로 다음과 같이 보고 있다.
 현대의 여성은 억세고 강인하며 과거와 같은 부드러움과 야들야들함이 없다.
 여자가 바지를 입지 않나 여름이면 국소만 마지못해 가리는 등 마는 등 노출병 환자와 같다고 비판하면서 내심 눈요기감으로 감상하고 있다. 현대여성은 술 담배도 보통이요 걸핏하면 남녀평등을 주장하며 여권신장에 기세가 당당하여 이혼을 자주 요청한다.

옛날 같으면 여자는 교육시킬 필요도 없었건만 교육평등으로 입시지옥이 가중되고 있다. 얼마전까지만 해도 여직원의 역할이야 직장 분위기를 돋구는 꽃과 같은 존재로 차나 끓여다 바치고 박봉이라도 불평이 없다가 시기가 오면 떠나버리는 존재였는데 이젠 그들의 잠재력을 충분히 발휘하여 남성의 자리를 빼앗고 목을 조르고 있다.

남녀평등이다. 결혼 후 취업을 보장하라. 능력에 따라 남자와 같은 대우를 하라. 승진의 기회도 차별을 해서는 안 된다는 주장이다. 여성이 차지하는 일자리도 다양해졌다. 여자 소방관, 여자 레슬링 선수, 여자 축구선수도 있다.

남성만의 자리에 비집고 들어온다. 여자 학장, 총장, 장관, 수상이 있다.

밀려오는 우먼 파워(Woman power) 경쟁자로 골치를 앓고 있는 것이 남성이다.

집에 들어가도 남성이 구태의연한 자세를 보이면 여성 측에서 이혼하자고 달려든다. 이제 여자들이 남자들의 일방적인 위압을 무조건 묵인하지만은 않는다.

압박된 힘이 축적되면 언젠가는 터지는 고무풍선과 같이 그동안 인내한 여성의 혁명이 대두된 것이다. 용수철도 계속 압력을 넣으면 언젠가는 끊기고 만다.

한도가 넘으면 부러진다. 이것이 여성에게 혁명으로 나타난 것이다.

아직까지는 직장 여성들이 이곳저곳에서 울상을 하며 호소한다. 남자들의 텃세가 너무 심하다는 것이다. 같은 조건인데도 승진의 기회가 늘 상실된다는 주장이다.

그런가하면 잘난 여자와 결혼한 남자는 여자와 더불어 향상하는 확률보다 열등감으로 사로잡힌 경우가 많다.

남자는 자신보다 월등히 잘난 여자 앞에 위축되어 점점 술주정뱅이가 된다. 이런 남자를 여성은 정신적인 지주 역할을 못하기 때문에 경멸한다.

이로 인해 남자의 주가는 더욱 떨어지고 여성의 주가는 상승된다.

여자의 사랑과 동경을 받지 못한 남성은 처량하고 불쌍한 존재가 된다. 여자는 오랜 굴욕 생활의 유물로 독기와 인내를 습득하였으므로 남자없이 혼자 살아가는데 남자만큼 치명적인 불편은 느끼지 않는다.

남자는 오랜 세월 동안 상전으로 존경받아 왔기 때문에 여자가 잠시만 곁에 없어도 속수무책이다. <홀아비는 이가 서말이요, 과부는 은이 서말>이라는 속담이 있다.

이젠 여자도 교육을 받았기 때문에 얼마든지 재활할 수 있는 길이 있다. 교육받은 독신녀들은 청춘을 바칠만한 남성이 보이지 않는다고 한다.

여자를 한낱 자라나는 아이와 동일시하는 유아독존의 남성상위시대는 하루가 다르게 퇴색하고 있다. 남녀평등, 여성해방의 시대가 육박하고 있다. 남자가 여자보다 웅변에는 더 능할지 모르나 설득력은 여자가 남자보다 더 강하다.

이젠 가보리오가 말한 <여자는 자기 운명을 받아들이고 남자는 자기 운명을 만든다>는 말은 옛말이 되었다.

여자도 이젠 자기 운명을 받아들일 뿐만 아니라 운명을 스스로 만들고 있다.

저자: 차 종 환(車鍾煥) (Cha, Jong Whan)

학 력
- 서울대학교 사범대학 생물학과 1954-58
- 서울대학교 대학원(석사과정) 1958-60
- 동국대학교 대학원(박사과정) 1962-66
- 이학박사 학위수령(도목생육에 미치는 초생부초의 영향, 동국대) 1966
- UCLA 대학원 Post Doctoral 과정 3년 이수 1975-77
- 농학박사 학위수령 (사막식물의 생리생태학적 연구, C.C.U.) 1976
- 교육학박사 학위수령 (한미교육제도 비교 연구, P.W.U.) 1986

경 력
- 서울대 사대부속 중고교 교사 1959-67
- 사대, 고대, 단대, 건대, 강원대, 이대강사 1965-70
- 동국대 농림대 및 사대교수 1965-76
- BYU(H.C.) 초빙교수 및 학생 1970
- Bateson 원예 대학장 1971-72
- UCLA 객원교수 1971-74
- 해직교수(동국대) 1976
- 한미 교육연구원 원장 1976-
- UCLA 연구교수 1977-92
- 남가주 한인회 부회장 1979-80
- 남가주 서울사대 동창 회장 1979-80
- 남가주 호남향우회 초대, 2대 회장 1980-82
- 남가주 서울대 대학원 동창 회장 1980-83
- 한미 교육연합 회장 1971-1972
- L.A 한우 회장 1983-1984
- 평통 자문 위원 (2기 - 11기) 1983-2005
- 한미 농생물 협회장 1983-99
- 차류 종친회 미주 본부장 1984-1990
- 남가주 한인 장학 재단 이사장 1984-86

- 남가주 서울대 총동창 회장 1985-86
- 남가주 BYU 동창 회장 1985
- 한인 공제회 이사장 1985-91
- 남가주 서울대 총동창회 고문 1986-
- 국민 화합 해외동포 협의회 명예회장 1990-
- 미주 이중국적 추진위원회 위원장 1993
- 평화문제연구소(한국)객원 연구위원 및 미주 후원회장 1994-
- 우리 민족 서로 돕기 운동 공동 의장 1997-
- 한국 인권문제 연구소 L.A 지부 고문 1998-
- 민주 평등 L.A 지역협의회 고문 및 전문위원 1999-
- 재외 동포 지위 향상 추진위원회 고문 1999-
- 한반도 통일 연구회 부회장 1998-
- 한국 인권 문제 연구소 본부 부이사장 및 수석 부회장 2000-2002
- 재외 동포법 개정 추진 위원회 공동대표 (L.A 및 한미) 2001-
- 한국 인권문제연구소 L.A지회 회장 2002-2004
- 한미인권문제연구소 명예 회장 (L.A.) 2004 -
- 한미 인권 연구소 중앙 이사장 2005 -
- 재미동포 권익향상 위원회 공동대표 2004 -
- 미주 한인 재단 이사장 2004 - 2006
- 한미 평화 협의회 회장 2005 -2007
- 해직 교수에서 30년만에 명예 회복 2006.6.21
- 피오 피코 코리아타운 도서관 후원회 이사장 2006-2007
- 6.15 미주 공동위 공동 대표 2007
- 한인 동포 장학재단 이사장 2006-2007
- 민화협 (미서부) 상임고문 2007
- 한미 인권 연구소 (본부) 소장 2007-
- 공명선거 협의회 공동 대표 (한국) 2007-
- 민주평통 L.A. 지역협의회장 2007.7.1-
- 우리영토 사수회복 연구회 명예회장 2011-

수상 및 명예
- Who's Who in California 16판(86)부터 계속 수록

- 교육 공로상 수령 (제1회 한인회 주체) 1987
- 우수 시민 봉사단 수령 (L.A시 인간관계 위원회) 1987
- 쿼바시에 북미주 한국인 지도자상 1993
- L.A시 우수시민 봉사자상 (L.A시 위회) 1994
- 국무총리 표창장 (대한민국) 1995
- 대통령 표창장 (대한민국) 2001
- 에세이 문학 완료 추천 문단 등단 2003년 가을
. 대통령 훈장 (국민훈장 목련장) 2005. 12
. 대통령 공로장 2009
- 감사패, 공로패, 위촉패, 추대장 등 130종

저서 목록 (공저, 편저, 감수 포함)

[한글 저서]
 1. 高入生物 (조문각, 1964)
 2. 高入生物 (성문사, 1967)
 3. 생물 실험 실습 (유림각, 1968)
 4. 土壤과 植物 (수학사, 1968)
 5. 지혜의 말씀 (교회출판부, 1968)
 6. 植物生態學 (문운당, 1969)
 7. 自然科學槪論 (단국대학 출판부, 1970)
 8. 一般生物學 (진수당, 1968)
 9. 한국어 교본 B Y U - HI (LTM, 1971)
10. 農林氣象學 (선진문화사, 1973)

11. 토양 보존과 관리 (원예사, 1974)
12. 農生物統計學 (선진문화사, 1974)
13. 복숭아 재배 새기술 (원예사, 1974)
14. 最新植物生理學 (선진문화사, 1974)
15. 韓國의 氣候와 植生 (서문당, 1975)
16. 環境과 植物 (전파과학사, 1975)
17. 放射線과 農業 (전파과학사, 1975)
18. 最新植物生態學 (일신사, 1975)

19. 生物生理生態學 (일신사, 1975)
20. 테라리움 (원예사, 1975)

21. 미국 시민권을 얻으려면 (선진문화사, 1978)
22. 現代一般 生物實驗 (한서출판, 1982)
23. 미국의 교육제도 (미디어 다이너믹스, 1985)
24. 미국의 명문 고교와 명문대학 (한미교육연구원, 1985)
25. 이민 자녀 교육 (학원사, 1986)

[번역서]
26. 침묵의 봄(Ⅰ) (세종출판사, 1975)
27. 침묵의 봄(Ⅱ) (세종출판사, 1975)

[영문 전서]
28. Radioecology and Ecophysiology of Desert Plant at Nevada Test Site (U.S.A.E.C. 1972)
29. Iron Deficiency in Plants (S.S & P.A. 1976)
30. Phytotoxicity of Heavy Metals in Plants (S.S. & P.A. 1976)
31. Trace Element Excesses in Plant (J.R.N. 1980)
32. Nevada Desert Ecology (BYU. 1980)
33. Soil Drain (Williams & Wilkins, 1986)
34. Interaction of Limiting Factors in Crop Production (Macel Derkker, 1990)

[한국저서 속]
35. 미국 유학 (우석출판사, 1987)
36. 올바른 자녀교육 (바울서신사, 1987)
37. 차돌이 교육 방랑기 (우석출판사, 1987)
38. 미국 대학 완벽 가이드 (학원사, 1988)
39. 10대 자녀문제 (학원사, 1988)
40. 청소년 그들은 누구인가 (바울서신사, 1988)

41. 미주교포들의 통일의식 구조 (L.A. 평통, 1988)
42. 미국교육의 길잡이 (바울서신사, 1988)
43. 동 . 서양의 꽃꽂이와 테라리움 (바울서신사, 1990)
44. 꿈나무들을 위한 성교육 (바울서신사, 1990)
45. 미국의 명문 고등학교 (우석출판사, 1989)
46. 미국의 명문 대학 (우석출판사, 1990)
47. 미국의 명문 대학원 (우석출판사, 1990)
48. 성공적인 자녀교육의 비결 (바울서신사, 1990)
49. 미국의 명문고교 입학 유학 최신정보 (학원사, 1990)
50. 일하며 생각하며 (바울서신사, 1990)

51. 미국 속의 한국인 (공저) (유림문화사, 1991)
52. 갈등 그리고 화해 (국민화합해외동포협의회, 1990)
53. 미주 동포들이 보는 조국 (평화문제 연구소, 1992)
54. 백두산, 장백산, 그리고 금강산 (선진문화사, 1992)
55. 지역 갈등과 화해 (한미교육연구원, 1993)
56. 반미감정과 태평양시대 (한미교육연구원, 1993)
57. 조국을 빛낸 사람들과 미국대학 입시제도 (한미교육연구원, 1993)
58. 미국생활 가이드(공저) (중앙일보, 1993)
59. 이중국적 (한미교육연구원, 1993)
60. 한반도 통일문제 (한미교육연구원, 1994)

61. 마음은 독수리처럼 날개쳐 올라가고 (바울서신사, 1994)
62. 동서양의 길목에서 (바울서신사, 1994)
63. 남북이 잊은 사람들 (바울서신사, 1994)
64. 기적의 역사(공저) (삶과 꿈, 1994)
65. 미국교육제도와 자녀교육 (한미교육연구원, 1994)
66. 귀화동포와 이중국적문제 (한국인권문제 연구소, 1994)
67. 미국대학 및 대학원 진학 가이드 (한샘출판사, 1994)
68. 똑똑한 아이! 이렇게 키워라 (삼성출판사, 1994)
69. 미국의 교육제도 (개정판) (바울서신사, 1994)
70. 세계화 시대의 한미관계 (한미교류협회 1995)

71. 재미있는 핵 이야기 (좋은글, 1995)
72. 초등학생의 가정교육 (우석출판사, 1995)
73. 통일로 가는 길(공저) (바울서신사, 1995)
74. 한국의 국력신장을 위한 해외동포들의 역할 (해외동포 문제 연구소, 1995)
75. 중 . 고등학교의 가정교육 (우석출판사, 1996)
76. 베트남의 황금 문이 열리다 (나산출판사, 1996)
77. 발 마사지와 신체 건강법 (오성출판사, 1996)
78. 태교 및 취학 전 아동의 가정교육 (우석출판사, 1996)
79. 꿈나무와 대학정보 (한미교육연구원, 1996)
80. 재외 동포 청소년의 통일교육 (평화문제 연구소, 1996)

81. 꼴찌와 일등은 부모가 만든다 (풀잎문학, 1996)
82. 미국을 알고 미국에 가자 (풀잎문학, 1996)
83. 통일로 향하는 마음(공저) (천일인쇄, 1997)
84. 미국인은 배꼽 아래가 길다 (우석출판사, 1997)
85. 우리 모두 통일로 가자 (나산출판사, 1997)
86. 이것이 미국 교육이다 (나산출판사, 1997)
87. 가정은 지상의 천국 (기독교 문화사, 1997)
88. 발 건강과 신체 건강 (태을출판사, 1997)
89. 꿈나무들 및 교육공로자와 대학정보 (한미교육연구원, 1997)
90. 21세기의 주인공 EQ (오성출판사, 1997)

91. EQ로 IQ가 휘청거린다 (오성출판사, 1998)
92. 영국의 명소와 명문 대학 (나산출판사, 1998)
93. 불란서의 명소와 명문 대학 (나산출판사, 1998)
94. 이태리의 명소와 명문 대학 (나산출판사, 1998)
95. 백두산의 식물생태 (예문당, 1998)
96. 배꼽 뒤집어 지는 유머 (예가, 1998)
97. 당신의 성공에는 유머가 있다 (나산출판사, 1998)
98. 미국 유학 - 이민교육필독서 (풀잎문학사, 1998)
99. 꿈나무와 페스탈로찌 (한미교육연구원, 1998)

100. 지켜야할 문화와 배워야할 문화 (나산출판사, 1998)

101. 묘향산 식물생태 (예문당, 1999)
102. 재외동포의 출입국과 법적지위 (한미교원, 1999)
103. 유머백과 (예가, 1999)
104. 한국의 재외동포 정책 (한미교육연구원, 1999)
105. 꿈나무 (한미교육연구원, 1999)
106. 비무장 지대의 식물생태 (예문당, 2000)
107. 금강산 식물생태 (예문당, 2000)
108. 고사성어 399선 (예가, 2000)
109. 행복 (좋은글, 2000)
110. 건강 장수 백과 (태을출판사, 2000)

111. 스위스의 명소와 명문대학 (나산출판사, 2000)
112. 항로회춘 (나산출판사, 2000)
113. 지구 과학 (예가, 2000)
114. 꿈나무와 교육자 (한미교육연구원, 2000)
115. 독일의 명소와 명문대학 (나산출판사, 2000)
116. 재미있는 동물의 세계로(감수) (예문당, 1999)
117. 재미있는 곤충의 세계로(감수) (예문당, 1999)
118. 재미있는 식물의 세계로(감수) (예문당, 1999)
119. 재미있는 공룡의 세계로(감수) (예문당, 2000)
120. 재미있는 지구의 세계로(감수) (예문당, 2000)

121. 재미있는 우주의 세계로(감수) (예문당, 2000)
122. 재미있는 과학자의 세계로(감수) (예문당, 2000)
123. 재미있는 인체의 세계로(감수) (예문당, 2000)
124. 재미있는 환경의 세계로(감수) (예문당, 2000)
125. 재미있는 발명의 세계로(감수) (예문당, 2000)
126. 중국의 명소와 명문대학 (나산출판사, 2001)
127. 고향 생각과 자랑 (한미교육연구원, 2001)
128. 캐나다의 명소와 명문대학 (나산출판사, 2001)
129. 2000년대의 민족의 선택(공저) (한통연, 2001)

130. 영재들과 교육 공로자 (한미교육연구원, 2001)

131. 고사성어 대사전 (예가, 2001)
132. 교회의 갈등 그리고 화해(공저) (계명대학교, 2002)
133. 체코와 슬로바키아의 명소와 명문대학 (나산출판사, 2002)
134. 태교출산백과(공저) (으뜸사, 2002)
135. 남북한 통일정책과 민족교육 (한미교육연구원, 2002)
136. 북한의 교육정책과 명문대학 (평화문제연구소, 2002)
137. 전남쌀 줄게 개성 인삼다오(공저) (동진문화사, 2002)
138. 21세기와 조국통일(공저) (한통연, 2002)
139. 남북한의 통일 정책과 통일 장애요인(공저) (한통연, 2002)
140. 재외동포법 개정을 위해 (공저) (한국인권문제연구소, 2002)

141. 오스트리아의 명소와 명문대학 (나산출판사, 2002)
142. 꿈나무들과 미국의 교육정보 (한교연, 2002)
143. 민간요법보감 (태을출판사, 2002)
144. 캐나다 로키의 명소와 생태 (오성출판사, 2002)
145. 달라진 남한말과 북한말(공저) (예가, 2002)
146. 일본의 명소와 명문대학 (나산출판사, 2002)
147. 미주 한인 이민 100년사 (공저) (한미동포재단, 2002)
148. 배꼽이 뒤집어지는 유머 ② (예가, 2002)
149. L.A 4.29 폭동과 장학재단 (한미교육연구원 2003)
150. 유머 해학 대사전 (예가, 2003)

151. L.A 4.29 폭동의 실상 (밝은 미래 재단, 2003)
152. 호주의 명소와 명문대학 (나산출판사, 2003)
153. 통일 이야기(초급) (L.A 민주 평통, 2003)
154. 인도네시아의 명소와 명문대학 (나산출판사, 2003)
155. 한국부자 미국부자 (도서출판 사사연, 2003)
156. 오직 올바르게 살자(공저) (나산출판사, 2003)
157. 6.15 공동선언과 조국통일(편저) (한통연, 2003)
158. 꿈나무들과 교육선구자 (한교연, 2003)

159. 미주한인사회와 독립운동(공편저) (미주한인 100주년 남가주 기념 사업회, 2003)
160. 미주동포의 민주화 및 통일운동 (나산출판사, 2004)

161. 나는 샐러드보다 파김치를 더 좋아한다(감수) (예가, 2004)
162. 구월산, 장수산 식물생태 (예문당, 2004)
163. 청소년을 위한 통일 이야기 (예가, 2004)
164. 신세대를 위한 통일 이야기 (예가, 2004)
165. 사진으로 본 미주 한인 100년사 (박영사, 2004)
166. 꿈나무와 교육정보 (한미교육연구원, 2004)
167. 조선향토 대백과 (제1권) 평양시 감수, 평화문제연구소 및 조선과학백과사전 출판사, 2003
168. 조선향토 대백과 (제2권) 남포, 개성, 나선시 감수, 평화문제연구소 및 조선과학백과사전 출판사, 2004
169. 조선향토 대백과 (제3권) 평안남도Ⅰ 감수, 평화문제연구소 및 조선과학백과사전 출판사, 2004
170. 조선향토 대백과 (제4권) 평안남도Ⅱ 감수, 평화문제연구소 및 조선과학백과사전 출판사, 2004

171. 조선향토 대백과 (제5권) 평안북도Ⅰ 감수, 평화문제연구소 및 조선과학백과사전 출판사, 2004
172. 조선향토 대백과 (제6권) 평안북도Ⅱ 감수, 평화문제연구소 및 조선과학백과사전 출판사, 2004
173. 조선향토 대백과 (제7권) 자강도 감수, 평화문제연구소 및 조선과학백과사전 출판사, 2004
174. 조선향토 대백과 (제8권) 황해남도Ⅰ 감수, 평화문제연구소 및 조선과학백과사전 출판사, 2004
175. 조선향토 대백과 (제9권) 황해남도Ⅱ 감수, 평화문제연구소 및 조선과학백과사전 출판사, 2004
176. 조선향토 대백과 (제10권) 황해북도 감수, 평화문제연구소 및 조선과학백과사전 출판사, 2004
177. 조선향토 대백과 (제11권) 강원도 감수, 평화문제연구소 및 조선과학백과사전 출판사, 2004

178. 조선향토 대백과 (제12권) 함경남도 I 감수, 평화문제연구소 및 조선과학백과사전 출판사, 2003
179. 조선향토 대백과 (제13권) 함경남도 II 감수, 평화문제연구소 및 조선과학백과사전 출판사, 2003
180. 조선향토 대백과 (제14권) 함경북도 I 감수, 평화문제연구소 및 조선과학백과사전 출판사, 2003

181. 조선향토 대백과 (제15권) 함경북도 II 감수, 평화문제연구소 및 조선과학백과사전 출판사, 2003
182. 조선향토 대백과 (제16권) 량강도 감수, 평화문제연구소 및 조선과학백과사전 출판사, 2004
183. 재외동포들의 권익을 위한 법률 (한미인권연구소, 2005)
184. 북한의 현실과 변화 (나산출판사, 2005)
185. 남북분단과 통일 및 국가안보 (나산출판사, 2005)
186. 남북통일과 평화교육 (나산출판사, 2005)
187. 21세기를 맞는 오늘의 북한 (양동출판사, 2005)
188. 조선향토 대백과 (제17권) 인물 (평화문제연구, 2005)
189. 조선향토 대백과 (제18권) 민속 (평화문제연구, 2005)
190. 조선향토 대백과 (제19권) 색인 (가가거리 - 새지골), (평화문제연구, 2005)

191. 조선향토 대백과 (제20권) 색인 (새지네골 - 힘샌골), (평화문제연구, 2005)
192. 미주 동포들의 인권 및 민권운동 (나산 출판사, 2005)
193. 남북한 사회와 통일이야기 (LA 민주 평통, 2005)
194. 수재들과 교육 공로자 (한미교육연구원, 2005)
195. 어린이 통일 교육 이야기 (나산 출판사, 2006)
196. 청소년 통일 교육이야기 (나산 출판사, 2006)
197. 미주의 한인들 (대원출판사, 2006)
198. 최신 피부 관리 (나산 출판사, 2006)
199. 최신 육체 미용 (나산 출판사, 2006)
200. 대마도는 한국 땅 (동양서적, 2006)

201. 겨레의 섬 독도 (해조음, 2006)
202. 한국령 독도 (해조음, 2006)
203. 한미관계 170년사 (동양서적, 2006)
204. 나라 밖에서 나라 찾았네 (감수, 박영사, 2006)
205. 꿈나무 및 교육 공로자와 자녀 교육정보 (한미교육연구원, 2006)
206. 멕시코의 명소와 명문 대학 (나산 출판사, 2006)
207. 가나다 ABC (감수 KSL Institute, 2007)
208. 동서양 생활 문화 (동양서적, 2007)
209. 얼룩진 현대사와 민주 및 통일 운동. 상 (한미인권 연구소, 2007)
210. 얼룩진 현대사와 민주 및 통일 운동. 하 (한미인권 연구소, 2007)

211. 선구자 김호의 삶과 꿈 (한미인권 연구소, 2007)
212. Life & Dream of the Pioneer Kim Ho (한미인권 연구소, 2007)
213. 꿈나무 및 페스탈로찌상과 교육정보 (한미인권 연구소, 2007)
214. 홍.웃기셔 정말 (예가, 2004)
215. 통일관련 문답 (LA 평통, 2007)
216. 한반도의 미래 (LA 평통, 2008)
217. Charles H. Kim: His Life and Times (대원 출판사, 2008)
218. 꿈나무 및, 페스탈로찌상과 교육정보 (한미교육 연구원, 2008)
219. 행복한 삶을 위하여 (공동편저) (동양서적, 2008)
220. 내 양심의 소리 (공동편저) (동양서적, 2008)
221. 북한 탐방기 (예가, 민주평통 2008)
222. 박연폭포에서 지리산 유달산까지 (한미 교육 연구원, 2009)
223. 남북한의 다름과 이해 (민주평통, 2009)
224. 이것이 북한 교육이다 (나산, 2009)
225. 통일 논총 (LA 민주평통, 2009)

226. 생활 영어 약자 사전 (한미 교육 연구원, 2009)
227. 미주 동포 통일 의식 주소 (LA 민주평통, 2009)
228. 글로벌 영어 약자 대사전 (한미 교육 연구원, 2009)
229. 모범생과 교육 공로자 및 교육정보 (한미 교육 연구원, 2009)
230. 한국 외래어 대사전 (한미 교육 원구원, 2009)
231. 참정권 시대, 복수국적 시대 (동양서적, 2010)
232. 재외 동포의 참정권과 복수국적 (대원 문화사, 2010)
233. 꿈나무 장학생과 교육 선구자 (한미 교육 연구원, 2010)
234. 미국을 알면 영주권과 시민권이 보인다 (동양서적, 2011)
235. 불교생활용여사전 (동양서적, 2011)
236. 미국유학교육가이드 (동양서적, 2011)
237. Korea-Japan Relations over Dokdo
238. 생각하며 행동하며 (동양서적, 2011)
239. 미국교육정보의 교육공로자 (한미교육연구원, 2011)
240. 지리산 생태 관광
241. 초등학생을 위한 통일교육 (평통)

연구 논문

A. 자연과학 분야(생물)
· 한국내 학술지 60편
· 국제 학술지 120편
전체 180편(논문 제목과 발표 논문집 및 출판연도는 필자의 저서 백두산, 장백산 그리고 금강산(선진문화사, 1972년), 백두산 식물 생태 (예문단, 1998년) 및 금강산 식물 생태(예문당, 2000년) 부록에 수록되어 있음

B. 사회과학 분야(통일)
1. 핵의 국제적 갈등과 미국의 한반도 정책 (통일로 가는 길, 1995년)
2. 남북교류활성화 방안 (한반도통일연구회, 1996년)
3. 조국통일과 해외동포들의 역할 (한반도통일연구회, 1997년)

4. 통일을 위한 해외동포들의 역할 (통일로 향하는 마음, 1997년)
5. 재미동포의 민족교육과 통일 (한반도통일연구회, 1998년)
6. 다원시대에 돋보인 우리 전통문화 (한반도통일연구회, 1999년)
7. 포용정책, 문제가 있는가 (통일로 가는 길, 1999년)
8. 남북한통일정책의 변천과정과 현 위치 (한반도통일연구회, 2001년)
9. 남북교류 활성화를 위한 재외동포들의 기여 방안 (LA 민주평통 세미나, 2001년 5월)
10. 북한 식량난의 원인과 해결책 (한민족 포럼, 2001년 8월)

11. 한미정상회담에 등장한 NMD (LA 민주평통 세미나, 2001년)
12. 동조성 문화와 창조성 문화 (LA 3.1여성, 2001년)
13. 악의 축과 북미 관계 (한반도통일연구회, 2002년)
14. 미주동포들의 민주화 및 통일 운동
(한반도통일연구회, 미주한인 이민100주년 기념사업회, 2003년)
15. 북한의 핵문제와 재외동포의 통일의식
(평화문제연구소, 통일세미나 제주도 KAL호텔, 2003년)
16. 재외동포법의 개정 및 보완을 위해 (한민족 포럼, 2003년 3월)
17. 한미양국의 교육제도 비교 (한국학교 교사대학 일반연수과정 교재, 2003년)
18. 재외 동포법의 배경과 개정 (근간)
19. 민족 공조와 국제공조 (근간)
20. 미주 동포사회의 젊은 세대와 통일의식 (근간)
21. 남죽 정상회담과 해외 동포의 역할 (근간)
22. 6.15 시대의 통일교육과 평화교육 (근간)
23. 남북 정상 회담과 재미동포사회 (평화문제 연구소 통일세니마, 2007)

생각하며 행동하며   값 15,000원

판	권
본	사

인쇄일 2011년 9월 10일
발행일 2011년 9월 15일

저　자 차종환
발행인 안영동
발행처 동양서적
주소　 경기도 용인시 기흥구 청덕동 554-5
전화　 031-282-4766~7
F A X 031-282-4768
등록번호 제6-11호
등록일자 1976년 9월 6일
홈페이지 WWW.orientbooks.co.kr

ISBN 97889-7262-182-9   03810